Dollars, macht
en sushibars

Van dezelfde auteur:

De val van het kaartenhuis

Ben Mezrich

Dollars, macht en sushibars

2005 – De Boekerij – Amsterdam

Oorspronkelijke titel: Ugly Americans (HarperCollins)
Vertaling: Joost van der Meer en William Oostendorp
Omslagontwerp: Studio Eric Wondergem BNO
Omslagfoto: Imageselect/Alamy en TCS/Corbis

ISBN 90-225-4109-6

© 2004 by Ben Mezrich
Published by arrangement with William Morrow, an imprint of Harper Collins Publishers, Inc.
© 2005 voor de Nederlandse taal: De Boekerij bv, Amsterdam

Niets uit deze uitgave mag worden openbaar gemaakt door middel van druk, fotokopie, microfilm of op welke andere wijze ook zonder voorafgaande schriftelijke toestemming van de uitgever.

Voorzover het maken van kopieën uit deze uitgave is toegestaan op grond van artikelen 16h t/m 16m Auteurswet, dient men de daarvoor wettelijk verschuldigde vergoeding te voldoen aan de Stichting Reprorecht te Hoofddorp (Postbus 3060, 2130 KB) of contact op te nemen met de uitgever voor het treffen van een rechtstreekse regeling.

Noot van de auteur

Hoewel dit een waar gebeurd verhaal is, zijn veel van de namen gefingeerd, waaronder die van 'John Malcolm'. Wel heb ik van historische figuren of van mensen die veel in het nieuws zijn geweest, zoals Joseph Jett, Nick Leeson en Richard Li, de echte namen gebruikt. Maar verder verwijst geen enkel personage in dit boek specifiek naar een bestaande persoon. Ook de werkomschrijvingen en betrekkingen bij bedrijven die ten tijde van de gebeurtenissen in dit boek echt bestonden, verwijzen niet naar specifieke personen die destijds bij die bedrijven werkten.

1

Er stond een stevige warme bries, die samen met de stank van sigaretten, alcohol, goedkope parfum en dode vis ook nog eens drukkend was. De nauwe steeg werd aan beide zijden ingesloten door gebouwen van vier verdiepingen hoog, met vieze zwarte ramen en getraliede deuren. De bestrating zat vol scheuren en de stoep was bezaaid met kapotte melkkratten en verfrommelde tijdschriften. Overal lagen plassen, die als glinsterende slangen het licht van de neonreclames boven de gebouwen weerkaatsten. Ze vielen onmogelijk te ontwijken. John Malcolm vloekte in zichzelf terwijl hij erdoorheen spetterde. Zijn Gucci-schoenen waren inmiddels al twee tinten donkerder geworden. Nog even en ze zouden helemaal geruïneerd zijn. Met opgetrokken schouders en ingehouden hoofd liep hij zo snel als hij maar kon zonder de indruk te wekken dat hij liever rende. Ergens verderop hoorde hij iemand schreeuwen, maar het was geen Engels, en zelfs na vijf jaar hier sprak Malcolm nog steeds niets anders.
 Verkeerde tijd, verkeerde plaats. Dat zouden de krantenkoppen zijn, dacht hij bij zichzelf. Weer zo'n lastige Amerikaan die overal zijn neus in steekt. Hij wist dat hij zich van alles inbeeldde. Zelfs hier, in deze steeg in een stadsdeel dat je niet in de glossy vakantiebrochures of de kleurige stadsgidsjes terugvond, was je veiliger dan waar dan ook in de States. Het was ruim na tweeën in de nacht, overal liepen mensen, en doorgaans gebeurde er dan ook weinig. Toch wilde Malcolm niets liever dan omdraaien en teruglopen naar het station, terug naar de veiligheid van het tl-licht, de verkoopautomaten en de vrolijk geklede toeristen.

68.50 +0.02   76.13 +1.02   74.23 +0.95   101.01 -1.63   70.65 +0.
89.22 +1.01   97.12 -0.00   85.23 +0.65   71.01 +1.34   88.13 +0.

Hij stapte over een melkkrat en waadde door de zoveelste plas. Vóór hem zwaaide een van de getraliede deuren open, en een groepje in blauwe pakken gestoken zakenlieden strompelde de steeg in. Luidruchtig en lachend, de colbertjes open en de stropdassen losgeknoopt. Als een zware diesellucht dreven de whiskydampen hem al tegemoet. Hun gezichten waren rood aangelopen. Ze zagen hem, en meteen werd er zachter gepraat en minder heftig gegesticuleerd, hoewel ze nadrukkelijk deden alsof ze hem níét zagen.

Snel liep hij langs het groepje. Tien meter verder viel zijn oog op een donkergroene luifel, met eronder een gele houten deur zonder deurknop. Hij zag alleen een afgesloten stalen gat met een luikje op ooghoogte.

Malcolm trok wat aan zijn witte overhemd, dat aan zijn borst en rug plakte. Een huisnummer was er niet, maar hij wist dat dit het goede adres was: groene luifel, gele houten deur. Op dat moment zag hij het handbeschilderde bord naast de deur, met daarop in felrode Engelse letters tegen een zwarte achtergrond: JAPANESE ONLY.

Hij voelde zijn mond verstrakken, puur uit een reflex. Door heel Tokyo kwam je dit soort borden tegen. Het leek aanvankelijk puur onverdraagzaamheid: een toelatingsbeleid gebaseerd op ras, alsof zijn blanke gezicht de tent zou besmetten. Maar het zat iets ingewikkelder in elkaar. Dit was geen restaurant voor fijnproevers, een countryclub of de toegang tot een golfbaan. Etablissementen met dit soort bordjes op de deur waren echt niet voor Amerikanen bedoeld. Vooral niet hier, in Kabukichô.

Hoewel aanvankelijk bedoeld als een cultureel district om het betoverende Japanse theater, waaraan het zijn naam dankte, onder de aandacht te brengen, was Kabukichô in de jaren vijftig in iets heel anders veranderd: een stadsdeel dat in de westerse wereld zijn weerga niet kende, een rosse buurt van een grootte die elders onvoorstelbaar was. Een doolhof van twintig straten groot, met donkere, raamloze steegjes en felle lichtreclames, die op één avond meer dan zeshonderdduizend bezoekers trok. Een bruisende stad ín een stad, een speldenkussen van seksverwant vertier: stripclubs, hostessbars, massagesalons, pornotheaters en een breed scala van bordelen.

87.23 +0.96   99.013 -1.63   70.65 +0.12   85.12 +0.92   87.23
84.21 +0.45   74.01 +1.34   76.13 +1.02   74.23 +0.95   71.0

Malcolm streek met zijn handen zijn haar glad en gaf met een knokkel een roffeltje tegen het stalen luikje.
Na een korte stilte werd het luikje van binnenuit opengeschoven. Een paar donkere ogen staarden hem aan: lange wimpers, dikke blauwe oogschaduw, een fijnmazig netwerk van rode adertjes in het wit van de ooghoeken. Malcolms gezicht ontspande terwijl de vrouw zijn verschijning opnam: kort, geverfd blond haar, smalle blauwe ogen, lippen die bij de mondhoeken opkrulden. Iets onder de gemiddelde lengte maar een stevig gebouwd postuur, met gespierde ledematen en de schouderpartij van een sportman. Hij had voor gemakkelijke kleding gekozen: een donkere pantalon, donkere schoenen, het witte overhemd bij de polsen opgerold. Hij was linea recta vanuit zijn werk gekomen. Zijn jasje en stropdas hingen daar nog over zijn stoel.
Een paar seconden verstreken in stilte; daarna knalde het luikje dicht. Hij hoorde hoe meerdere sloten openklikten, waarna de deur naar binnen toe openzwaaide. De vrouw met de blauwe oogschaduw en de fijne rode barstjes in het oogwit stond boven aan een beklede trap. Ze was klein, ongeveer een meter vijftig, en droeg een tot de vloer reikende, roze avondjapon. Ze glimlachte en ontblootte daarmee een rijtje scheve gele tanden. Vervolgens nam ze Malcolm bij de hand en leidde hem naar binnen.
Bij de onderste tree sloeg een vlaag koude lucht hem in het gezicht. Hij bleef even staan terwijl hij het vreemde schouwspel voor hem in zich opnam. Het vertrek was lang en rechthoekig, en strekte zich een dikke vijftien meter uit. Aan weerszijden stonden stalen banken en vanuit de vloer staken stalen palen omhoog. Aan het plafond waren metalen stangen bevestigd waaraan leren handriempjes hingen. Vrouwen in mantelpakjes, van wie een aantal met aktetas, hielden zich met uitgestrekte armen vast aan de riempjes en stangen. Jongere vrouwen, gekleed in het pinguïnachtige schooluniform dat je overal in Japan ziet, schaarden zich rond de chromen palen. Een tiental mannen, het merendeel van middelbare leeftijd, zat op de metalen banken en keek verlekkerd toe. De vrouwen leken heen en weer te wiegen, alsof de vloer onder hen bewoog. Nog vreemder was dat in de muren ronde vensters zaten met een nepuitzicht naar buiten.

68.50 +0.02   76.13 +1.02   74.23 +0.95   101.01 -1.63   70.65 +0.
89.22 +1.01   97.12 -0.00   85.23 +0.65   71.01 +1.34   88.13 +0.

Een metrowagon, dacht Malcolm bij zichzelf. Hij keek toe hoe een van de mannen van zijn bank opstond en zich naar een schoolmeisje begaf. Het meisje deed alsof ze hem negeerde terwijl hij haar van achteren benaderde. Zwijgend trok hij met één hand haar rok omhoog. Zijn andere hand gleed tussen de knoopjes van haar blouse. Terwijl hij haar betastte, kwam een andere man overeind, die aan een vrouw in een mantelpakje begon te frunniken. Stoïcijns en zwijgend bleef ze staan, zich nog altijd aan het riempje boven haar hoofd vasthoudend terwijl zijn handen over haar kleren gleden.

Malcolm had al eerder van dit soort gelegenheden gehoord. De Japanse term ervoor kon je losjes vertalen als 'ongewenste-intimiteitenclub'. De vrouwen waren betaalde 'actrices'; de mannelijke klanten doorgaans managers uit het middenkader, die op zoek waren naar iets wat zich een beetje onderscheidde van de alomtegenwoordige bordelen en hostessbars. De inrichting van deze tenten was net zo divers als de perverse fantasieën van hun clientèle: ondergrondse ruimten die op metrowagons, bedrijfskantoren, ziekenhuisgangen of zelfs middelbare scholen moesten lijken. De mannen betaalden een vaste toegangsprijs en mochten vervolgens doen wat ze maar wilden.

Malcolm voelde dat hij bloosde nu een van de mannen de rok van een schoolmeisje uittrok. Een tweede man zat geknield voor haar en tastte onder haar blouse. Malcolms maag keerde zich bijna om, een mix van walging en, ondanks de afkeer, opwinding. Zo ging dat in Japan, een bijna voortdurende conflictsituatie. Voor de Japanse mannen hier bestond er geen conflict, zo wist hij. Wat er zich onder de gordel afspeelde, stond los van moraliteit. Voor de Japanners was seks gewoon een lichaamsbehoefte, net als ademhalen of eten.

Maar Malcolm was een zesentwintigjarige jongeman uit New Jersey. Op zijn tweeëntwintigste was hij naar Japan gekomen en nog steeds voelde hij zich een vreemdeling in een op seks gerichte cultuur die hij maar niet kon begrijpen.

'*Irashai*,' zei de *mama-san* en ze trok even aan zijn hand. Kom maar mee. Hij liet zich meetronen door de nagemaakte metrowagon en de geur van parfum en zweet en seks, zich een weg banend

| 87.23 | +0.96 | 99.013 | -1.63 | 70.65 | +0.12 | 85.12 | +0.92 | 87.23 |
| 84.21 | +0.45 | 74.01 | +1.34 | 76.13 | +1.02 | 74.23 | +0.95 | 71.0 |

tussen de wiegende vrouwen en de graaiende mannen. Bijna had hij de andere kant van de ruimte bereikt toen hij zich realiseerde dat de vloer écht bewoog.

Een tweede trap naar beneden voerde naar een kleiner vertrek, dat wat royaler zij het minder fantasievol was ingericht. Voor de wanden hingen rode fluwelen gordijnen; de vloeren waren van hardhout. Aan de ene kant bevond zich een marmeren bar, aan de andere kant stond een grote tv. Vier ronde tafels stonden verspreid door de ruimte, alle vier bezet. Het was te donker om iemand te herkennen, en dus liet hij zich door de vrouw leiden naar de tafel die het verst van de trap stond. Twee mannen zaten naast elkaar, de een lang en blank, de ander klein en Japans.

'Dus dit is Dean Carneys wonderkind.'

Met een brede glimlach op zijn gezicht kwam de langere man overeind uit zijn stoel. De ogen onder zijn dikke blonde krullenbos stonden helder. Zijn tanden waren zelfs nog helderder, te groot en te wit voor deze donkere tent onder Kabukichô. Hij droeg een duur, op maat gemaakt overhemd, waarvan de knoopjes bijna allemaal loszaten en zo een bleke kippenborst onthulden. Hij sprak snel en met hoge stem, doortrokken van een licht Engels accent.

'Tim Halloway,' stelde hij zich voor terwijl hij Malcolms hand vastgreep. 'En dit is de heer Hajimoto. Hij vertegenwoordigt een van onze grootste klanten. Hij vertelde me over deze club. Lekker pervers, vind je ook niet? Ik lust er wel pap van.'

De Japanner glimlachte nerveus. Zijn slecht zittende pak was van een vaalblauwe kleur. Zijn stropdas zat strak genoeg om de bloedcirculatie naar zijn gezicht te blokkeren. Zijn wangen waren felrood, wat gezien de vier lege whiskyglazen voor zijn neus geen verrassing was.

Malcolm nam de lege stoel tegenover hen en draaide zich weer om naar Halloway. Hij had de man nog nooit eerder ontmoet, maar de verhalen had hij wel degelijk gehoord. Halloway was afgestudeerd aan Oxford, had een *business degree* van de School of Economics in Londen en was nu handelaar in derivaten. Hij was al twaalf jaar in Tokyo en was vermoedelijk meer dan tien miljoen dollar waard. Op zijn zesendertigste had hij vijf vriendinnen, allemaal onder de drieëntwintig. En hij was hoogstwaarschijnlijk verslaafd aan amfetaminen. Ook was hij een van de beste handelaren in Azië, en zijn naam maakte binnen de financiële gemeenschap van *expatriates*, buitenlandse geldzoekers die hier waren neergestreken, een redelijk niveau van ontzag los.

'Ik vertelde Hajimoto-*san* net over een beslissing aangaande een transactie die ik onlangs heb gesloten,' ging Halloway verder terwijl zijn spichtige vingers een longdrinkglas met daarin een roodbruin goedje streelden. 'Een partner van mij, Brandon Lister, goeie vent, hielp me een vrij grote positie in te nemen. Had met de yen te maken. Misschien wel vier miljoen winst, zo even tussen de thee en het avondeten door. Zo'n deal dus.'

Halloways manier van converseren was een beetje moeilijk te volgen; het was één lange aaneenrijging van woorden, beroofd van elke punctuatie, zo leek het.

'Dus we besloten het te gaan vieren,' snelde Halloway voort terwijl hij met zijn andere hand tegen de tafel tikte. 'We huurden een hotelkamer in Roppongi, de ambassadeurssuite in het Royal, je weet wel, die met de vergulde wastafels.'

Malcolm knikte. Hoezeer hij ook zijn best deed, zijn blik gleed naar de dichtstbijzijnde tafel. Nog meer zakenlieden als Hajimoto, stuk voor stuk enigszins beneveld. Halloway praatte door, met steeds hogere stem en een steeds vetter accent.

'Ik belde een bureau waarover een van mijn collega's me had verteld. Volgens hem de crème de la crème. Ik vroeg om twee meiden; ze moesten lang, slank en welwillend zijn, als je begrijpt wat ik bedoel.'

Malcolms blik gleed weg van de zakenmannen. Hij was bijna weer bij Halloways witte tanden toen iets in de verre hoek zijn blik ving. Een van de tafels was opzijgeschoven en stond bijna strak tegen de bar. Een man zat alleen, met zijn handen voor zich, terwijl zijn vingers iets heen en weer rolden. Hij had een rond, verweerd gezicht; zijn neus was varkensachtig en zijn kin werd spaarzaam bedekt door plukjes weerbarstig donker haar. Hij was stevig gebouwd, met vierkante schouders, en droeg een donkere bril die te groot was voor zijn gezicht. Zijn gebloemde hawaïhemd was opzichtig rood en geel, met korte rafelige mouwen. In eerste instantie leken de ontblote onderarmen van de man onnatuurlijk don-

| 87.23 | +0.96 | 99.013 | -1.63 | 70.65 | +0.12 | 85.12 | +0.92 | 87.23 |
| 84.21 | +0.45 | 74.01 | +1.34 | 76.13 | +1.02 | 74.23 | +0.95 | 71.0 |

ker, maar toen Malcolm wat beter keek, realiseerde hij zich dat ze onder de tatoeages zaten.

Snel wendde hij zijn ogen af.

'Ongeveer een uur later,' ging Halloway verder, en zijn stem doorsneed het plotselinge gegons in Malcolms oren, 'wordt er op de deur geklopt. Afijn, ik doe open en daar staan ze: lang, slank en welwillend. De een is echt een oogverblindende jonge vrouw, met volle lippen en een prachtig stel tieten. Maar die ander was niet bepaald wat we verwacht hadden.'

Malcolms nek gloeide. Halloway en de rest van de zonderlinge seksclub leken te verschrompelen; de man met het bloemetjeshemd nam enorme proporties aan en domineerde zijn gedachten. Hij was niet verrast om iemand als hij in een gelegenheid als deze te zien. Malcolm was goed op de hoogte van yakuza-gangsters die het in Kabukichô en, in mindere mate, een groot deel van Japan voor het zeggen hadden. De mannen die je 's avonds laat soms tegenkwam, die je angstvallig met de ogen meed en voor wie je de straat overstak. Maar punt was dat de man met het bloemetjeshemd meer dan een anonieme, getatoeëerde gangster was. Malcolm had hem al eens eerder gezien.

'Ze was wel lang en slank, maar ze was geen "ze"!' bralde Halloway en hij sloeg met een open hand op tafel. Malcolms aandacht schoot weer naar de Engelsman. 'Een travo! Een travestiet! Dat bureau had ons deze prachtige hoer en een godvergeten meisjesjongen gestuurd! Kijk, als dit nou Londen of Amerika was geweest, zouden we ze rechtsomkeert hebben laten maken. Maar weet je wat Brandon en ik hebben gedaan?'

Malcolm schudde zijn hoofd. Halloway glimlachte kwaadaardig.

'We hebben erom getost!'

Hij wierp zijn hoofd in zijn nek en lachte luidkeels naar het plafond. Hajimoto's gezichtsuitdrukking hing ergens tussen geamuseerd en verbijsterd. Malcolm forceerde een glimlach. Hij twijfelde er niet aan dat het verhaal voor honderd procent klopte. Bovendien wist hij bijna zeker dat Halloway het met trots op de beursvloer had verteld en dat ze het bijna tot in Singapore hadden gehoord. In New York zou zoiets een schandelijk geheim zijn.

68.50 +0.02	76.13 +1.02	74.23 +0.95	101.01 -1.63	70.65 +0.1
89.22 +1.01	97.12 -0.00	85.23 +0.65	71.01 +1.34	88.13 +0.

Maar hier, waar mannen betaalden om zogenaamde schoolmeisjes in een nepmetro te bepotelen, was het iets om op je conto te schrijven. Malcolm merkte dat zijn blik weer afgleed naar de tafel bij de bar. De man met het bloemetjeshemd staarde hem recht aan, nog steeds rollend met iets wat hij in zijn handen hield. Malcolm zag zichzelf bijna weerspiegeld in diens brillenglazen. Opnieuw wendde hij snel zijn blik af.

'Malcolm,' drong opeens Halloways stem weer tot hem door, terwijl deze de tranen van het lachen uit zijn ooghoeken veegde, 'Carney zei dat je me iets wilde laten zien.'

Malcolm knikte. Hij wilde dit zo snel mogelijk achter de rug hebben en daarna wegwezen. Dit maakte deel uit van zijn afspraak met Carney, en zodra hij daar eenmaal aan had voldaan, was hij op weg naar de grootste dag van zijn leven. Hij reikte in zijn zak en haalde een opgerolde uitdraai te voorschijn. Onder het aandachtig toeziende oog van Hajimoto overhandigde hij het vel papier aan Halloway. Die rolde het plat op de tafel uit. Whiskydruppels doortrokken het papier en maakten de ene na de andere rij cijfers donker, maar Halloway zag het niet. Geconcentreerd fronste hij het voorhoofd, terwijl hij de gegevens in zich opnam.

'Als deze cijfers kloppen...'

'Ze kloppen,' bevestigde Malcolm.

'Jezus,' was het enige wat Halloway zei.

'Zeg dat wel,' zei Malcolm.

Hajimoto deed zijn best te begrijpen wat hier gaande was, maar het was hopeloos. Malcolm nam aan dat Halloway het zijn Japanse metgezel wel zou uitleggen, zodat hij met het nieuws terug naar zijn superieuren kon gaan.

Halloway schudde zijn hoofd en klapte vervolgens in zijn handen, waardoor zijn whiskyglas bijna omkieperde.

'Het zal de grootste deal in de geschiedenis worden!'

Malcolm leunde achterover in zijn stoel. Halloway had helemaal gelijk. Het zou geweldig groot worden. Het zou zijn leven, en dat van iedereen die hij kende, totaal veranderen. Hij wist niet precies wat Carney aan Halloway verschuldigd was om hem dit cadeau te doen, maar nu zou ook Halloway ervan profiteren. De jackpot als domino-effect.

```
87.23  +0.96    99.013  -1.63    70.65  +0.12    85.12  +0.92    87.23
 84.21 +0.45     74.01  +1.34    76.13  +1.02    74.23  +0.95    71.0
```

Malcolms blik dwaalde weer af naar de tafel bij de bar. De man met het bloemetjeshemd was verdwenen, maar Malcolm wist niet zeker of hij nu opgelucht of juist nog banger moest zijn.

2

Bermuda, heden

Zelfs de parkeerplaatsen roken hier paradijselijk.
Terwijl ik uit mijn felgele gehuurde Toyota Camry stapte, trok ik mijn jasje recht in de middagbries. De zeewind rook ziltig en tegelijkertijd een beetje naar een inheemse, tropische bloem. Het veld voor me lag ingeklemd tussen een onwaarschijnlijk fraai strand en een felbeschilderde lap jungle. Boven het gekrijs van wat waarschijnlijk technicolor-vogels moesten zijn uit hoorde ik de krachtige decembergolven beuken. Maar beide geluiden werden bijna overstemd door een veel luider kabaal, vlakbij: een groepje kinderen van een jaar of tien die in het midden van het veld schreeuwend en lachend over elkaar heen buitelden.

Op het moment dat ik de rand van het parkeerterrein bereikte, viel het kluwen uiteen en kwam John Malcolm moeizaam overeind. Modder, gras en zand plakten tussen de plooien van zijn oude grijze Princeton-sweatshirt. Zijn korte piekharen waren platinablond geverfd, bijna dezelfde kleur als die van mijn auto. Onder zijn rechterarm hield hij een rugbybal geklemd en aan zijn linkerarm hingen een paar lachende knaapjes.

Hij zag me en zwaaide. De twee jongetjes vielen in het gras. Hij wierp de bal over zijn schouder waarna het hele kluitje overeind schoot, kleine jongenslijven die als flipperkastballetjes tegen elkaar ketsten nu de varkensleren bal over het veld stuiterde. Met atletische souplesse liep Malcolm me tegemoet.

Een kleine meter voor me bleef hij staan en wierp een blik langs me heen. Mijn goedkope, efficiënte vervoermiddel leek zijn goedkeuring te kunnen wegdragen. Ook al bezat hij zelf een Ferrari en

87.23	+0.96	99.013	-1.63	70.65	+0.12	85.12	+0.92	87.23
84.21	+0.45	74.01	+1.34	76.13	+1.02	74.23	+0.95	71.0

een Ducati-motor, hij was geen patser. De Ferrari en de Ducati waren gewoon het beste van het beste en, belangrijker nog, het snelst. In Malcolms wereld ging het niet om het uiterlijk, maar om de prestaties.

Met zijn toegeknepen blauwe ogen keek hij me aan. Zijn brede gezicht had weliswaar iets jongensachtigs maar ik zag al wat rimpels boven zijn wenkbrauwen en een litteken boven zijn rechterjukbeen dat tamelijk vers moest zijn. Zijn mond leek gevangen in een permanente grijns.

'Je bent dus eindelijk maar eens deze kant op gekomen,' klonk het bij wijze van begroeting.

De laatste keer dat ik Malcolm had gezien, was op een bruiloft. Hij droeg toen een perfect zittend Armani-pak. Zijn schoenen waren Italiaans en zijn peperdure maar bescheiden ogende horloge was een cadeau van een van zijn rijke cliënten. Maar hier, in zijn haveloze sweater en zijn met groene grasvlekken besmeurde sneakers, leek hij net zo op zijn gemak. Zoals ook voor zijn auto's gold, dienden zijn kleren altijd een bepaald doel. Het gemak waarmee hij zijn sweatshirt voor een Armani verruilde, was symbolisch voor zijn succes, van armoede naar immense rijkdom. Pas als je hem kende, werd het duidelijk dat het sweatshirt, en niet de Armani, de façade vormde. In werkelijkheid was hij een trots lid van een exclusieve studentenclub, een van de laatste bolwerken van puur, onversneden kapitalisme.

Malcolm, nog maar net dertig, beheerde een *hedgefund* van vijftig miljoen dollar, verdeelde zijn tijd tussen een duur kantoor in Tokyo en een buitenhuis hier op Bermuda. Hoewel hij zichzelf als rentenier beschouwde (met een netto eigen vermogen dat bijna overeenkwam met de waarde van zijn gehele fonds liet hij het geld van zijn cliënten door nóg jongere pupillen beheren), bracht hij het grootste deel van zijn tijd door in het gezelschap van een groepje 'collega's' die op soortgelijke wijze het systeem hadden verslagen en een duizelingwekkend fortuin hadden vergaard.

Ik wees even naar de kinderen die over het veld zigzagden. 'Het lijkt erop dat je je handen vol hebt.'

'Ik coach hier een team van deze monstertjes,' legde Malcolm uit. 'En ook een in Tokyo.'

68.50 +0.02   76.13 +1.02   74.23 +0.95   101.01 -1.63   70.65 +0.
89.22 +1.01   97.12 -0.00   85.23 +0.65   71.01 +1.34   88.13 +0.

Malcolm in Japan. Voor mij een vreemde gedachte, hoewel hij daar bijna vijf jaar had gewoond, was teruggekeerd en daarna nog eens drie jaar had gependeld. Toen ik hem voor het eerst ontmoette was hij een vechtersbaasje uit het landelijke New Jersey. Middels zijn talent als football-speler had hij zich na de middelbare school vrije toegang op Princeton verschaft. Mijn broer, een klasgenoot van hem, had Malcolm tijdens hun diploma-uitreiking aan me voorgesteld. Malcolm had net een voorlopig contract getekend bij de New York Giants. Later, toen het hem niet was gelukt zich een plaats binnen het team te verwerven, hadden we elkaar opnieuw ontmoet. Daarna was hij uit beeld verdwenen. Pas jaren later vernam ik dat hij in Japan 'miljoenen had vergaard'. Ik heb me nooit echt afgevraagd hoe hij dat voor elkaar kreeg, maar schreef het toe aan 'bankieren' dan wel 'internet'. Dat de waarheid een stuk enerverender was, dat hij betrokken was bij een soort guerrillaoorlog, heb ik nooit kunnen bevroeden; en ook niet dat hij samen met zijn kameraden als een stel wildwest-bandieten een overval op de wankelende oosterse geldmarkten had gepleegd. Zonder enige kennis van de Japanse taal en de cultuur en zonder een cent op zak, had hij binnen de wereld van meedogenloze kapitaalbeleggers een toppositie veroverd. Hij was een 'hedgefundcowboy' geworden.

Voor Malcolm was het allemaal in één middag gepiept. In een tijdsbestek van slechts enkele uren had hij een deal gesloten die zijn bedrijf een verpletterende vijfhonderd miljoen dollar had opgeleverd. Zijn eigen vergoeding voor die ene dag werk bedroeg meer dan vijftig miljoen.

'Kom,' nodigde Malcolm me uit en hij gebaarde naar de Camry. 'Stap jij met je rare pakkie maar in, dan gaan we een ritje maken.'

Voorbijflitsend asfalt, een kronkelige weg die met een dikke honderdtien kilometer per uur voorbijzoefde: met één hand aan het stuur en de andere aan de cd-speler trapte Malcolm mijn huurauto op zijn staart. Dat hij achter het stuur had plaatsgenomen, begon ik steeds meer te betreuren, maar mij was uiteraard niets gevraagd.

'Dit is niet zomaar een of ander kletsverhaal over een stelletje vadsige analisten ergens in een kantoortje,' legde hij boven het ge-

| 87.23 | +0.96 | 99.013 | -1.63 | 70.65 | +0.12 | 85.12 | +0.92 | 87.23 |
| 84.21 | +0.45 | 74.01 | +1.34 | 76.13 | +1.02 | 74.23 | +0.95 | 71.0 |

luid van de muziek uit. 'Het gaat niet over een groepje patserige pikkies die inzetten op serienummers van dollarbiljetten.'

Ik glimlachte bij deze toespeling, een verwijzing naar Michael Lewis' *Liar's Poker*, waarschijnlijk hét boek over de cultuur van de kapitaalindustrie. Hierin schildert de auteur Wall Street af als het casino voor machohandelaren, die zittend achter hun computers miljoenendeals bekokstoven om na een dag werken weer braaf hun villa's in Connecticut op te zoeken. Het boek vormde de aftrap voor een reeks van Wall Street-openbaringen waarbij zo'n beetje alle aspecten van de kapitaalindustrie werden belicht. Als een effectenmakelaar bij een *short sell* van Xerox-aandelen ook maar even aan zijn kont krabde, had iemand daar allang een boek over geschreven.

'Dit is geen droge kost zoals we die al zo vaak hebben gelezen. Dit is echte hardcore. *Mission Impossible*, *The Heart of Darkness* op speedpillen, snap je?'

Hij benadrukte zijn punt door het gaspedaal nog wat dieper in te trappen. Ik greep naar mijn gordel en slikte bijna mijn tong in. Om eerlijk te zijn zat ik niet echt op deze uiteenzetting te wachten. Ik wist dat zijn verhaal tot nu toe door niemand was opgetekend. Het merendeel van Malcolms Wall Street-saga vond niet plaats op Wall Street, maar tienduizend mijl daarvandaan. En hoewel een deel van de actie zich voltrok binnen de mysterieuze wereld van hedgefunds, complexe, opkomende markten en avontuurlijk beleggen, ontspon het ware verhaal zich ver weg van de computerschermen, op de exotische plekken van het Wilde Oosten, met personages die regelrecht uit een Hollywood-thriller gestapt leken: genieën die bijna allemaal uit de Ivy League afkomstig waren, gedreven door ambitie, en in sommige gevallen totaal gespeend van ethisch besef en realiteitszin. Gefinancierd door privé-beleggers en grote banken waren ze plunderaar, handelaar en speculant tegelijk, onvervalste adrenalinejunkies die op het scherpst van de snede opereerden en leefden. Dit waren jongemannen die zonder enig toezicht miljarden aan aandelen beheerden, die informatie verhandelden in de achterkamertjes van dure hostessbars en aan vip-tafeltjes in de nachtclubs van Hongkong, Singapore en Bangkok.

Malcolms verhaal – en dat van zijn expat-collega's – draaide om excessen en ambitie. Oppervlakkig gezien ging het over de Japanse onderwereld, het internationale partycircuit en de wereldwijde seksindustrie. Het was het verhaal van uitgeweken Amerikanen die het in den vreemde breed lieten hangen, en ermee wegkwamen omdat niemand het lef had hen te evenaren.

'Er zullen mensen zijn die jou de maat gaan nemen,' zei ik. 'Ze zullen de manier waarop je het hebt gespeeld gaan bekritiseren. Vooral gezien de economie van destijds. Toen iedereen zijn overhemd naar de lommerd bracht, haalden jullie miljoenen binnen.'

Malcolm haalde zijn schouders op. 'In de jaren tachtig woonden de Jappen onze hele economie uit. Ze kochten monumenten als Rockefeller Center, Pebble Beach, en zo'n beetje het hele centrum van LA op. Ze gebruikten een corrupt banksysteem en een gesloten, arbitrair gecontroleerde markt om zichzelf te beschermen en bouwden daarmee geleidelijk aan een berg sluiproutes op. Mijn collega's en ik hebben slechts van die sluiproutes gebruikgemaakt.'

David en Goliath die elkaar met hedgefunds in plaats van katapulten te lijf gaan. Ondanks zijn bravoure wist ik dat hij werd geplaagd door de gedachte dat sommigen een aantal van zijn daden niet zouden begrijpen. Hij was een doodgewone knaap uit New Jersey, die niet als een soort roofridder van de eenentwintigste eeuw gezien wilde worden. Dat ik zijn verhaal mocht optekenen was op zich al verrassend genoeg en als ik niet had ingestemd met zijn voorwaarde zijn ware identiteit geheim te houden, zou hij me deze ruime inkijk in zijn wereld nooit hebben gegund.

'Wij hebben het systeem niet ontworpen. Het lag aan diggelen toen wij arriveerden. Er lag een arbitragekans, en wij sprongen erbovenop.'

'Arbitrage?'

'Nou, eigenlijk...' Hij gaf een ruk aan het stuur om een pick-uptruck te ontwijken. Ik had absoluut geen idee waar we heen gingen en hij was duidelijk niet van plan het me te vertellen. '... was het meer arbitrage met de botte bijl, zeg maar. We hadden onze eigen richtlijnen, waar we ons ook aan hielden. Stap nooit ergens in als je weet dat je er vóór de beursbel niet meer uit komt. Het doel

```
87.23   +0.96    99.013  -1.63     70.65  +0.12     85.12  +0.92     87.23
        84.21   +0.45    74.01  +1.34     76.13  +1.02     74.23  +0.95     71.0
```

heiligt de middelen. Zo'n aanpak, dus. Uiteraard waren er regels. Maar die waren ontworpen voor een achterhaald oosters systeem, en wij speelden volgens moderne westerse systemen.'

In zekere zin maakte het Malcolm zelfs nog meer tot een roofridder. Ik knoopte nog eens in mijn oren dat hij zonder een cent op zak naar Japan was afgereisd en zich daar een weg naar de top had gevochten. Van krantenjongen tot miljonair, een jongeman op zoek naar de Amerikaanse droom.

Maar ergens halverwege had Malcolms Amerikaanse droom zich verplaatst van een wit boerderijhek naar een miljardenportefeuille en een glazen villa aan de kust van Bermuda.

3

September 1992,
op een hoogte van dertigduizend voet

Het was een gevaarlijke combinatie: twintig football-spelers van een universiteitsteam, op een hoogte van dertigduizend voet, met vrije toegang tot een ogenschijnlijk onbeperkte hoeveelheid alcohol. Dertien uren om te doden, terwijl de enorme 747 van Continental de poolcirkel rondde, met bijna geen toezicht omdat de coaches op een of andere manier, en heel toepasselijk, in *coach*, ofwel de tweede klas, waren beland. Tegen de tijd dat het aan de andere kant van de vliegtuigraampjes pikkedonker was geworden, was de eerste klas veranderd in één groot feest. Iedereen was van zijn zitplaats gekomen, uit een draagbare cd-speler schalde hiphopmuziek en wanneer de drie verblufte stewardessen even niet keken, vloog er zelfs een rugbybal door de lucht.

John Malcolm stond in het gangpad naast zijn stoel op de derde rij. Leunend met één hand tegen een onbeheerd drankkarretje hield hij zichzelf in balans. Aan de andere kant van het karretje was een quarterback van Harvard bezig een spel kaarten te schudden, terwijl een receiver van Penn zorgvuldig de pinda's telde die als pokerfiches zouden fungeren. Twee van Malcolms teamgenoten van Princeton stonden ongeveer een meter achter hem. Ze deden net alsof ze voor de wc wachtten, maar eigenlijk probeerden ze een van de stewardessen, een blondine uit Kansas met twee kinderen maar zonder trouwring, te versieren.

'Dit geloof je toch gewoon niet?' riep de quarterback van Harvard, een grote, slungelachtige knaap die Jim Tucker heette en die zijn kaarten op dezelfde manier leek te schudden als hij wierp, namelijk langzaam en slordig. 'Per eerste klas naar Japan? Dit is volslagen krankzinnig.'

87.23 +0.96   99.013 -1.63   70.65 +0.12   85.12 +0.92   87.23
84.21 +0.45   74.01 +1.34   76.13 +1.02   74.23 +0.95   71.0

Malcolm moest het wel met hem eens zijn. Hij kende Tucker al sinds zijn middelbareschooltijd. Samen waren ze opgegroeid in New Jersey, alleen woonde Tuckers familie in een chique enclave, Morristown geheten. Hun huis stond op een heuvel, en zijn ouders hadden een garage voor twee auto's en genoeg geld om hem naar een van de beste particuliere scholen in de omgeving te sturen. Malcolm was in het nabijgelegen Mercer County opgegroeid, een heel eind van de voet van de heuvel, waar het helemaal geen zin had om een garage voor twee auto's te hebben, omdat niemand er twee auto's hád. Malcolm had de enige openbare school in de stad bezocht, waar zijn moeder soms inviel als lerares geschiedenis. Zijn enige ervaring met voorbereidingsscholen was in het veld. Hij was altijd meer onder de indruk geweest van hun voorzieningen en hun materiaal dan van de spelers. Tucker was daarvan een volmaakt voorbeeld. Hij had weliswaar het postuur en het natuurtalent van een speler van beroepsniveau, maar bezat tegelijkertijd ook de instelling en het uithoudingsvermogen van een weekendrecreant. Hij beschikte over een redelijke arm, maar wierp helemaal niet zo best. Malcolm wist niet of Tucker nu een product van een verwende opvoeding was of gewoon onverschillig. Misschien was American football in zijn ogen helemaal niet zo belangrijk. Zonder de sport zou hij waarschijnlijk ook wel op Harvard zijn aangenomen, en was hij vermoedelijk een rijke dokter of advocaat geworden, net als het merendeel van zijn familie.

Het vliegtuig kreeg wat lichte turbulentie te verduren, en Malcolm greep zich vast aan het drankkarretje. Zijn maag speelde iets op, maar hij wist het te onderdrukken. Dit was de eerste keer dat hij in zo'n groot toestel naar het buitenland vloog. Tucker had gelijk: deze hele trip was krankzinnig. Malcolm wist niet precies wiens idee het was geweest om een demonstratiewedstrijd te gaan spelen, maar het sloeg in elk geval nergens op. Een Amerikaans team, met louter sterren uit de Ivy League, tegen het beste studententeam uit Japan. Ivy League-football was heel wat anders dan het collegespel dat de meeste mensen van de tv gewend waren. Een aantal van die jongens had op zich wel talent, maar in het algemeen waren ze toch voor een groot deel net als Tucker. Het was een sterrenteam dat het tegen elk gemiddeld schoolteam uit het

68.50 +0.02   76.13 +1.02   74.23 +0.95   101.01 -1.63   70.65 +0.
89.22 +1.01   97.12 -0.00   85.23 +0.65   71.01 +1.34   88.13 +0.

Middenwesten geen vijf minuten zou volhouden, tenzij men rekening hield met SAT-scores. Dat waren de resultaten van een psychotechnische keuring.

Toch was dit een buitenkans die Malcolm voor geen goud had willen missen. In tegenstelling tot Tucker had hij alles aan het football te danken. Het had hem een vrije toegang tot Princeton opgeleverd. Hij koesterde geen illusies; iemand met zijn achtergrond zou zonder zijn kwaliteiten op het veld nooit op de elitaire Ivy League-opleiding zijn beland. Zijn ouders zouden het zich in elk geval nooit hebben kunnen permitteren. En ook zou hij zonder het football nooit de kans hebben gekregen om per eerste klas de halve wereld rond te reizen. Hij was alleen voor uitwedstrijden wel eens buiten New Jersey geweest.

Vanuit een ooghoek zag hij opeens een vertrouwde gekleurde flits, en als vanzelf bewogen zijn handen. Hij ving de bal luttele centimeters boven het karretje; vanuit de richting van de wc klonk applaus. Een linebacker van Yale, een reus met felrood haar, grijnsde en hield zijn handen omhoog.

'Snelle reactie. Had je niet de omvang van mijn linkerteelbal, dan zouden we allemaal goed in de nesten zitten.'

Malcolm grijnsde terug. In deze groep was hij min of meer een ster. Een maand eerder had zijn foto de pagina's van *Sports Illustrated* opgeluisterd. Hij had het record gebroken van meeste gewonnen yards in een wedstrijd. Toegegeven, het bleef slechts Ivy League, maar dit wapenfeit kwam wel in de boeken. Hij had er de voorpagina van zijn plaatselijke krant mee gehaald en was zelfs een paar keer door professionele ploegen gebeld. Zijn moeder en stiefvader hadden van de New York Giants zelfs een paar scouts op bezoek gehad. Maar Malcolm was zich ervan bewust dat de profs, ondanks alle loftuitingen, voor hem iets te hoog gegrepen waren. Zoals de Yalie had laten doorschemeren, was hij gewoon niet groot genoeg: nog geen een meter vijfenzeventig en iets boven de tachtig kilo. Hij was wel snel, maar was hij ook snel genoeg om niet door een stopper van dik 135 kilo onder de mat geschoffeld te worden?

Het was een vraag waar hij snel antwoord op zou moeten krijgen; over een halfjaar zou hij afstuderen, en het football had hem

87.23 +0.96 99.013 -1.63 70.65 +0.12 85.12 +0.92 87.23
84.21 +0.45 74.01 +1.34 76.13 +1.02 74.23 +0.95 71.0

de afgelopen zeven jaar gedragen. Als dat hierna niet langer het geval was, zou hij iets nieuws moeten vinden.

'En als monsters als jij konden leren lezen,' zei Malcolm terwijl hij de bal in een perfecte boog naar het hoofd van de linebacker wierp, 'zou jij de wereld leiden.'

Terwijl het vliegtuig naar links helde, de Beringstraat overstak en zijn koers langs de Russische kust vervolgde, deelde Tucker de kaarten. Nog maar een uur of zes te gaan en Malcolm zou in Tokyo uitstappen. Hij had nooit gedacht dat hij daar nog eens zou komen. Zijn familie woonde al drie generaties in het kleinsteedse New Jersey. Zijn beeld van Japan was, net als dat van de meeste Amerikanen, geheel geschilderd door de tv en door films: mooie geisha's in felrode kimono's, neonverlichte wolkenkrabbers, opeengepakt als op een set voor een sciencefictionfilm, sumoworstelaars in hun strakke, witte 'luier', buigende *salarymen* – de alomtegenwoordige grijze Japanse kantoorslaven – in hun overeenkomstige grijze pakken.

Hij vroeg zich af of een football-speler met snelle handen uit New Jersey wel in dit plaatje zou passen.

Zijn hart bonsde, zijn maag speelde op, zijn oren gonsden en elke spier spande zich terwijl de adrenaline zijn ogen deed vonken en zijn ledematen van een bijna vloeibare warmte doortrok. De grond schudde onder zijn voeten en hij deed zijn best de mensenmassa, minstens vijftigduizend zielen die op de tribunes de longen uit hun lijf schreeuwden, niet te zien. Hij probeerde de tv-camera's, de cheerleaders en het kabaal – allemachtig, wat een kabaal, als van een waterval die zich boven op hem stortte – te negeren. Hij had al wel eerder in stadions gespeeld, maar nooit in de Tokyo Dome. De Dome, die was gebouwd in 1988 en de bijnaam het Grote Ei had gekregen, was een wonder van Japanse technologie. Hij had geen zichtbaar geraamte maar de luchtdruk binnen de glazen koepel werd kunstmatig drie procent hoger gehouden dan die van de buitenlucht. Hierdoor werd de koepel zelf ondersteund, zodat de constructie rond de arena met vierenvijftigduizend zitplaatsen letterlijk zweefde. De koepel bevatte speciaal glas dat het daglicht van buiten versterkte en het hele veld zo in een gouden gloed hulde.

68.50	+0.02	76.13	+1.02	74.23	+0.95	101.01	-1.63	70.65	+0
89.22	+1.01	97.12	-0.00	85.23	+0.65	71.01	+1.34	88.13	+0

Malcolm zag de gezichten van zijn teamgenoten en wist dat ze hetzelfde dachten: zo hoorde football te zijn.

De lucht voelde warm en tropisch. Het blauw-witte uniform dat Malcolm in de kleedkamer uitgereikt had gekregen, paste perfect, en zijn helm was hypermodern: het schuim aan de binnenkant voelde zacht tegen zijn hoofd. De kleedruimte zelf bood een verbijsterende aanblik: marmeren vloeren, glanzende chromen banken, meerdere baden en sauna's, zelfs een klein zwembad. De profteams thuis in de VS moesten het met minder doen. Hetzelfde gold voor de eersteklas behandeling die Malcolm en zijn maten hier hadden gekregen vanaf het moment dat ze de vliegtuigtrap af waren gedaald.

De in donkere pakken gehulde vertegenwoordigers van het Japanse team wachtten hen op met een stuk of vijf verlengde limousines. Een menigte toeschouwers had met borden, voorzien van een welkomstgroet, geduldig achter de fluwelen koorden rond de oprijlaan staan wachten, en sommigen hadden zelfs zijn naam geroepen toen hij langsreed. De limo's reden hen naar een vijfsterrenhotel in het centrum, waar ze hun kamers kregen toegewezen – royale suites wat hem betrof, met oversized badkuipen en donzen dekbedden. Eigenlijk had hij Japanse futons of bamboematjes verwacht. De ploeg kreeg een paar uur om wat te rusten, maar na een vlucht van dertien uur en een tijdsverschil van vijfentwintig uur was elke poging om de jetlag te overwinnen vergeefs. Vervolgens werden ze rechtstreeks naar de Tokyo Dome overgebracht om aan de wedstrijdvoorbereiding te beginnen.

Malcolm had geen kans gehad al te veel van de stad te zien. Vanuit de limo zag Japan er niet eens zo anders uit dan New Jersey. De snelweg werd bevolkt door dezelfde auto's als die je op de Jersey Turnpike zou zien, en langs veel wegen stonden hoge geluidswallen, waardoor het lastig was iets interessants te zien. De gebouwen die hij wel wist te onderscheiden, stonden in elk geval meer opeengepakt dan thuis in de States, en sommige daken hadden vreemde hoeken en versieringen. Maar vanuit de auto leek en voelde Tokyo als elke andere moderne metropool. Maar toch, het was dag: hij wist dat de neonlichten die hij had verwacht pas 's avonds zouden schitteren.

87.23 +0.96   99.013 -1.63   70.65 +0.12   85.12 +0.92   87.23
84.21 +0.45   74.01 +1.34   76.13 +1.02   74.23 +0.95   71.0

Zijn eerste indruk van de tegenstanders kreeg hij tijdens het voorstellen bij de vijftig-yardslijn. Terwijl hij zich tussen Tucker en een knaap van Cornell opstelde, zag hij het Japanse team langs de cheerleaders het veld op lopen. Hun tenues waren felrood en hun helm droegen ze in hun handen. Het eerste wat hem opviel, was hun lengte. Ze waren stuk voor stuk ongeveer net zo lang als hij, een aantal was zelfs kleiner. Slechts een paar waren echt een stuk zwaarder dan hij. Ze renden in dichte formatie het veld op en waren duidelijk goed gedisciplineerd. Maar ongeacht hun niveau twijfelde Malcolm er niet aan dat ze door het gewicht van de Amerikaanse ploeg zouden worden overrompeld.

Terwijl de Japanners zich ongeveer een meter voor de Ivy Leaguers opstelden, kon Malcolm een grijns niet onderdrukken. Donkere huid, kleine donkere ogen, volmaakt postuur. De meesten hadden een kaalgeschoren kop, maar dat maakte hen er heus niet vervaarlijker op. Sinds de middelbare school had Malcolm niet meer tegen tegenstanders van zijn omvang gespeeld. Hij verheugde zich erop tegenstanders onderuit te halen die nu eens echt zouden neergaan.

Wachtend op het teken van de scheidsrechters om de wedstrijd te beginnen zag hij een aantal tegenstanders uit het gelid komen en het korte stukje groen tussen de teams oversteken. Van onder hun tenue trokken ze kleine blocnotes te voorschijn. Het duurde even voordat Malcolm doorhad wat hier aan de hand was. Het volgende moment kwam een van de knapen met een glimlach van oor tot oor op hem af en gaf hem een viltstift.

'Handtekening?' vroeg de jongen met een vet Japans accent en hij boog diep. 'Alstublieft tekenen?'

Tucker lachte en sloeg hem op de schouder.

'En je kunt maar beter nu meteen "tekenen". Want als we deze gasten hebben ingemaakt, zal er bar weinig van ze over zijn om nog een handtekening te vragen.'

Malcolm lachte. Hij had wel eens eerder zijn krabbel gegeven, maar nooit aan een andere speler en al helemaal niet op het veld. Zelfs nadat de Japanse knaap de blocnote had teruggekregen, bleef hij maar buigen, tot in de opstelling naast zijn maten aan toe. Nog nooit had Malcolm zo'n beleefde football-speler gezien en hij

68.50 +0.02   76.13 +1.02   74.23 +0.95   101.01 -1.63   70.65 +0
89.22 +1.01   97.12 -0.00   85.23 +0.65   71.01 +1.34   88.13 +0

wist niet zo goed wat hij ervan moest denken.
Wat hij wel wist, was dat zodra het fluitsignaal klonk hij over dit veld zou heersen en iedere andere glimlachende, buigende, handtekeningen jagende Japanner die hem voor de voeten liep, omver zou kegelen.

Middernacht.
Roppongi.
Ruim in neontijd.
Een gloeiende, hyperactieve, bonte schittering van licht en oorverdovend geluid, een chaotische mix van sensaties die zo uit de vochtige lucht leken te vloeien. Smalle straten, ingesloten door kantoorgebouwen van vier en vijf verdiepingen hoog, overal oplichtende uithangborden. Een ratjetoe van Engelse en Japanse, verhaspelde woorden en zinnen die zinspeelden op ongeoorloofde en illegale zaken: SEKS LIEFDE ZONDE GRATIS. En overal mensen, voornamelijk Japanse mannen in plukjes van vijf of zes, maar ook Amerikanen en Europeanen. Kostuums en leger uniformen, T-shirts en sportoutfits. Op elke hoek deelden Nigeriaanse sjacheraars pamfletten uit met foto's van Japanse meiden, halfnaakt en wenkend, terwijl boven hun hoofd op enorme afbeeldingen en billboards nog meer Japanse meiden prijkten. Roppongi was de ultieme feestwijk in de ultieme feeststad, het Japan van Malcolms sciencefictionfantasieën, en middernacht in Roppongi was alles wat het diende te zijn.
Gas Panic, zo werd de bar genoemd en, net als veel dingen in Japan, snapte je niets van die naam totdat je er binnenkwam. De entree, weggestopt in een steeg die baadde in het neonlicht van een tiental massagesalons, bestond uit een lift met knipperende rode lampen en gelambriseerde wanden. Het kleine sardineblikje opende op de eerste van een drie verdiepingen tellend complex, een combinatie van dancing, obscure kroeg, disco en 'vleesmarkt'. De muziek stond geestdodend hard, en er renden meer dan een dozijn obers en serveersters rond met stalen fluitjes in hun mond, die aldus enthousiast hun eigen bijdrage leverden aan de kakofonie. De massa stond hier zelfs nog dichter op elkaar gepakt dan buiten op straat, maar hier waren de mensen doorgaans wel jonger. Groep-

jes Amerikaanse mariniers mengden zich onder Japanse studentes met uitwaaierende haardossen en meerdere piercings. Toeristen uit Israël in jeans en op Birkenstocks dansten zij aan zij met Duitse au pairs in mouwloze topjes en shorts. Ranke Japanse meiden op superhoge hakken en in ultrakorte minirokjes, pronkend met hun bruine neptint en geblondeerde haar, dansten op de tafels en op de lange houten bar langs een van de wanden. Kronkelend, deinend en pirouettes draaiend – het leek wel een soort wedstrijd wie het meeste van zichzelf kon blootgeven zonder uit haar rol te vallen door een bh-bandje of een omhoogkruipende rok te schikken.

Omringd door de deinende massa deed Malcolm zijn best om overeind te blijven. Hij had een Kirin-biertje in de ene en een glas met iets melkachtig wits in de andere hand. Hij had Tucker en de rest al enkele minuten nadat ze de lift uit waren gestapt uit het oog verloren. Zijn hoofd tolde van al dat volk, vooral van die Japanse meiden. Nog nooit had hij zo veel mooie meiden bij elkaar gezien: exotisch, superslank, met een gladde huid. Natuurlijk, er was sprake van een taalbarrière, maar voorzover hij kon zeggen hielp het feit dat hij blank was veel meer dan het kwaad deed. Een meisje in een zilverkleurig strak topje en een zwartleren minirok danste vlak voor zijn neus en glimlachte om zijn zwakke pogingen tot communicatie. Een ander meisje, met hoge laarzen en met glittertjes op haar hals geplakt, stond tegen zijn rug op te rijden. Als college-footballster was hij wel gewend aan de aandacht van mooie vrouwen, maar waar hij niet gewend aan was, was dat die aandacht zo gemakkelijk kwam.

'Malcolm! Hier!'

Boven het kabaal van jaren-zeventigrock, stampende voeten en irritante fluitjes uit hoorde hij Tuckers stem. Hij keek op en zag zijn vriend onder aan de trap die naar de tweede verdieping voerde. Hij wees naar de twee meisjes om hem heen, maar Tucker wenkte hem ongeduldig. Malcolm zuchtte, verontschuldigde zich tegenover de meisjes en baande zich al schuifelend een weg door de menigte.

'We dachten dat we je kwijt waren,' zei Tucker terwijl hij de trap op liep.

'Ik werd een beetje afgeleid,' reageerde Malcolm.

Hij haastte zich om de quarterback met de langere benen bij te houden, maar zijn knieën deden zeer. Het was een bekende pijn: na een wedstrijd speelden de meeste van zijn gewrichten altijd een paar dagen op, en meestal zat hij ook onder de blauwe plekken. Nu had hij alleen last van zijn knieën. Zoals hij al had verwacht, was de wedstrijd buitengewoon goed verlopen. De Japanners hadden zich bedreven en taai getoond, maar waren rigoureus overlopen. De eindscore was 69-3. Maar na afloop waren de Japanse spelers nog steeds uitermate vriendelijk en beleefd: nog meer verzoeken om handtekeningen, foto's en een hele stoet buigingen. Malcolms teamgenoten hadden niet zo goed geweten hoe ze hierop moesten reageren. Meestal beet de verliezende ploeg hun de ergste verwensingen en dreigementen toe, niks geen geglimlach en gebuig.

'Je werd een beetje afgeleid?' vroeg Tucker terwijl hij de Kirin van hem overnam. 'Of was het een klein Japans meisje dat tegen je opklom?'

Malcolm grijnsde terwijl ze de tweede verdieping al bereikten. Het was hier wat minder druk dan beneden. Verspreid door de zaal stonden ronde houten tafels en langs een muur stond een hele batterij sigarettenautomaten. De bar hier was bedoeld voor drinkers, niet voor dansers, en de muziek stond een tandje zachter – je kon in elk geval naar je eigen gedachten luisteren.

'Achterin,' zei Tucker, wijzend naar de achterste hoek van de zaal. Malcolm zag dat de meeste Ivy-jongens daar bijeenzaten, sommige op lage krukken, andere leunend tegen de muur. Het tafelblad was nauwelijks zichtbaar onder het woud van lege bierflessen en whiskyglazen. Dichterbij gekomen zag Malcolm twee vreemde gezichten. Tucker wees met zijn Kirin-flesje.

'Die twee liepen we tegen het lijf en ze boden ons allemaal een paar rondjes aan.'

'Grote fans, zeker?' vroeg Malcolm. Nu hij nog dichterbij was, zag hij het tweetal beter. De een had een gemiddelde lichaamsbouw, met dunnend blond haar en een ietwat achterbakse glimlach. Zijn gezicht leek verweerd, maar zijn ogen waren jong en rond, speels blauw, als van een kind. Zijn kompaan was stevig en breed, met zware schouders en krullend donker haar. Zijn neus

87.23 +0.96   99.013 -1.63   70.65 +0.12   85.12 +0.92   87.23
84.21 +0.45   74.01 +1.34   76.13 +1.02   74.23 +0.95   71.0

leek wel een skihelling en zijn borstelige wenkbrauwen vormden één horizontale streep. Ze waren ouder dan hij, misschien begin dertig, maar gingen jong gekleed. Spijkerbroeken en witte overhemden. De blonde man droeg een dunne, duur ogende blazer. Rond zijn rechterpols schitterde iets van platina – een Rolex, realiseerde Malcolm zich.

'Het zijn oud-studenten van Princeton; van welk jaar weet ik niet precies. Ze wonen hier in Tokyo. Volgens mij zijn het bankiers, zoiets. Ze zijn best wel cool, hoewel we dat eerst niet vonden toen ze met een wedstrijdbal aan kwamen zetten die we moesten tekenen. Maar daar zijn we inmiddels overheen gestapt.'

Malcolm had inmiddels de tafel bereikt en deelde met een paar van zijn maten wat high fives uit. Toen hij de twee vreemden bereikte, schoof de blonde voor hem een stoel bij.

'John Malcolm? Fantastisch om kennis met je te maken. Dean Carney. Dit is mijn collega Bill Sammons. Geweldige wedstrijd, zeg. En wat een geweldig jaar voor jou, ook. We lezen steeds over je in het blad voor oud-studenten.'

Malcolm schudde beide mannen de hand. Die van Sammons was iets te stevig, die van Carney was bijna slap te noemen, en het viel Malcolm op dat zijn nagels gemanicuurd waren. De Rolex kreeg hij nu ook iets beter te zien en hij zag dat de wijzerplaat was afgezet met diamantjes. Het gezicht van de man was bleker, een bijna gelige kleur die leek te versmelten met de zachte tint van zijn haar. Zijn lippen, die zo-even van een afstandje nog een achterbakse indruk wekten, leken van dichtbij in een constante zelfgenoegzame grijns gebeiteld.

'Studiejaar 1980,' merkte Carney op. 'Ik zit al sinds 1989 in Tokyo.'

Malcolm trok zijn wenkbrauwen op. Bijna drie jaar in een vreemd land aan de andere kant van de wereld. Dit waren de eerste echte expats die hij ooit had ontmoet. Een beetje vreemd wel, om in een bar te zitten met twee mannen die twaalf jaar ouder waren dan hij, maar Carney leek een boeiende verschijning, die zich in deze ondeugende omgeving helemaal niet ongemakkelijk leek te voelen. Malcolm zag dat hij glad en beheerst was, zij het misschien een beetje gevaarlijk. Sammons, daarentegen, leek hier absoluut niet op zijn plaats. Zijn conventionele overhemd hing er slordig bij – een paar knopen zaten in het verkeerde knoopsgat – en zijn dikke buik stulpte over zijn broekriem. De ogen onder zijn weerspannige krullen stonden wild. Hij leek beslist niet op een bankier.

Een lange serveerster met een lange donkere paardenstaart en een afgeknipt shirt, dat de bezoeker een blik gunde op een reep van haar gebruinde platte buik, bracht een dienblad vol glazen. Carney deelde ze uit aan Malcolm en de anderen. Het vocht gleed brandend door de keel en deed Malcolms wangen opgloeien. Carney leek de sterkte van de drank niet op te merken en sloeg al een tweede glas achterover voordat de meeste studenten hun eerste hadden geleegd.

Terwijl de serveerster met het volgende rondje kwam, haalde Carney een rugbybal van onder de tafel te voorschijn en reikte hem Malcolm aan.

'Jij bent de enige die hem nog niet heeft gesigneerd.'

Sammons gaf hem een viltstift. Dit was een klusje waar je zo je bedenkingen tegen kon hebben, en onder normale omstandigheden zou hij er moeite mee hebben gehad om iets te drinken met iemand die een gesigneerde wedstrijdbal wilde hebben, maar aangezien ze in Tokyo waren, zou hij een uitzondering maken. Bij de punt van de bal vond hij nog een leeg plekje waar hij zijn krabbel zette.

'Bent u bankier?' vroeg hij terwijl hij de bal terug naar Carney rolde.

'Ik ben handelaar bij Kidder Peabody,' antwoordde Carney. 'Hoofdzakelijk derivaten. Ben je geïnteresseerd in financiële zaken?'

Malcolm had twee jaar economie gestudeerd, een beetje statistiek en een hoop onzinnige alfabijvakken. De waarheid was dat hij niet veel had nagedacht over wat hij zou gaan doen wánneer – niet áls; hij was realist genoeg om niet van die gedachtespelletjes met zichzelf te spelen – het football niets zou worden. En hij had er geen moeite mee zijn onwetendheid tegenover deze volstrekte vreemdeling te tonen. Als dit een sollicitatiegesprek was, zou hij wel een leugentje hebben verzonnen, maar dit was een bar in To-

87.23 +0.96   99.013 -1.63   70.65 +0.12   85.12 +0.92   87.23
84.21 +0.45   74.01 +1.34   76.13 +1.02   74.23 +0.95   71.0

kyo na middernacht, en deze vent hier trakteerde hem op drank.
'Wat is in jezusnaam een derivaat?'
Carney moest lachen. 'Oké, een derivaat is een financieel instrument waarvan de waarde wordt ontleend aan onderliggende activa, obligaties of waardepapieren.'
Tucker was naast Malcolm komen zitten. Hij was afgestudeerd psycholoog, en op Harvard hield dat zelfs nog minder in dan je zou verwachten. Zijn gezicht was één groot vraagteken. Carney zag zijn ongemak en zijn zelfgenoegzame grijns werd groter. Hij rolde de bal terug naar Tucker.
'Pak die bal eens. De waarde van dat ding is op dit moment ongeveer negenentwintig dollar, wat ik ervoor betaald heb. Als een paar van jullie prof worden, dan wordt deze bal ongeveer tien keer zoveel waard als hij nu is. Als een van jullie het tot de Super Bowl schopt, strijk ik een mooie winst op. Maar als jullie met z'n allen coach worden van een stel kleuters in Podunk, New Jersey, zal hij geen stuiver meer waard zijn.'
'Dus de bal is een derivaat?' zei Malcolm. 'En wij zijn het onderliggende product.'
'Zeg, schenk deze jongeman nog eens bij,' zei Carney.
'Ik heb een beter voorbeeld,' mengde Sammons zich in het gesprek en hij boog zich dichterbij. Zijn springerige donkere haar leek nu bijna vulkanisch. 'Zie je die meid daar bij de bar?'
Malcolm en Tucker draaiden zich tegelijk om. Het meisje was slank en lang, en droeg een minishort van spijkerstof en een kanten topje. Haar benen leken zelfs nog langer door haar met lovertjes opgesmukte hakken, die met leren riempjes rond haar enkels zaten.
'Ze is fotomodel, maar moet vechten om het hoofd boven water te houden,' bromde Sammons. 'Twee weken geleden heb ik haar in het herentoilet op de eerste verdieping geneukt. Echt, ik hou je niet voor de gek. In mijn portefeuille zit een slipje van haar. Als haar carrière mislukt, werp ik dat slipje in de vuilnisbak. Maar als ze slaagt en een wereldberoemd model wordt, ga ik het verkopen aan een of andere Japanse seksshop en haal ik een fortuin binnen. Die lijpo's betalen flink voor dat soort smerige dingen.'
Malcolm draaide zich even om naar het meisje bij de bar. Zulke

taal verwachtte hij in een kleedkamer, maar niet in een bar, niet uit de mond van een bankier die halverwege de dertig was. Hij wist niet of hij dit nu walgelijk of vermakelijk moest vinden.

Sammons stond op van de tafel en liep naar de toiletten. Malcolm keek hem na, even niet wetend wat hij moest zeggen. De serveerster met de half ontblote buik boog zich over zijn rechterschouder en reikte Carney de rekening aan. Het bedrag was in yens, maar Malcolm had tijdens de vlucht in een gids zitten lezen. Hij rekende het om. Het kwam neer op meer dan achtduizend dollar.

Carney overhandigde de vrouw een platina creditcard en kneep haar ondertussen in haar vingers. Ze glimlachte naar hem, maar hij leek er onverschillig onder. Hij reikte in zijn zak, trok een crèmekleurig visitekaartje te voorschijn en wendde zich weer tot Malcolm.

'Ik hou van jouw manier van football en je lijkt me een slimme vent. Mocht het nou niet lukken bij de profs, bel me dan een keer. Volgens mij zou je het hier best goed doen.'

Malcolm staarde hem aan. Hij wist niet precies hoe Carney van zijn plannen voor een professionele carrière af wist, maar goed, er waren zat oud-studenten die het footballteam van hun alma mater nauwgezet volgden. Het zou voor Carney niet moeilijk zijn geweest om erachter te komen welke scouts van de universiteit naar welke spelers uitkeken. Schokkender vond hij de hoogte van de rekening. Achtduizend dollar voor een avondje drinken. Dat was meer dan zijn moeder in twee maanden verdiende. En ze waren nog niet eens klaar.

Hoofdschuddend nam hij het kaartje aan.

'Hij heeft toch niet echt haar slipje in zijn zak, hè? Dat is gewoon ziek!'

Carney glimlachte en stak vervolgens zijn hand op om nog een rondje te bestellen.

4

New York

Een heldere, zonnige en windstille ochtend. Twintig graden, een azuurblauwe lucht, de geur van herfst in New York.

Het was iets na zevenen. Zo snel als hij kon volgde Malcolm zijn weg door het betonnen labyrint van het financiële district, meegedragen op de golvende zee van grijze pakken en leren koffertjes. Hij wist dat hij te laat was, maar niet hoeveel. Kijkend naar de gezichten om hem heen probeerde hij de tijd in te schatten. Ze varieerden van gespannen tot pure stress, en ook de glazige ogen verrieden weinig. In het zonlicht zou het gemakkelijker zijn geweest, maar hier, beneden op straat, was de ochtend weinig meer dan een kleine kleurverandering. Tegen zevenen begon de lucht al aardig overeen te komen met die van de pakken die over de drukke trottoirs deinden, een mengeling van diverse grijstinten. De uit glas, chroom en steen opgetrokken ingangen van de reusachtige gebouwen oogden haarscherp terwijl de wolkenkrabbers erboven vanaf de zesde verdieping in de mist verdwenen.

Het kruispunt van Wall Street en Broadway kwam in zicht en Malcolm versnelde zijn pas. Hier was het, het centrum van de financiële wereld, een plek die ooit 'The Corner' werd genoemd, een zwart gat waar elke kersverse afgestudeerde kandidaat naartoe werd gezogen, zolang zijn of haar faculteit maar iets 'bedrijfskundigs' doceerde.

Nadat Malcolm een jaar geleden was afgestudeerd, had meer dan de helft van zijn studiegenoten deze geplaveide straten bewandeld, zoekend naar het fortuin dat ergens diep verborgen tussen de minutieuze radertjes van de wereldbeurzen naar hem loer-

68.50 +0.02   76.13 +1.02   74.23 +0.95   101.01 -1.63   70.65 +0.
89.22 +1.01   97.12 -0.00   85.23 +0.65   71.01 +1.34   88.13 +0

de. Zelf had hij Wall Street zo lang mogelijk gemeden om zijn football-droom te kunnen najagen, de droom waarvan hij wist dat die nooit zou uitkomen.

Wegschietend tussen de bumpers van de felgele taxi's en ranke zwarte limousines probeerde hij zich op te peppen met de gedachte dat er altijd ruimte was voor een nieuwe droom, een die wél bereikbaar was. Een waarbij het niet uitmaakte hoe lang hij was, of hoe zwaar hij woog, maar waarbij het enkel ging om hoeveel hij bereid was te doorstaan.

Hij passeerde de gevel van nummer 23 en keek even omhoog naar de pokdalige stenen muur en de enorme koperen deuren die de toegang tot JP Morgan vormden. De pokdalige butsen waren de oude littekens van een bomaanslag uit de jaren twintig, waarschijnlijk de eerste terroristische aanval op Amerikaanse bodem. Een paar straten verderop maakte de beurs zich op voor een nieuwe dag. Hij kon de energie in de lucht voelen, de overweldigende zuigkracht van het grote geld. Hij haalde diep adem en zoog zijn longen vol met de lucht van uitlaatgassen, leren schoenen, koffiekraampjes en adrenalinezweet: het aroma van een gewone Wall Street-ochtend.

Hij vroeg zich af hoe het was om een van die pakkendragers te zijn die langs hem heen schoten. Aan de ene kant was hij opgewonden door het vooruitzicht van het geld, het aanzien, het leventje zoals hij dat uit films kende: een leuk appartement, dure kleren, een nog duurdere vriendin en uiteindelijk een stinkend dure vrouw. Maar aan de andere kant was de aanblik van de uitwisselbare, anonieme werkbijen die in deze bijenkorf van Lower Manhattan rondzwermden tegelijkertijd een angstvisioen. Het mocht dan misschien aanmatigend en clichématig klinken, maar iets gaf hem het gevoel dat hij wellicht beter verdiende.

Hij streek met een hand over de koude, stenen muur en voelde de littekens. Daarna borg hij zijn clichégedachten op en vervolgde hij zijn weg naar zijn bestemming.

'Als u hier even wilt wachten? Meneer Kendrick komt zo bij u.'

De dame met het jaren-vijftigkapsel gaf hem een vriendelijk klopje op de schouder dat meteen een duwtje werd. Hij betrad een

87.23 +0.96   99.013 -1.63   70.65 +0.12   85.12 +0.92   87.23
84.21 +0.45   74.01   +1.34   76.13 +1.02   74.23 +0.95   71.0

klein kantoor en draaide zich om om haar te bedanken, maar ze had de deur al dichtgedaan en was weer opgegaan in de drukte van de handelsvloer. Misschien maar beter ook. Hij was haar naam toch al vergeten. Hij bekeek het kantoor en probeerde zijn nervositeit wat te onderdrukken. Het interieur was Spartaans te noemen, zonder ook maar iets wat erop wees dat hier mensen werkten. Bij het raam een groot houten bureau, verder een zwartleren stoel en een kleine tweezitsbank met roomwitte kussens. Een metalen boekenplank aan een van de muren stond vol met boeken over marketing en gidsen met bedrijfsadressen. Geen ingelijste foto's op het bureau, geen kunst aan de muur. Er lag een vloerkleed, maar dat was dun en van een alledaagse, beige kleur. Aan het plafond hing één tl-buis, die een hard licht verspreidde.

Het leek eerder geschikt om er een verhoor af te nemen dan voor een sollicitatiegesprek. Uit recente ervaringen wist hij dat dit laatste een beetje van allebei was. De afgelopen week had hij veertien gesprekken gehad, van hieruit gezien allemaal binnen een omtrek van vier straten. Zijn zakken puilden uit van visitekaartjes met adressen en contactinformatie. Investeringsbanken, adviesbureaus, opstartende bedrijven, verzekeringsmaatschappijen: zo'n beetje alle open financieringsinstellingen die op de lijst van Princeton-alumni vermeld stonden, hadden inmiddels zijn cv ontvangen en sindsdien had hij bijna elke ochtend de drie kwartier durende pendelrit vanuit Mercer County, New Jersey, gemaakt. Zijn cv was duidelijk veelbelovend dan wel afwijkend genoeg om bij de meeste Wall Street-kantoren de deur voor hem te laten opengaan. Desondanks had hij tot nu toe nog niets aangeboden gekregen en, om eerlijk te zijn, was hij daar wel blij om. Geen enkel sollicitatiegesprek had hem in welk opzicht dan ook weten te boeien. Hij kon niet zeggen wat hij nu precies had verwacht: *finance* was geen football, maar voornamelijk papierwerk, computerresearch en telefoontjes plegen. Toch hoopte hij op iets waar een vonk in zat, iets wat zijn adrenaline liet stromen op de manier waarop football dat altijd had gedaan.

Hij liep naar de tweezitsbank, nam plaats in het midden en trok zijn oranje-zwarte Princeton-das netjes recht. Het overhemd van Brooks Brothers was een cadeautje van zijn moeder geweest, de

68.50 +0.02   76.13 +1.02   74.23 +0.95   101.01 -1.63   70.65 +0.
89.22 +1.01   97.12 -0.00   85.23 +0.65   71.01 +1.34   88.13 +0

das van het alumnigenootschap. Het colbertje had hij geleend van zijn ouderejaarskamergenoot. Zijn broek was een zwarte trainingsbroek, maar van drie meter afstand viel dat echt niet te zien. Hij ging kaarsrecht zitten nu de deur achter hem werd geopend. Een broodmagere man – Kendrick, zo vermoedde hij – met een dun brilletje op de neus, kortgeknipt donker haar en een bruine dossiermap in zijn benige hand liep naar zijn bureau. Kendricks maatpak zag er duur uit en zijn nagels leken goedverzorgd. Zijn nek stak net iets te ver uit zijn boord en zijn adamsappel was enorm. Hij nam plaats in de leren stoel en sloeg de dossiermap open.

'Meneer Malcolm, aangenaam.'

Malcolm wilde opstaan om Kendrick de hand te schudden, maar die hield zijn ogen strak op het papier. Malcolms cv lag boven op een stapel andere. Malcolm liet zich weer op de bank zakken en keek naar Kendricks ogen die over de pagina gleden. Donkere kraaloogjes waren het, daar achter die brillenglazen, en de zware wallen die eronder hingen, maakten dat ze nog donkerder leken.

'Een maand in een prof-trainingskamp...' begon Kendrick.
'Hoe is je dat bevallen?'

Malcolm schoof wat heen en weer op de bank. Alle sollicitatiegesprekken begonnen met deze vraag. Dit was precies het onderdeel dat zijn cv zo anders maakte en waarschijnlijk ook datgene wat hem langs het eerste honk bracht.

'Ik heb er een paar geweldige mensen ontmoet en heb er veel over mezelf geleerd,' antwoordde hij zo geloofwaardig mogelijk. Het geijkte antwoord en hij wist bijna zeker dat Kendrick daar dwars doorheen keek. Maar de waarheid achter het antwoord was wat minder florissant. Het was een harde leerschool geweest. Elke dag was hij door jongens van tweemaal zijn omvang in elkaar getimmerd, jongens die het niet zagen zitten dat hij van Princeton kwam en hem dat maar al te graag lieten weten ook: op het veld, in de kleedkamers, zelfs op de slaapzaal. Maar toch had hij zo lang mogelijk doorgezet. Uiteindelijk hadden de coaches geen andere keus dan hem te laten gaan, maar in elk geval waren ze onder de indruk geweest van zijn vastberadenheid.

87.23 +0.96   99.013 -1.63   70.65 +0.12   85.12 +0.92   87.23
84.21 +0.45   74.01   +1.34   76.13 +1.02   74.23 +0.95   71.0

'Nou,' sprak Kendrick terwijl hij Malcolms cv neerlegde en hem eindelijk eens goed aankeek, 'het is duidelijk dat je tegen een stootje kunt. Waarom wil je bij ons komen werken?'
Malcolm deed even alsof hij over het antwoord nadacht. Hij had een lijstje van mogelijkheden genoteerd en koos voor het antwoord dat hem het meest onschuldig leek. Kendricks toon had iets venijnigs, en hij wilde de man liever niet uitdagen.
'Ik heb veel over uw bedrijf gelezen en ik weet dat ik hier kansen heb die ik nergens anders zal kunnen krijgen. Ik ben gemotiveerd, werk hard en ik werk graag in een intellectueel uitdagende omgeving.'
Zorgvuldig aan elkaar gebreide onzin. Geen woord over geld. Ook al draait heel Wall Street om geld, tijdens een sollicitatiegesprek hoorde je daar niet over te beginnen. Geheid dat degene tegenover je met riante bedragen zou gaan strooien om indruk op je te maken, maar als je ze vertelde dat het je vooral om geld verdienen ging, kon je het verder wel vergeten.
Met zijn roze nagels wuifde Kendrick het antwoord weg.
'Als je hier wordt aangenomen, zal je eerste jaar een absolute hel zijn. Je maakt weken van honderdveertig uur. Tien minuten pauze voor het avondeten en geen lunch. Je doet alle rotklussen waar niemand anders zin in heeft. We behandelen je als stront en jij zegt ons hoe heerlijk je het vindt. Je zult zo lang achter het kopieerapparaat staan dat de toner je de oren uit komt. Je zult mij en mijn collega's hartgrondig gaan haten, en uiteindelijk ook jezelf. Qua intellectuele uitdaging is het te vergelijken met een kleedkamer van een footballteam.
Malcolm voelde zijn mond vertrekken. Hij wist zeker dat Kendrick nog nooit ook maar één voet in een echte kleedkamer had gezet. Misschien dat hij tweemaal per week squashte met een paar collega-pakkendragers. Misschien dat hij op een of andere tennisclub aan de Upper West Side een outfitje in een kluisje had liggen. Maar hier, als sollicitant op de bank tegenover hem, kon Malcolm slechts beleefd knikken en proberen vooral niet te glimlachen.
'Heb je geluk,' vervolgde Kendrick, 'en weet je het vol te houden, dan zul je na zo'n twee jaar flink gaan verdienen. Je basisinkomen zal worden opgekrikt tot honderdvijftigduizend per jaar.

68.50 +0.02   76.13 +1.02   74.23 +0.95   101.01 -1.63   70.65 +0.
89.22 +1.01   97.12 -0.00   85.23 +0.65   71.01 +1.34   88.13 +0.

Je ontvangt een bonus afhankelijk van je prestaties. Je werkt nog steeds honderdveertig uur per week, maar je geniet van elke minuut, want je loopt binnen. Afgelopen jaar heb ik twee miljoen verdiend. En ik ben pas zevenentwintig.'

Ziedaar de cijfers, en die logen er niet om. Van een paar studiegenoten en afgestudeerden wist hij dat het verhaal waarschijnlijk wel klopte. Het eerste jaar zou een nachtmerrie zijn, maar als hij het volhield, kon hij over een paar jaar rekenen op een leuk salaris en een paar megabonussen. De jaren tachtig waren inmiddels voorbij – op zijn dertigste zou hij waarschijnlijk geen miljoenen verdienen. De dagen van de Wall Street-roofridders waren eigenlijk zogoed als voorbij, maar de geldmarkt was nog steeds de ideale goudmijn. Als hij zo'n baan te pakken wist te krijgen, zou hij – langzaam en met veel pijn en moeite – binnenlopen.

'Dus, dat is wat ik je te bieden heb,' sprak Kendrick terwijl hij de handen plat voor zich op het bureaublad legde. 'En nu is het jouw beurt om mij te vertellen wat jíj me kunt bieden. Vertel eerst maar eens hoeveel sinaasappels er het afgelopen jaar in de VS werden geconsumeerd.'

Malcolm keek even naar buiten. Duiven streken neer op de richel onder het raam. Heel even welde het verlangen op om zelf naar buiten te fladderen. Al de hele week was hij met dit soort vragen bestookt. Hoeveel zwembaden zijn er in Europa? Waarom verkopen ze in Engeland geen caloriearm bier? Wie geven er meer uit aan paraplu's, vrouwen of mannen? Redeneerspelletjes die speciaal bedoeld waren om je manier van denken te onthullen, je vermogen om uit kruimeltjes informatie de juiste gegevens te destilleren en ermee aan de slag te gaan. In feite kon het Kendrick weinig schelen hoeveel sinaasappels er het afgelopen jaar in de Verenigde Staten waren geconsumeerd. Hij wilde zien hoe deze sollicitant tot zijn antwoord kwam.

Even overwoog Malcolm zomaar iets te verzinnen, niks redenatie. Vierhonderddrieëndertig miljoen. Laat Kendrick maar uitvogelen hoe hij daarop kwam. Maar hij wist dat hij dan meteen kon opstappen. Met veertien sollicitatiegesprekken achter de rug en nog geen baan op zak kon hij zich geen geintjes veroorloven.

'Dit land telt tweehonderdvijftig miljoen inwoners,' begon hij,

87.23 +0.96   99.013 -1.63   70.65 +0.12   85.12 +0.92   87.23
84.21 +0.45   74.01   +1.34   76.13 +1.02   74.23 +0.95   71.0

zijn verstand op de automatische piloot, 'en tachtig procent begint de dag met een glas sinaasappelsap. Ga je uit van drie sinaasappels per glas, dan...'

Grind spatte op als omgekeerde regen terwijl hij zijn oude, gedeukte jeep Wrangler over het kronkelige pad naar het ouderlijk huis stuurde. Aangezien de radio in de jeep al weken geleden de geest had gegeven, was de korte rit vanaf het station in doodse stilte verlopen. Met het samenstellen van zijn cv en al die sollicitatiegesprekken had hij geen tijd gehad om ook maar iets te repareren. Na de afstompende, drie kwartier durende treinreis door het prachtige plattelandsdiorama van *upstate* New Jersey had hij met een dikke honderdtien kilometer per uur zijn weg door Mercer County vervolgd, een tamelijk eenvoudige klus aangezien de weg van het station naar zijn ouderlijk huis één rechte lijn vormde. Mercer had niet echt een stadskern, maar slechts een tweebaansweg, een winkelcentrum, de openbare school waar iedereen zijn kinderen naartoe stuurde en een supermarkt. Er was zelfs niet eens zo'n ouderwetse winkel waar je van alles kon kopen, zoals je die in gehuchten als Rocky Hill en Lawrenceville wél zag. Hier was alleen een groot, monsterlijk geval met glazen draaideuren en omgeven door een meer van asfalt. Als jonge knaap had hij hier bijna elke avond met winkelwagentjes botsautootje gespeeld, totdat een van zijn vriendjes op het grote parkeerterrein als gevolg van een spectaculaire botsing met vier winkelwagentjes tegelijk beide polsen had gebroken, waarschijnlijk de meest enerverende gebeurtenis in Mercer County sinds het dioxineschandaal van 1973.

Het gravelpad eindigde een kleine meter voor de veranda. De woning was klein, had één verdieping, luiken voor de ramen en een kleine omheinde achtertuin. Twee jaar geleden had hij de hele buitenboel geschilderd. Zijn moeder wilde eigenlijk jagersgroen, maar hij had de verf niet goed gemengd en dus waren de muren de afgelopen twee winters in een tamelijk limoenkleurige tint veranderd. Het gras in de achtertuin was van een soortgelijke kleur, pas gemaaid maar met hier en daar wat onkruid langs de randen. Geen slechte plek om op te groeien: hier had hij geleerd hoe je een

| 68.50 | +0.02 | 76.13 | +1.02 | 74.23 | +0.95 | 101.01 | -1.63 | 70.65 | +0. |
| 89.22 | +1.01 | 97.12 | -0.00 | 85.23 | +0.65 | 71.01 | +1.34 | 88.13 | +0 |

rugbybal moest vangen, met het onkruid als de baseline, het gravelpad als de overbruggingsafstand. Toen hij tien was, kon Tucker hem helemaal vanaf de snelweg de bal toewerpen.
Hij stapte uit de jeep en het grind knerpte onder zijn voeten. Binnen kon hij zijn moeder achter de hordeur zien. Ze stond in de vestibule, bezig de planten water te geven. Spijkerbroek, T-shirt en kastanjebruin haar in een paardenstaart bijeengebonden. Zelfs gebukt over een paar verstrengelde varens leek Jackie een stuk jonger dan haar tweeënvijftigjarige leeftijdgenoten. Kort nadat ze van zijn vader was gescheiden, was ze hertrouwd. Ze was doorgaans een vrolijke vrouw, sterk en onafhankelijk. Dat laatste moest ook wel aangezien Malcolms stiefvader, een werktuigbouwkundige, er meestal twee banen op na hield om het gezin te onderhouden. Tegen zijn biologische vader had ze nooit wrok gekoesterd. Ook hij was hertrouwd en woonde nu in Buffalo. Samen hadden ze van meet af aan de verantwoordelijkheid voor Malcolms opvoeding gedeeld. Een goede, gelukkige Mercer County-opvoeding, scheiding en geldgebrek inbegrepen.
Ze keek even op en glimlachte nu hij de voordeur bereikte.
'Kijk onze Wall Street-miljonair toch eens. En die broek! Nou, als dat geen *fashion-statement* is.'
'Miljonairs reizen niet per trein,' was zijn reactie. 'Als zulke lui ook een uur lang in zo'n stalen koekblik moeten zitten, zouden ze zich ook gemakkelijk hebben gekleed, hoor.'
Hij deed zijn colbertje uit en hing het op de haak bij de vrije doorgang naar de huiskamer. Het meubilair was net iets boven vlooienmarktniveau, maar wel zorgvuldig bij elkaar gezocht. Hoewel erg provinciaals had het toch vooral iets gezelligs: een houten bank met kussens, rieten schommelstoelen, een mahoniehouten piano tegen een van de muren, wandtapijtjes en een salontafel die ooit onderdeel van een glazen deur was geweest. Verder wat schilderijen aan de muur, gemaakt door een plaatselijke bevriende kunstschilder die zich richtte op stillevens, voornamelijk fruit in schalen, maar dan verlevendigd met wat paarden en jachthonden. In het hele huis lagen vloerkleden, een paar hadden hun langste tijd wel gehad, en de meeste waren gebroken wit, net als de muren. Geen paleis, maar ook geen krot, en in dit deel van Jersey

| 87.23 | +0.96 | 99.013 | -1.63 | 70.65 | +0.12 | 85.12 | +0.92 | 87.23 |
| 84.21 | +0.45 | 74.01 | +1.34 | 76.13 | +1.02 | 74.23 | +0.95 | 71.0 |

was dat laatste niet bepaald onalledaags te noemen.

Hij streek met een hand door zijn haar. Niet dat het buiten echt warm was, maar hij transpireerde van de reis. Zoals gewoonlijk waren er meer treinreizigers geweest dan zitplaatsen en had hij de eerste twintig minuten in het gangpad moeten staan. Jackie zag zijn blik en stopte even met het bewateren van de varens.

'Was het zo erg?'

Malcolm gaf geen antwoord. Jackie fronste haar wenkbrauwen, duidelijk zoekend naar iets om hem wat op te monteren. Ten slotte gebaarde ze naar de keuken. 'Er is vanochtend een brief voor je bezorgd.'

Zijn hart leek even een vreugdesprongetje te maken. Wie weet had Anna hem eindelijk teruggeschreven. Ze was een studiegenote van Princeton met wie hij de laatste maanden van zijn laatste jaar iets had gehad. Na haar afstuderen was ze naar LA verhuisd in de hoop het te gaan maken in de filmwereld. Het zou hem niets verbazen als ze binnen een jaar of twee haar toelatingspapieren voor de rechtenfaculteit op zak had. Sinds een paar maanden hadden ze het contact verloren, maar hij had haar nog een paar brieven gestuurd waarin hij had geschreven hoe het met hem ging.

'Uit Californië?' vroeg hij.

Zijn moeder schudde het hoofd.

'Nou, eigenlijk een heel stuk verder. Uit Japan.'

Tien minuten later had hij zich op zijn kleine slaapkamer teruggetrokken. De brief uit Tokyo lag inmiddels opengevouwen op het bed terwijl hij op een verouderde, overmaatse draadloze telefoon het tiencijferige nummer intoetste. Driemaal had hij de brief doorgelezen alvorens de moed te vatten en daadwerkelijk te bellen. Dat Dean Carney zelfs een jaar later zijn naam nog wist, schokte hem. Maar hij was nog meer geschokt door het feit dat Carney het dus had gemeend toen die hem zijn visitekaartje had overhandigd. Op zijn beurt had hij Carney in een opwelling zijn cv gestuurd, ervan uitgaande dat hij dat toch niet zou lezen. Hij had zelfs betwijfeld of zijn cv wel op diens bureau zou belanden, aangezien hij niet precies had geweten hoe hij het Japanse adres op de juiste manier op de envelop moest noteren.

68.50 +0.02   76.13 +1.02   74.23 +0.95   101.01 -1.63   70.65 +0.
89.22 +1.01   97.12 -0.00   85.23 +0.65   71.01   +1.34   88.13 +0

Nadat hij het nummer had gedraaid, viel er een korte stilte en daarna klonk er een vreemde zoemtoon. Zelfs de zoemtoon klonk buitenlands en hij voelde een merkwaardige opwinding terwijl hij wachtte totdat er werd opgenomen.

Na de vierde zoemtoon klonk er opeens een hoge vrouwenstem.

'*Moshimoshi.*'

Hij schraapte zijn keel.

'Ik ben op zoek naar de heer Carney. Mijn naam is John Malcolm...'

De vrouw reageerde onmiddellijk in perfect, zangerig Engels.

'*One moment, please.*'

Er kwam muziek uit de hoorn. Een of ander Japans popnummer, met veel gitaar en gelardeerd met wat willekeurige Engelse kreten, zo leek het. *Live it. Love it. You love it. You love it...*

'Malcolm, Malcolm, Malcolm! Ik verwachtte je telefoontje al.'

Hij schoot rechtovereind op de rand van zijn bed. De telefoon leek te gloeien in zijn hand. Bij het horen van Carneys stem leek hij weer helemaal terug in die bar in Tokyo. Hij kon het gefluit bijna horen en de Japanse meisjes in hun korte rokjes bijna weer voor zich zien.

'Nou,' reageerde hij, 'het verbaast me nogal dat u zich me nog herinnert. Zo veel indruk maak ik doorgaans niet.'

Carney lachte. 'Toen we je cv lazen, raakten we behoorlijk geïnteresseerd. Volgens mij zou jij een prima toevoeging aan ons team zijn, zoals ik je toen bij onze kennismaking ook al vertelde.'

Malcolm staarde uit het slaapkamerraam. De achtertuin eindigde drie meter verderop voor een rij hoge dennenbomen. Aan een van de onderste takken hing een schommel van een oude autoband. Het touw was gerafeld. Nog één regenbui en de boel zou knappen.

'Ik moet u eerlijk bekennen, meneer Carney, dat ik van internationaal zakendoen, derivaten en Japan geen donder af weet. Ik heb geen flauw benul wat u doet voor de kost. Ik kan wel de clichésollicitant gaan uithangen, maar de waarheid is dat ik het groenste groentje ben dat u zich kunt voorstellen.'

Hij stond verbaasd van zijn eigen openhartigheid. Met zo'n verhaal zou Kendrick hem direct hebben laten afmarcheren. Maar

87.23 +0.96   99.013 -1.63   70.65 +0.12   85.12 +0.92   87.23
84.21 +0.45   74.01 +1.34   76.13 +1.02   74.23 +0.95   71.0

iets aan Carney maakte dat hij rechtdoorzee wilde zijn. Die leek zijn oprechtheid te kunnen waarderen.
'Malcolm, dit is verdomme echt geen hogere wiskunde. Ik leer je alles wat je moet weten. Het enige wat ik van je vraag, is dat je je daarvoor openstelt. Voor een echte lefgozer liggen hier enorme kansen. Dit hier is verdomme the *wild fucking East*, snap je? Ik vraag je niet een keuze voor het leven te maken. Geef me een jaar de tijd en ik neem je mee naar plekken die je stoutste dromen overstijgen.'

Malcolms hoofd tolde. Als zijn oren hem niet bedrogen, bood Carney hem in feite een baan aan via de telefoon. Niks sollicitatiegesprek, niks tweede ronde, niks redeneerspelletjes. Niks sinaasappel-, paraplu- dan wel zwembadsommetjes. Niks gelul over lange uren, kopieerapparaten of bonussen. Zelfs geen woord over geld. Waarschijnlijk leverde het hem geen cent op. Maar een beetje geschrokken moest hij bekennen dat dit laatste hem eigenlijk weinig kon schelen.

'Ik doe mee,' flapte hij eruit. 'Wanneer moet ik opdraven?'

Carney leek ingenomen met het snelle besluit. Malcolm bekroop het gevoel dat als hij zou hebben geaarzeld, het aanbod aan zijn neus voorbij zou zijn gegaan.

'Lukt vrijdag je?'

Zijn mond werd kurkdroog. Vrijdag was overmorgen. Over achtenveertig uur. Zijn gedachten gingen even naar zijn moeder, die op dat moment in de keuken voor hen tweeën de lunch bereidde, en naar het meisje in Californië dat hij waarschijnlijk nooit meer zou zien. Hij dacht aan Tucker en zijn andere vrienden, die in New York, Philadelphia en Boston een nieuw leven gingen beginnen, of elders waar ze een goede baan met een mooie toekomst zouden vinden. En aan Tokyo, the *wild fucking East*.

'Vrijdag is prima.'

Hij kon Carneys grijns bijna voor zich zien.

'Op JFK ligt een ticket voor je klaar.'

5

Luchthaven Itami

Nog nooit had Malcolm zich zo alleen gevoeld.
 Met zijn over de schouder geworpen olijfgroene plunjezak, de voeten stevig op het geribbelde rubber van een rollend trottoir en een gefrituurde, bruine, half opgegeten versnapering in zijn linkerhand gleed hij door de mensenmassa. Zijn ogen stonden wijd open en brandden nog van de veertien uur in die bedompte cabinelucht; zijn lichaam deed zeer, maar zijn geest was gespannen en alert. Ondertussen deed hij zijn uiterste best om alles tegelijk in zich op te zuigen. Geluiden, beelden, maar vooral mensen, honderden mensen die alle kanten op liepen. Allemaal Japanners – mannen in grijze flanellen pakken, vrouwen in rokken met witte kousen en bijpassende hoge hakken, Aziatische toeristen in vreemde klederdracht, kleine kinderen in felgekleurde broekpakken met zich meeslepend, stewardessen in stijve blauwe uniformen en beveiligingsbeambten met hun petten, badges en fluitjes – een mensenmassa die van alle kanten op hem af stroomde, en toch voelde hij zich vreselijk alleen.
 De luchthaven Itami was modern, en kleiner dan JFK, maar qua architectuur had hij wel iets van Newark of LaGuardia. Hij had zowel een binnenlandse functie voor forenzende zakenlieden en toeristen als een internationale functie, maar nadat hij de beschutting van de harmonicaslurf achter zich had gelaten, moest Malcolm het eerste blanke gezicht, zijn eigen spiegelbeeld op het toilet niet meegerekend, nog zien.
 Het rollend trottoir bereikte zijn eindpunt, en met zware benen vervolgde Malcolm zijn weg terwijl zijn pijnlijke lijf zuchtte onder

```
87.23  +0.96    99.013  -1.63    70.65  +0.12    85.12  +0.92    87.23
84.21  +0.45    74.01   +1.34    76.13  +1.02    74.23  +0.95    71.0
```

het gewicht van zijn plunjezak. Zijn hele leven zat in die zak, haastig ingepakt, daarna op JFK weer uitgepakt zodat de beveiliging kon proberen te begrijpen waarom een tweeëntwintigjarige knaap uit Nergens, New Jersey, een enkeltje eerste klas naar Osaka had. Malcolm betwijfelde of ze iets hadden kunnen afleiden uit zijn bezittingen, een allegaartje van kleren, die zonder enige samenhang bij elkaar leken te zijn gekozen. Winterkleding, shorts en T-shirts, een gele waterafstotende regenjas en een dikke wollen sjaal. Twee nette pakken, gekocht op zijn moeders creditcard, eentje voor de zomer en eentje voor de winter, en geen van beide al te opzichtig maar wel duur genoeg om door de meeste mensen voor designerkleding te worden aangezien. Hij had geen idee wat voor weer het in Japan was in september. Hij had weliswaar een reisgids, maar tijdens de vlucht had hij het te druk gehad met het doorlezen van zijn studieboek economie om die even open te slaan. Als hij vanuit het vliegtuig zo in een sneeuwbank van drie meter hoog was gestapt, zou hij niet verbaasd zijn geweest.

Nog altijd wist hij niet zeker hoe het buiten was. Hij had minstens twintig minuten doelloos door de gangen van Itami geslenterd en geprobeerd uit te vogelen waar hij in vredesnaam naartoe moest. Carney had de indruk gewekt dat iemand hem zou opwachten, maar in plaats van een bordje met zijn naam erop was hij onthaald door een zee van anonieme Japanse gezichten. Hij had overwogen om bij de gate te wachten totdat er iemand zou opduiken, maar een veiligheidsagent had hem weggestuurd. Sindsdien had hij de hele tijd plaatjes gevolgd: kleine zwarte en witte karakters die op een toilet duidden, symbolen voor voedsel en water, en zo nu en dan een tekening van een koffer, die hem leerde dat hij waarschijnlijk in de richting van de bagagereclaim liep. Als daar niet iemand op hem stond te wachten, zou hij in de problemen komen. Op zijn gang door de luchthaven had hij een paar telefooncellen gepasseerd en het was hem opgevallen dat alle instructies in het Japans waren. De luchthaven van Osaka verschilde van die van Tokyo, zo herinnerde hij zich. Itami was duidelijk niet bedoeld voor de weinige Amerikaanse toeristen die op doorreis waren. Malcolm vroeg zich af of de stad zelf net zo accommodabel zou zijn als Tokyo was geweest.

68.50 +0.02   76.13 +1.02   74.23 +0.95   101.01 -1.63   70.65 +0.
89.22 +1.01   97.12 -0.00   85.23 +0.65   71.01 +1.34   88.13 +0.

Toen Carney hem het telefonische aanbod deed, was hij ervan uitgegaan dat de bestemming Tokyo zou zijn. Pas toen hij op de luchthaven was gearriveerd, had hij ontdekt dat het anders zat. Hij had zijn ticket drie keer door iemand van Continental laten controleren voordat hij zich realiseerde dat zijn bestemming toch echt Osaka was, niet Tokyo. Zijn moeder, die hem naar het vliegveld had gereden, was snel een van de boekwinkels in de vertrekhal in gerend voor een reisgids. Hoewel Malcolm vrij zeker wist dat hij wel eens van Osaka had gehoord, wist hij dat dit beperkt bleef tot de naam. Op een kaart kon hij de stad niet eens vinden – in feite betwijfelde hij of hij überhaupt in de buurt kon komen.

'Het is de op een na grootste stad in Japan,' had zijn moeder hem voorgelezen uit het korte hoofdstuk in de enige gids die ze had kunnen vinden, 'en ook een van de oudste. Het is nu vooral een handelscentrum. Tweeënhalf miljoen inwoners.'

'En ik ken er niet één van,' had Malcolm gereageerd met een glimlach, om haar te laten zien dat het hem niet beangstigde. Ze wist wel beter, maar sprak hem er niet op aan. Wat hem betrof waren Osaka en Tokyo één pot nat. Ten westen van Californië kende hij niemand, en ten westen van New Jersey slechts een handjevol mensen.

Hij bereikte het einde van de zoveelste gang en stond boven aan een serie roltrappen die afdaalden in de ingewanden van de luchthaven. Tussen de bordjes boven zijn hoofd speurde hij naar een plaatje, maar het koffertje of iets anders wat naar de bagagereclaim verwees, zat er niet bij. Hij stond net op het punt om gestrest te raken toen iemand een hand op zijn vrije schouder legde.

'Je valt op als een hamburger in een sushibar.'

Hij draaide zich om, opgelucht om eindelijk weer Engels te horen zonder Japanse tongval of zonder dat het in een miljoen stukjes werd gebroken. Een jongeman van ongeveer zijn leeftijd, misschien een of twee jaar ouder, glimlachte naar hem en schudde enthousiast zijn vrije hand.

'Sorry dat ik je zo-even misliep bij de gate; het is de hele dag al een gekkenhuis op het werk. De Nikkei spartelt als een vis op de grillplaat. Ik ben Jason Akari, je nieuwe beste vriend.'

Malcolm trok zijn wenkbrauwen op. Akari was een snelle prater, en de gelaatstrekken op zijn brede, Aziatische gezicht leken moeite te hebben om zijn woordenstroom bij te houden. Zijn ogen waren smal en stonden iets te ver uit elkaar, en hij had een beetje een wipneus. Zijn haar was gitzwart en plakte als een footballhelm tegen zijn oren. Hij was geen volbloed Japanner, dat was wel duidelijk, maar Malcolm was er nog niet helemaal uit of de mix in Akari's voordeel of nadeel was uitgepakt. Niet dat de knaap lelijk was, maar hij zag er in elk geval uniek uit. Bovendien was hij afschrikwekkend lang, misschien wel een meter vijfennegentig, en slungelig. En met die lengte ging hij ongeveer net zo onbeholpen om als met zijn haar: al wippend op de bal van zijn voeten, met spichtige vingers die aan zijn gesteven witte overhemd en donkere pantalon plukten, en niet bij machte stil te staan was hij al vermoeiend om naar te kijken. Maar zijn uitstraling was vriendelijk, en na zijn zwerftocht door de luchthaven van Osaka was Malcolm bereid om alles te tolereren.

'Werk jij voor Carney?' vroeg hij.

Akari leidde hem weg van de roltrappen naar een paar glazen deuren aan de andere kant van de gang.

'Ik heb hetzelfde baantje als jij, ben alleen een jaar verder.' Hij bleef staan en bracht een hand naar zijn gezicht. 'Je herkent me niet, hè?'

Malcolm schikte de plunjezak tegen zijn schouder. Hij wist vrij zeker dat hij dat gezicht niet zou zijn vergeten. Maar nu hij erbij stilstond, klonk de naam enigszins bekend. Hij probeerde hem te plaatsen, maar zijn hoofd was te duf om goed te kunnen nadenken.

'Heb ik jou eerder ontmoet dan?'

Akari lachte. Zijn ondertanden waren klein en wit, als Tic Tacsnoepjes. 'Op Princeton zat ik twee jaar boven jou. Cap and Gown, studiejaar 1991. Met een van je maten van Tiger Inn heb ik nog een jaar geprobeerd bij het roeiteam te komen, maar ik voldeed niet aan de eisen.'

Meteen voelde Malcolm weer die oude band en hij werd warm vanbinnen, maar hij kon zich nog steeds niet herinneren deze half Japanse Cap and Gowner ooit ontmoet te hebben. Hij nam aan dat ze elkaar wel eens tegen het lijf waren gelopen op een van de feesten die hun respectieve eetclubs hadden georganiseerd in die paar jaar dat ze samen op Princeton hadden gezeten. Hij was blij dat hij hier in Japan iemand had met wie hij iets van zijn verleden deelde, hoewel hij zo zijn twijfels had of er nog meer overeenkomsten waren.

Ze liepen door de glazen deuropening en betraden de centrale hal. Akari leek de zwarte en witte plaatjes niet nodig te hebben om hier de weg te vinden.

'Spreek je Japans?' vroeg Malcolm.

'Mijn moeder woont in Kyoto. Ik groeide op bij mijn pa in New York. Hij is handelaar bij Salomon, zit in opkomende markten. Zijn nieuwe vrouw is ook een Japanse. Dus waar ik de kerst ook doorbreng, dat Japans komt goed van pas.'

Ze passeerden een groep brugklassers in blauwe uniformen. De meisjes droegen een wijd uitlopende rok en witte slobkousen, met vreemd gestropte sjaals waardoor ze eruitzagen alsof ze door een marineacademie voor jonge tieners waren gerekruteerd. Midden in de groep stond een leraar in een donker pak, die een groot kartonnen bord met Japanse karakters omhooghield. Naast hem stond een oudere vrouw die de scholieren toesprak door een plastic megafoon op batterijen. Ze had een nasale stem en de vreemde woorden regen zich in Malcolms oren aaneen tot één lange brij. Hij was nooit een talenwonder geweest. Op de middelbare school had hij zowel Spaans als Frans uitgeprobeerd, maar geen van beide had in hem wortel geschoten. Hij vroeg zich af hoe hij moest overleven in een land waar hij zelfs op de luchthavens al nergens wijs uit kon worden.

Akari zag de verwilderde blik op Malcolms gezicht terwijl hij hem rond de scholieren leidde.

'Maak je geen zorgen over de taalbarrière. Japan is anders dan Europa. Hier maalt niemand erom dat je geen Japans spreekt. Eigenlijk wíllen ze niet eens dat je hun taal spreekt. Of misschien verwachten ze gewoon niet dat je pienter genoeg bent om het te leren. Hoe dan ook, het doet er niet toe. Je zult merken dat dit land "gebruikersvriendelijk" is. De hele cultuur is gestoeld op het concept van beleefdheid, vooral naar buitenstaanders toe. Het buigen, het glimlachen, het overgedienstige – en dat hoor je ook terug in de taal.'

87.23 +0.96   99.013 -1.63   70.65 +0.12   85.12 +0.92   87.23
84.21 +0.45   74.01 +1.34   76.13 +1.02   74.23 +0.95   71.0

Ze bereikten weer een serie roltrappen, en Akari hield even halt om een groot paneel met tekens te raadplegen.
'Hoe bedoel je?' vroeg Malcolm.
'Het antwoord op elke vraag die een *gaijin* aan een Japanner stelt, luidt "ja". Zelfs als het antwoord in werkelijkheid "nee" is, blijft het antwoord "ja". Als je dat eenmaal weet, zal dit hele land voor jou één grote speeltuin zijn.'
Hij grijnsde zijn Tic Tac-tanden bloot.
'Geloof je me soms niet? Let op, ik zal het je laten zien. Voor grondtransport en bagagereclaim moeten we deze roltrappen af. Volg me maar.'
Hij keerde in de tegengestelde richting en zette er stevig de pas in. Malcolm moest bijna in looppas om die lange benen bij te houden. Na een meter of drie hield Akari een jonge Japanse vrouw in het uniform van een vliegmaatschappij staande.
'Hé, dame!' blafte hij met een zwaar New Yorks accent, ondertussen wijzend naar het andere eind van de luchthaven. 'Lopen we zo goed voor een taxistandplaats?'
De vrouw glimlachte en boog, boog vervolgens nog een keer terwijl ze haar best deed zijn vraag te ontcijferen. Daarna knikte ze.
'*Hai*, u volgen, alstublieft.'
Ze keerde op haar hakken en begon in de richting te lopen die hij had gewezen. Akari greep Malcolm vast en sleurde hem mee. Ongeveer drie meter verder betrad ze een kiosk waar blikjes fris en gedroogd fruit werden verkocht om vervolgens plotseling om te keren en weer naar de roltrappen te lopen. Akari bedankte haar terwijl ze hen buigend, glimlachend en knikkend verder wenkte.
'*Hai, sumimasen, hai.*' Ja, neemt u me niet kwalijk, ja.
Akari grijnsde naar Malcolm terwijl ze de roltrap naar beneden namen.
'Zie je wat ik bedoel? *Wakarimasuka*? Begrijp je? Het antwoord op al je vragen is "ja". Knoop dat maar in je oren en je zult het hier reuze naar je zin hebben. Eén grote speeltuin.'
Malcolm merkte dat hij teruggrijnsde.
'*Hai*,' zei hij knikkend. '*Wakarimasu.*'

68.50 +0.02   76.13 +1.02   74.23 +0.95   101.01 -1.63   70.65 +0.
89.22 +1.01   97.12 -0.00   85.23 +0.65   71.01 +1.34   88.13 +0

'Stelt weinig voor, hè?'
Ze zaten tegenover elkaar achter in een gestroomlijnde, zwarte Mercedes limousine. De lucht buiten was grijs, hoewel Malcolm daar gezien de ramen van rookglas niet helemaal zeker van was. De auto zat vast in een file en kroop maar langzaam over de verhoogde betonnen snelweg. In de verte zag hij bergen aan weerskanten en verderop een strook water. Het leek een pittoreske plek om een stad te bouwen, maar aan de gebouwen langs de snelweg te zien, was Osaka allesbehalve een pittoreske stad: een kleurloze blokkendoos, opgetrokken uit hetzelfde beton als de snelweg. De gebouwen stonden dicht op elkaar en werden door smalle straatjes van elkaar gescheiden. Als een spinnenweb van asfalt doorkruiste het net van verhoogde snelwegen de skyline.

'Een van de oudste grote steden van de wereld,' vertelde Akari met een tikje tegen de ruit. 'Maar in de Tweede Wereldoorlog kreeg het behoorlijk op z'n donder. Helemaal platgebombardeerd en vervolgens van de grond af weer opgebouwd. Overdag zo lelijk als de hel, maar 's avonds is het een heel ander verhaal. Zo veel neonlicht dat je denkt dat de hele stad één grote stripclub is.'

'Net als Tokyo,' zei Malcolm. Hij streek met zijn hand over het zachte leer van de achterbank. Hij vroeg zich af of hij ooit zou wennen aan dit soort dingen – vliegtickets eerste klas, rondrijden in limo's. Hadden zijn ouders ooit in zo'n slee gezeten?

'Osaka lijkt in niets op Tokyo,' reageerde Akari. 'Tokyo is het New York van Japan. Kosmopolitisch, *sophisticated*, een gekkenhuis voor de beter gesitueerden, gebouwd op overvloed en succes. Osaka is een ruige warboel. De mensen hier zijn nuchterder, maar ook wat scherper. Osaka is een plattelandsstad, maar tegelijk een stad die het moet hebben van de handel. Vanaf het begin van de Japanse geschiedenis, wat zo'n beetje neerkomt op het begin van de wereldgeschiedenis, is het een grote handelsstad geweest.'

'Is dat de reden waarom Carney van hieruit werkt in plaats van vanuit Tokyo?' vroeg Malcolm.

Akari lachte. 'Jij bent echt een groentje, hè? Godallemachtig!'

Hij zocht wat in een kastje van gelakt eikenhout, dat weggewerkt was in het tussenschot tussen hen en de chauffeur.

'Carney zit niet hier in Osaka. Carney en Sammons bevinden

87.23 +0.96   99.013 -1.63   70.65 +0.12   85.12 +0.92   87.23
84.21 +0.45   74.01 +1.34   76.13 +1.02   74.23 +0.95   71.0

zich in Kidders hoofdkantoor voor Azië, in Tokyo. Wij werken vanuit KP Osaka, op de beurs van Osaka.'
Met zijn handen nog steeds in het kastje zweeg hij even en keek Malcolm aan. 'Je weet helemaal niet wat je hier gaat doen, of wel? Je bent op het vliegtuig gestapt, hebt de halve wereld rondgevlogen en je hebt geen idee wat je werk inhoudt.'
Vervolgens begon hij te grijnzen. Ook Malcolm grijnsde, merkte hij zelf.
'Godvergeten cowboy,' zei Akari hoofdschuddend. 'Malcolm, jij en ik zijn assistent-handelaars voor de indexarbitrage. Wij zijn Carneys handen in Osaka. Vanuit zijn kantoor in Tokyo roept hij de transacties af, die wij vervolgens hier in Osaka afsluiten. Kijk, het Japanse bankwezen hanteert een hoop rare regels, en een daarvan is dat je ergens anders geen Nikkei-futures mag verhandelen. Je moet lijfelijk in Osaka zijn. De computerterminal moet híér staan, net als het toetsenbord, en je vingers moeten dus hier op de toetsen rammelen. Dus ook al zitten de *big shots* allemaal in Tokyo, Singapore en New York, de eigenlijke transacties moeten hier in Osaka worden afgesloten. En dat doen wij. Wij bedienen de knoppen voor Dean Carney.'
Malcolm staarde naar buiten en deed ondertussen zijn best alles te onthouden wat Akari hem vertelde. De meeste termen had hij al eens gehoord en hij wist min of meer wat ze inhielden. De Nikkei was de Nikkei 225, een lijst van de 225 grootste Japanse ondernemingen die gelieerd waren aan de Dow Jones Industrial Average. Het was een index van solide aandelen die als barometer van de Aziatische markt werd gebruikt. Je kon de index op dezelfde manier verhandelen als een afzonderlijk aandeel. En arbitrage was iets waar hij over had gehoord tijdens een introductiecursus economie. Arbitrage was de praktijk van geld verdienen met kleine verschillen in de prijs van identieke, of bijna identieke, producten.
'Dus Carney houdt zich bezig met arbitrage,' concludeerde Malcolm.
'Carney houdt zich met zo veel dingen bezig,' zei Akari en hij knipoogde samenzweerderig. 'Maar zijn voornaamste bezigheid is het kopen en verkopen van de Nikkei. Je begrijpt hoe arbitrage werkt, toch?'

68.50 +0.02   76.13 +1.02   74.23 +0.95   101.01 -1.63   70.65 +0.
89.22 +1.01   97.12 -0.00   85.23 +0.65   71.01   +1.34   88.13 +0

'Ik ken de Econ One-definitie: er zit een McDonald's in Twelfth Street in Manhattan die cheeseburgers verkoopt voor één dollar. In Seventeenth Street zit een andere McDonald's waar de cheeseburgers één dollar tien kosten. Een arbitrageant koopt ze goedkoop in Twelfth Street en verkoopt ze met tien cent winst in Seventeenth Street. Het moeilijkste is van Twelfth naar Seventeenth Street te komen zonder te worden aangereden en voordat iemand anders met hetzelfde idee op de proppen komt.'

Akari lachte. 'Die kende ik nog niet. Meestal komen mensen met een verhaal over het kopen van goud in Parijs om het vervolgens in Londen te verkopen, zoiets. Dat is het basisidee. Maar hier wordt het iets ingewikkelder. Daar zul je snel genoeg achter komen.'

Eindelijk trok hij zijn handen weer uit het kastje. Hij hield een met leer bekleed kistje vast, ongeveer zo groot als een gebonden boek. Het leer was oud en versleten en op sommige plekjes zelfs zo gebarsten dat Malcolm eronder verweerd hout zag. Voorzichtig, alsof het in zijn handen uit elkaar kon vallen, opende Akari het kistje.

Malcolm zag dat de binnenkant met groen vilt was afgezet en dat er kleine houten gleufjes in zaten voor schijven en dobbelstenen. Akari legde het op de zitplaats naast zich, pakte een houten dobbelbeker uit een van de gleufjes en kieperde de dobbelstenen in zijn hand. Ze waren van fijn bewerkt ivoor, glanzend en wit.

'We hebben nog een goeie twintig minuten voordat we bij je appartement zijn,' zei hij terwijl hij de dobbelstenen in zijn hand rolde. 'Zin in een potje?'

Backgammon. Plotseling realiseerde Malcolm zich waarom Akari's naam hem zo bekend voorkwam. Hij had hem in de schoolkrant van Princeton zien staan. Akari was een soort wonderkind in dit spel. Hij was een paar keer landskampioen geweest en had een club of een team, of hoe je dat ook noemde, opgericht.

Goed, het was geen football, maar het was tenminste iets.

'Ik weet niet of ik wel weet hoe dit spel gaat,' zei hij. 'Maar ik kan het proberen.'

Pas toen drong het tot hem door.

'Heb ik een appartement?'

87.23 +0.96   99.013 -1.63   70.65 +0.12   85.12 +0.92   87.23
84.21 +0.45   74.01 +1.34   76.13 +1.02   74.23 +0.95   71.0

'Appartement is misschien een beetje een te groot woord,' antwoordde Akari terwijl hij de ivoren schijven in kleine slagorden op het vilt plaatste. 'Zoals alles hier zal het eerder een leerervaring voor je worden dan een leefervaring. Maar je zult blij zijn als ik je vertel dat de huur niet van je salaris zal worden afgetrokken. Het valt onder je onkosten.'
Malcolm zweeg even en keek Akari vervolgens met wijdopen ogen aan.
'Ik heb een salaris?' vroeg hij sarcastisch.

Vier rampzalige spelletjes backgammon later bevond Malcolm zich in zijn eentje in een hok van drie bij drie op de eerste verdieping van een van de lelijkste gebouwen die hij ooit had gezien. Het cementen complex van drie verdiepingen hoog stond ingeklemd tussen een autowerkplaats en een dag- en avondwinkel; de entree bestond slechts uit een batterij aluminium postbussen en een getraliede deur. Een lift was er niet, wat prima was, omdat Malcolm die hier toch niet vertrouwd zou hebben. De muren en de vloer van de gang waren van gebutst pleisterwerk en tegels die hier en daar al hadden losgelaten. Minstens de helft van de tl-lichtbakken aan het plafond brandde niet.
Malcolms 'appartement' verkeerde in iets betere staat. De wanden waren pas overgeschilderd in een soort beige kleur die hem deed denken aan eieren die iets te lang gekookt waren. Op de vloer lagen tatami's, matten van rijststro, en in een hoek lag een kleine, dunne futon. Naast de badkamerdeur stond een houten bureau zonder stoel en nu hij iets beter keek, realiseerde hij zich dat de laden erop geschilderd waren. De badkamer was net iets minder charmant dan een toiletruimte in een vliegtuig, maar had tenminste een westers toilet en een douchecabine. Op de muur naast het toilet hingen wat instructies over hoe dit duidelijk buitenlandse geval diende te worden gebruikt, geschreven in het Japans en geïllustreerd met tekeningetjes.
Geen verwarming, geen airco, geen keuken en geen telefoon. Wel warm water, maar alleen als je de kraan in de badkamer openzette en dan gauw de gang op liep om het waakvlammetje van de geiser aan te steken. Gelukkig was er een raam, met uitzicht op de

68.50 +0.02   76.13 +1.02   74.23 +0.95   101.01 -1.63   70.65 +0.
89.22 +1.01   97.12 -0.00   85.23 +0.65   71.01 +1.34   88.13 +0

dag- en avondwinkel. Als Malcolm op zijn tenen ging staan en zo ver mogelijk naar buiten leunde, kon hij net de neongloed van het centrum, zo'n vierhonderd meter verderop, ontwaren.

Hij was te vermoeid om teleurgesteld te zijn. Zonder zelfs maar de moeite te nemen om zijn kleren uit te trekken, liet hij zijn plunjezak in een hoek ploffen en strekte hij zich uit op de futon. Onder het dunne materiaal voelde hij de harde houten vloer, maar het was te doen. Hij had wel onder slechtere omstandigheden geslapen. Op trainingskamp met het team van Princeton was hij gedwongen geweest op gekantelde kluizen te slapen, en dat was na lange dagen van radbraakoefeningen. Daarmee vergeleken was dit de hemel.

Hij staarde naar het plafond en luisterde naar de vreemde geluiden van een vreemde stad. Hij liet de gebeurtenissen van de dag op zich inwerken. Hij geloofde gewoon niet dat hij echt in Japan was. Het was beslist niet wat hij had verwacht. Hij had gedacht dat hij rechtstreeks onder Dean Carney in Tokyo zou werken om van een grote speler de kneepjes van het internationale geldwezen te leren – maar nu zat hij hier in Osaka, samen met een slungelige, half Japanse backgammon-nerd die slechts twee jaar ouder was dan hij. Toch leek Akari hem wel een geschikte peer. Hij had zich zowaar opgelaten gevoeld toen hij Malcolm eindelijk had verteld wat zijn salaris zou zijn. Vier miljoen yen, het had als een hoop geld geklonken, totdat Akari hem aan de wisselkoers herinnerde. Het kwam neer op ongeveer vijfendertigduizend dollar, misschien net de helft van wat hij in zijn eerste jaar op Wall Street zou hebben kunnen vangen. Akari had verteld dat Osaka na Tokyo de duurste stad van de wereld was. Dat verklaarde het armetierige appartement en het feit dat hij op een futon lag die bijna net zo dik was als twee opgerolde T-shirts.

Maar Malcolm maalde eigenlijk niet om het geld, om het appartement of de futon. Nog geen week geleden had hij bij JP Morgan in Kendricks kantoor gezeten, diens kont gekust en de stijve zakkenwasser aangehoord over fotokopieerapparaten en eerstejaars bonussen.

Op een of andere manier had hij aan het kopieerleventje weten te ontsnappen.

6

Tokyo, heden

Het bedieningspaneel voor me leek wel een controlepaneel uit de cockpit van een 747, behalve dan dat de opschriften in het Japans waren. Dit kleinste kamertje had wel iets cockpitachtigs, maar de wanden waren afgezet met chromen biezen en de vloer was van sprankelend zwart marmer en zo grondig opgepoetst dat de gloed van de tl-balken aan het plafond er bijna even krachtig in werd weerspiegeld.

De zitting onder me trilde licht en de zachte bekleding werd elektronisch verwarmd tot exact mijn eigen lichaamstemperatuur. Ik keek eens naar de wijzerplaatjes, draaiknoppen en druktoetsen en probeerde met behulp van de piepkleine plaatjes boven de Japanse tekst de bedieningsknoppen te achterhalen van een dvd-speler, een cd-wisselaar en iets wat in de buurt kwam van een geavanceerde, op afstand bedienbare bidet of een miniatuurfonteintje. Uiteindelijk ontdekte ik een klein rood knopje dat er veelbelovend uitzag, en met twee vingers drukte ik het in. Het vertrouwde geluid van een toilet dat wordt doorgetrokken weerkaatste tegen de marmeren vloer. Het duurde nog een volle seconde voordat het tot me doordrong dat het geluid kunstmatig was, zoals zo'n beetje alles in deze futuristische omgeving. Het mechanisme van dit *space age*-toilet was echter muisstil en het doorspoelgeluid was speciaal toegevoegd om angstige buitenlanders als ik gerust te stellen.

Een paar seconden later zag ik hoe de afdekbril automatisch dichtklapte, klaar voor de volgende klant. Verbijsterd schudde ik mijn hoofd. Ik had altijd het idee gehad dat toiletten veel over een

68.50 +0.02   76.13 +1.02   74.23 +0.95   101.01 -1.63   70.65 +0.
89.22 +1.01   97.12 -0.00   85.23 +0.65   71.01 +1.34   88.13 +0

bepaalde cultuur vertelden. In Europa waren ze weinig meer dan een gat in de grond, als symbolen van een continent dat diep in het moeras van zijn uitgestrekte verleden zat vastgezogen. In Amerika waren het stoere, wit emaillen potten met een welhaast hogedrukachtige spoelkracht van bijna militaire degelijkheid. Niks geen toeters en bellen, maar puur functioneel. Hier in Tokyo waren de toiletten prachtige staaltjes van geavanceerde technologie. Dit was een samenleving die hard op weg was naar de toekomst, hoe onpersoonlijk en muisstil die toekomst ook zou kunnen zijn.

Ik trok de toiletdeur open en het zachte gesis van koolzuurgas kwam me tegemoet. Een subtiele verandering van licht en geluid. Ik stond in de hoek van een ruime maar sfeervol verlichte bar. De muren, de vloer en het plafond waren opgetrokken in eikenhouttinten. De banken en de fauteuils bekleed met karmozijnrood leer. De ongeveer tien kaarsverlichte tafeltjes waren grotendeels bezet. Een van de muren werd in zijn geheel ingenomen door de bar, een rechthoekige constructie van doorzichtig glas die van binnenuit werd verlicht door een stuk of vijf blauwgetinte halogeenlampjes. Helemaal achterin was een klein podium, voorzien van een tapijt en links en rechts geflankeerd door een paar enorme zwarte speakerboxen. Het podium werd ingenomen door een jazztrio, met een grondig opgepoetst drumstel – een woud van chroom en messing – als opvallend middelpunt. Een blanke vrouw met golvend blond haar hield een saxofoon vast, een stevige Afro-Amerikaan had een basgitaar om en een Japanse jongeman, hij kon hooguit negentien zijn, zat kaarsrecht op zijn kruk achter zijn bekkens, snaredrum en tomtoms. Met de geluidsinstallatie stand-by likte de blondine nog even aan haar riet waarna de Japanse jongen met zijn van ivoren punten voorziene drumsticks de bekkens beroerde, en de hele bar opeens op zijn grondvesten trilde nu het trio losbarstte.

Ik liep naar voren en mijn lichaam trilde mee op het ritme van de diepe bastonen. Naast hun fascinatie voor hypermoderne toilettechnologie koesteren de Japanners een merkwaardige, koortsachtige obsessie voor jazz. Hoewel een typisch Amerikaanse kunstvorm wordt de jazz in Japan liefdevol omhelsd. Het zal

87.23   +0.96   99.013 -1.63   70.65 +0.12   85.12 +0.92   87.23
84.21   +0.45   74.01   +1.34   76.13 +1.02   74.23 +0.95   71.0

niet meevallen een Japanner te vinden die geen uitgebreide jazzcollectie in zijn cd-kast heeft staan. Veel historici zijn zelfs van mening dat juist de Japanse consumenten de jazz in de jaren zeventig, toen de verkoopcijfers in Amerika terugliepen, in leven hebben gehouden. Eén van de theorieën die ik heb gelezen, stelde dat de Japanners vooral gefascineerd waren door de wiskundige precisie die aan de baslijnen van deze muziekvorm ten grondslag ligt. Maar het lijkt waarschijnlijker dat jazz gewoon een voor de hand liggende keuze was voor een generatie die geobsedeerd was door het Westen. Hoe dan ook, in de van neonreclames vergeven straten van Tokyo werden jazzkroegen net zo talrijk als massagesalons en liefdeshotels.

Voorzichtig laverend langs de tafeltjes baande ik me een weg door de sfeerverlichte bar. De meeste klanten waren jong, ergens tussen de achttien en halverwege de dertig. De meeste mannen droegen jasjes en coltruien, de meeste vrouwen dure haltertopjes, zwart en fluwelig en doorgaans de zachte rondingen van een schouder of de hoekige lijnen van een sleutelbeen onthullend. Dit kon net zo goed een jazzcafé in New York, Boston of Chicago zijn geweest – behalve dat dit allemaal Japanners waren, en dat iedereen rookte: sigaren, sigaretten, kleine sigaartjes, ja zelfs pijp. Het ventilatiesysteem was ongetwijfeld net zo geavanceerd als het toilet.

Ik was halverwege toen ik vanuit een ooghoek een hand omhoog zag gaan. David Bronson was niet iemand die je snel over het hoofd zag. Afgezien van de saxofoniste en mij was hij de enige westerling hier en zo zag hij er ook helemaal uit: blekig, te zwaar, met dikke brillenglazen en een donkerbruin pagekapsel. Zijn dikke lokken hingen bijna tot op zijn voorhoofd en leidden daarmee de aandacht iets af van zijn bolle neus. Zijn witte overhemd hing over zijn grijze broek en zijn colbertje hing over de rand van de leren fauteuil naast hem. Terwijl ik naar hem toe liep, zag ik al twee lege glazen op de tafel. Een derde bevond zich tussen de dikke vingers van zijn linkerhand.

Bronson wenkte me, schoof zijn jasje weg en gaf een klopje op het donkerrode leer. Onze knieën stootten elkaar bijna aan terwijl hij zich iets naar voren boog om me de hand te schudden.

68.50 +0.02   76.13 +1.02   74.23 +0.95   101.01 -1.63   70.65 +0.
89.22 +1.01   97.12 -0.00   85.23 +0.65   71.01 +1.34   88.13 +0

'Ik heb veel over je gehoord,' klonk het bij wijze van begroeting. 'Malcolm zegt dat je ons expat-clubje berucht gaat maken.'

Hij grijnsde, en de plooien van zijn vlezige onderkin lilden mee. Ik vroeg me af hoeveel Malcolm hem precies had verteld. Bronson wist natuurlijk dat ik in Tokyo was vanwege het boek waaraan ik werkte en dat het iets te maken had met de Amerikanen die aan de andere kant van de wereld een nieuwe leef- en werkplek hadden gevonden. Deze avonturiers, vooral Ivy League-studenten, jong, van de mannelijke kunne en behept met een meer dan gemiddelde dadendrang, vormden op zich al een fascinerend onderwerp: een groep individuen waar voorzover ik wist nog geen enkel populair-wetenschappelijk boek aan was gewijd. Maar ik betwijfelde of Bronson wist welk verhaal ik werkelijk naar buiten wilde brengen. Te veel informatie daarover kon voor Malcolm wel eens riskant zijn, niet alleen beroepsmatig maar misschien zelfs ook in fysiek opzicht.

'Ik zal in elk geval mijn best doen,' reageerde ik terwijl ik me uitstrekte in de stoel. 'Ik wil de lezer op z'n minst een idee geven van hoe het is om op jullie manier te leven.'

Ik was pas drie dagen in Tokyo en nu al begon ik de fundamenten van een leven als uitgeweken Amerikaan te vatten. Ik had nog maar net mijn bagage van de bagagecarrousel gepakt of ik hoorde mijn naam al over de intercom, met een verzoek in het Engels om me naar de aankomsthal te begeven. Daar werd ik opgewacht door twee jongemannen, allebei kersvers afgestudeerd aan Harvard en inmiddels werkend voor Malcolms hedgefund. Ze hadden me naar een zwarte, glimmende verlengde limousine geleid die, zo vertelde een van hen me, eigendom van Malcolm was en speciaal vanuit LA was overgevlogen. In plaats van me naar mijn hotel te brengen, waren we regelrecht naar een stadion gereden, een kleine twintig minuten buiten Tokyo. Daar aangekomen, en in de hoop het een en ander te doorgronden, staarde ik naar de enorme menigte voor de ingang: ten minste duizend Japanse tieners in hiphopkleding die je eerder in het centrum van New York zou verwachten. Een concert, zo kreeg ik te horen. En wel van de Amerikaanse rapper Eminem. We hadden kaartjes voor de eerste rij plus backstagepasjes, met dank aan een van Malcolms vele cliënten.

87.23 +0.96 99.013 -1.63   70.65 +0.12   85.12 +0.92   87.23
84.21 +0.45 74.01 +1.34   76.13 +1.02   74.23 +0.95   71.0

Na afloop van het concert was ik halfdoof van alle herrie en had ik inmiddels een stuk of tien nieuwe vrienden gemaakt die, afgezien van wat onbegrijpelijk hiphop-lingo, geen woord Engels spraken. Inmiddels was ik al zo in de olie dat het voelde alsof ik op sterk water stond en had ik een handvol visitekaartjes op zak van beleggingscliënten en aanverwante topspelers uit de financiële wereld die Malcolm kenden of anders graag aan hem voorgesteld wilden worden. Ik was vierentwintig uur aan één stuk door wakker geweest, had dingen gegeten waarvan ik nog nooit had gehoord, had me riant laten fêteren en had nog steeds geen enkel idee waar ik de nacht zou doorbrengen. Drie dagen later verkeerde ik nog altijd in een roes van slapeloosheid, alcohol en een tekort aan koolhydraten terwijl mijn lichaam zich verwoed probeerde aan te passen aan een plek die bijna ontworpen leek om de zintuigen te dereguleren.

'Oké, laat me je dan nu officieel welkom heten in Tokyo,' sprak Bronson, terwijl hij een serveerster wenkte. Het jazztrio was druk in de weer met een melodie waarin de sax de hoofdrol vervulde en waarbij de volle, rijke saxtonen langs de muren omhoog kronkelden. 'Je hebt mazzel dat je mij hebt gevonden. Ik ben hét grote voorbeeld van de gaijin-handelaar.'

Ik glimlachte, want Malcolm had hem eerder al in precies dezelfde bewoordingen beschreven. Bronson was vierendertig en woonde al bijna twaalf jaar in Tokyo. Hij handelde voor een van de grootste beleggingsfondsen ter wereld, en was een rijzende ster die jaarlijks tussen de twee en vijf miljoen dollar opstreek. Er waren verschillende redenen waarom Malcolm me in zijn richting had gemanoeuvreerd. Bronson was opgegroeid in Boston, mijn geboortestad, en had Harvard bezocht. Hij was net zo oud als ik en we deelden min of meer dezelfde jeugdherinneringen: lagere school, afkomstig uit de betere middenklasse met de daarbijbehorende opvoeding en levensdoelen, enzovoorts. Maar na zijn studietijd had hij de wereld afgeschuimd, op zoek naar een ander soort leven. Eerst kwam Londen, daarna Dubai, toen Osaka en ten slotte Tokyo.

'Wat je voortdurend in je achterhoofd moet houden,' vertelde hij na in alleszins behoorlijk Japans, althans zo klonk het, een

68.50 +0.02   76.13 +1.02   74.23 +0.95   101.01 -1.63   70.65 +0.
89.22 +1.01   97.12 -0.00   85.23 +0.65   71.01   +1.34   88.13 +0

drankje voor me te hebben besteld, 'is dat ongeacht hoelang we hier al zitten, ongeacht hoe goed we ons ook hebben aangepast, we altijd buitenstaanders zullen blijven. Wij allemaal. Absolute buitenstaanders. En dat is precies wat de gaijin-gemeenschap is, een klein, geïsoleerd eilandje dat volledig losstaat van de echte wereld. Dit hier is niet het echte leven. Dit hier heeft niets te maken met thuis.'

Ik keek Bronson aan, zag zijn ontspannen houding, het overhemd dat slonzig over zijn broek hing. Hij zag er heel anders uit dan de beleggingsbankiers die ik in New York had ontmoet of de MBA-studenten die je in Boston overal tegenkwam, straalde een ander soort energie uit, was niet de strak opgewonden veer van zijn Wall Street-tegenhangers. Hij bezat niet de stijve zelfverzekerdheid van de MBA-kliek, maar leek wat wilder, ongetemder. Zijn blik en 'kom-maar- op'-glimlach deden me aan Malcolm denken.

'Maar er zullen toch wel mensen zijn die hier wél een plek hebben gevonden? Ik bedoel, sommigen blijven hier het grootste deel van hun leven wonen.'

Bronson lachte en bracht zijn glas naar zijn mond.

'Dat zijn de grootste zelfbedriegers onder ons. Lui die perfect Japans leren, op een futon slapen en alleen maar noedels en rijst eten. Ze trouwen met een Japanse en in bed hebben ze een kimono aan. Ze doen alsof ze er helemaal bij horen, maar voor de Japanners zijn ze de grootste grap die er bestaat. Want hoe goed ze de taal ook spreken, hoe authentiek ze zich ook kleden, voor de Japanner blijven ze gaijin, buitenlanders, net als wij. Ze jagen iets na wat ze nooit zullen bereiken.'

De serveerster verscheen weer, zette mijn drankje op het tafeltje voor me, deed een stap naar achteren en maakte een kleine buiging. Ik vocht tegen de neiging om ook te buigen. Terwijl ik haar nakeek, viel mijn oog op een tafeltje met drie Japanse meiden, die met een flirtige glimlach op hun gezicht in onze richting loerden.

'Vroeg of laat,' vervolgde Bronson zijn verhaal, 'zal het eindelijk tot ze doordringen. Misschien door iets kleins: ze vinden een plek in de metro en opeens staan alle andere passagiers op en gaan ergens anders zitten. Of door iets ingrijpends: op een dag komen ze

87.23 +0.96 99.013 -1.63 70.65 +0.12 85.12 +0.92 87.23
84.21 +0.45 74.01 +1.34 76.13 +1.02 74.23 +0.95 71.0

thuis en het vrouwtje is weg. Geen briefje, geen waarschuwing, niks. Ze zullen er niets van snappen, maar dat is ook niet de bedoeling, want ze zijn geen Japanner en dat zullen ze nooit worden ook.'

Hij boog zich even voor me langs en zwaaide naar de drie meisjes aan het belendende tafeltje. Giechelend wendden ze snel het hoofd af. Daarna sloeg hij de inhoud van zijn glas achterover. Hij begon al aardig beneveld te raken. De woorden kwamen sneller, bijna in harmonie met het accelererende tempo van de saxsolo.

'Mis je het leven in de VS niet?' vroeg ik. 'Dat je deel uitmaakt van het echte leven?'

Hij haalde zijn schouders op.

'Het enge is dat ik ook daar uit de toon val. Zo'n twee keer per jaar zit ik voor zaken in New York. Dan doe ik mijn best om leuk uit te gaan met mijn vrienden, maar ik ben al mijn sociale vaardigheden kwijt. Ik weet niet meer hoe ik me in het gezelschap van nette mensen moet gedragen.'

Zijn gsm ging, maar hij negeerde hem en liet het apparaatje doorpiepen. Aan de andere tafeltjes werd hier en daar even omgekeken, maar bij het zien van onze blanke gezichten draaiden de hoofden zich weer om.

'In Manhattan ben ik veel te oud voor het leventje waarin ik me hier heb bekwaamd,' ging hij verder. 'En voor het leventje dat ik in de VS behoor te leven ben ik veel te onvolwassen. Vrouwtje, kindertjes, een échte relatie – ik maak te lang deel uit van deze gestoorde wereld hier om zoiets ook maar van de grond te krijgen. En thuis het leventje oppakken dat ik hier leid? Vergeet het maar.'

Ik dacht terug aan de limousine waarmee ik van de luchthaven was afgehaald, en aan mijn backstage-avontuur na afloop van het concert. De Amerikaanse avonturiers die Bronsons en Malcolms status hadden geëvenaard, leefden als rocksterren: appartementen zo ruim als een tennisbaan in het mooiste deel van Tokyo, vriendinnen op afroep, de hele nacht feesten. Niet te vergelijken met de avonturiers die naar Europa waren getrokken, in jeugdherbergen bivakkeerden en in ruil voor wat geld voor een biertje jou wat Engels bijbrachten. Of de ploeterende schrijvers over wie je wel eens las, rondhangend in Praagse coffeeshops terwijl ze zich afvroegen

68.50 +0.02   76.13 +1.02   74.23 +0.95   101.01 -1.63   70.65 +0.
89.22 +1.01   97.12 -0.00   85.23 +0.65   71.01 +1.34   88.13 +0

waarom ze niet in Parijs zaten. Nee, zij waren meesters van het universum die naar een 'alles-kan'-cultuur waren gezapt.

'Jij zat hier al voordat Malcolm kwam,' zei ik, aansturend op het onderwerp dat ik voor mijn boek onderzocht. 'Is het in de tussentijd erg veranderd hier?'

Hij knikte. 'Je moet begrijpen dat ik hier kwam toen de zeepbel net uit elkaar gespat was. In de jaren tachtig was dit de rijkste stad ter wereld. Het geld lag op straat. Daarna viel de hele zaak in duigen, en verschenen wij.'

'Het westerse gevaar,' grapte ik.

Er klonk applaus nu de saxsolo was afgelopen, en Bronson joelde twee keer kort maar luid genoeg om de aandacht van de meisjes weer te trekken. Hij knipoogde naar hen en ditmaal werden de blikken niet afgewend. Ik zag dat ze alle drie dure merkkleding droegen en de allernieuwste Louis Vuitton-tas hadden, het model dat nergens te koop leek, het model waar mijn vriendin in Boston een moord voor zou hebben begaan.

'Absoluut,' reageerde Bronson met de blik nog altijd op de meisjes gericht. 'Toen we hier neerstreken, realiseerden we ons hoe wankel het Japanse banksysteem was. Niemand die ook maar in de gaten had hoe je hier geld kon verdienen. De geldmarkten waren één groot circus. Al vanaf het begin sloten we de hele dag miljoenentransacties.'

Het waren bedragen die je verstand te boven gingen. Mijn vorige boek ging over Vegas, over een groepje MIT-studenten die tot mijn verbijstering en bewondering aan de blackjacktafel tienduizenden dollars opstreken. Maar de bedragen waarover Bronson sprak, waren van een geheel andere orde van grootte.

'Na de komst van Malcolm waren we inmiddels aardig blasé geworden. Niets kon ons deren. We waren echt een stel cowboys. Ik herinner me mijn eerste ontmoeting met hem in zijn kantoor, hier in Tokyo. Hij kwam net uit Osaka, was gepromoveerd tot het Circus, het Grote Binnenlopen. Hij zat in zijn maag met een positie. Ik begon hem op te naaien. Hij had het over honderd miljoen, waarop ik hem het *pussy-sign* gaf.'

Niet dat ik het echt wilde weten, maar Bronson moest en zou het even voordoen, of ik het leuk vond of niet: met zijn vingers

```
87.23  +0.96     99.013 -1.63     70.65  +0.12     85.12  +0.92     87.23
84.21  +0.45     74.01  +1.34     76.13  +1.02     74.23  +0.95     71.0
```

maakte hij ter illustratie een driehoek boven zijn hoofd.

'Malcolm verblikte of verbloosde niet. Hij steeg gewoon door naar honderdvijftig miljoen, en zette mij op mijn nummer. De dag daarna waren we het aan het vieren in een striptent. Gewoon, midden op de dag. Mijn mobieltje ging. Mijn baas aan de lijn. Of ik een prijs wist voor een Nikkei-aandelenmand van tweehonderd miljoen dollar. Een Zweedse chick was net bezig me op een *lapdance* te trakteren, dus ik vroeg haar wat haar geluksgetal tussen tien en veertig was. Spiernaakt, tieten in mijn gezicht, haar kruis tegen het mijne. Ze zei dat ze achtentwintig wel een mooi getal vond. Ik gaf het door en we verhandelden tegen achtentwintig basispunten. Zo gestoord was het. Eén groot circus.'

Ik nipte aan mijn glas en in gedachten probeerde ik het me voor te stellen. Maar het had geen zin. Ik kon me niet inbeelden hoe het voelde om voor tweehonderd miljoen dollar te verhandelen.

'En zo gaat het elke dag?' vroeg ik.

Maar Bronson had het te druk met flirten en het was duidelijk dat hij de drie meisjes nog steeds naar ons tafeltje wilde lokken. Ik stond versteld van zijn zelfvertrouwen en dacht terug aan wat hij zo-even over zijn retourtjes naar New York had verteld. Ik denk niet dat het hem met zijn pagekop, bril en vlezige hoofd zou zijn gelukt om ook maar een paar New Yorkse meiden een glimlach te ontlokken, laat staan hen tot een drankje te verleiden. Maar deze meisjes waren aantrekkelijk en giechelden om elk gebaartje dat hij maakte.

'Nou, bijna elke dag,' antwoordde hij ten slotte. 'Om eerlijk te zijn werk ik nu even niet. We zijn tijdelijk op non-actief gesteld. Het Japanse equivalent van de beurscommissie stuurde vorige week een legertje rechercheurs op ons dak, compleet met huiszoekingsbevelen. Alle computers en dossierkasten zijn meegenomen. Allemaal bullshit. Alle Amerikaanse banken hebben ermee te maken.'

'Klinkt vrij ernstig.'

Hij schudde zijn hoofd. Tot mijn verrassing was een van de meisjes opgestaan en ze probeerde een van haar vriendinnen ook mee te krijgen. Het jazztrio was weer aan het spelen geslagen en het drumritme weerkaatste door de ruimte als een paar naaldhakken op een hardhouten vloer.

68.50 +0.02   76.13 +1.02   74.23 +0.95   101.01 -1.63   70.65 +0.
89.22 +1.01   97.12 -0.00   85.23 +0.65   71.01 +1.34   88.13 +0

'Allemaal bullshit,' herhaalde Bronson. 'Het is heel simpel: we verdienen te veel geld. Ze begrijpen niet hoe of waarom we dit doen, dus doen ze zo nu en dan een inval, verrichten een of ander lullig onderzoekje en trakteren ons op een boete. Die we netjes betalen, waarna we de draad gewoon weer oppakken.'

Inmiddels waren twee meisjes opgestaan en samen probeerden ze ook nummer drie over te halen. Bronson wenkte de serveerster al en bestelde nog eens drie drankjes. Ik haalde een hand door mijn haar en vroeg me af of ik in deze stad ooit de kans zou krijgen een oog dicht te doen.

'Het klinkt alsof de Jappen niet echt blij met jullie zijn,' zei ik.

Bronson keek me aan en wierp me zijn Malcolm-glimlach toe. 'O, ze kunnen niet zonder ons, hoor. Want wij weten hoe je geld binnenhaalt, en dat willen ze graag van ons leren. Zoals ik al zei, het is een circus. En wij zijn de circusclowns. Zonder ons valt de hele tent in duigen.'

Ikzelf zou Malcolm nooit als een circusclown hebben omschreven. Bronson misschien wel, maar Malcolm was te berekenend, te veel op zijn hoede om ooit als een soort poetsenbakker te kunnen worden bestempeld.

'En Malcolm? Hoelang duurde het voordat hij zich hier lekker voelde?'

'O, al vanaf het begin. Hij was ons allemaal een stap voor. Hij was een van de meest ambitieuze handelaren die ik ooit heb ontmoet. Toen hij uit Osaka vertrok, wist hij alles wat er over dit circus te weten viel. Hij was de slimste vent met wie ik ooit heb gewerkt.'

Ik besloot wat dieper te graven.

'En Dean Carney? Ooit wel eens met hem gewerkt?'

Bronsons blik veranderde opeens. Zijn mond verstrakte en zijn gezicht kreeg iets dreigends. Hij keek me aan, en voor het eerst bespeurde ik achterdocht in zijn ogen.

'Carney maakt zijn eigen regels. Hij speelt een ander spel dan de rest.'

Er klonk wat Japans gegiechel en Bronson en ik zagen hoe de drie meisjes de korte weg naar onze tafeltjes overbrugden. Een vleugje dure parfum, een flits van lange, karamelkleurige benen,

```
87.23   +0.96    99.013  -1.63    70.65  +0.12    85.12  +0.92    87.23
84.21   +0.45    74.01   +1.34    76.13  +1.02    74.23  +0.95    71.0
```

een glimpje Louis Vuitton. Bronson kwam al half overeind, klaar om ons voor te stellen, maar fluisterde me eerst iets toe.

'Als dit een circus is, dan is Carney de spreekstalmeester. Malcolm mag dan geniaal zijn, het heeft behoorlijk lang geduurd voordat hij daar eindelijk achter kwam.'

7

Osaka

Er stonden er vijf, uitpuilend en zwart, als de facetogen van een reuzeninsect, die hem vanaf de andere kant van het vertrek aanstaarden, boosaardige bollen met een zilveren rand en versierd met knipperende rode en groene waarschuwingslampen. Hij wilde weglopen, maar hij had geen keus; hij moest eraan geloven. Met het hart in zijn keel zag hij zijn spiegelbeeld versmelten en in het bolvormige donkere glas vervormen. Hij vroeg zich af of zijn gezicht echt zo bleek zag en of zijn pupillen echt zo groot waren. Toegegeven, zijn wangen en kaak voelden onnatuurlijk slap. De afgelopen nacht had hij nauwelijks geslapen, want hij was te nerveus geweest om uitgeput te zijn. Het voelde als de eerste dag naar de universiteit én de eerste dag van de football-training ineen. Dat er vanuit de gang tien mensen, die hij nog maar net had ontmoet, hem op de vingers keken, de meesten stellig in de overtuiging dat hij het zou verkloten, hielp ook niet echt.

'Malcolm,' verbrak Akari de stilte. 'De terminal in het midden is van jou. De rekenmeisjes gebruiken de linker drie en ik de rechter.'

Malcolm knikte. De vijf uitpuilende beeldschermen waren neergezet op een lang stalen bureau en van elkaar gescheiden door dunne, geribbelde plastic platen. Voor elke terminal stond een verstelbare kantoorstoel, voorzien van een kussen maar geenszins comfortabel. De stoelen hadden wieltjes, maar door het dikke, grijze kamerbrede tapijt in het tien meter lange rechthoekige kantoor waren die waardeloos. Het grijs paste goed bij de al even grijze binnenmuren van het handelskantoor op de eerste verdieping

```
87.23   +0.96    99.013  -1.63     70.65  +0.12    85.12  +0.92    87.23
84.21   +0.45    74.01   +1.34     76.13  +1.02    74.23  +0.95    71.0
```

en de aluminium panelen buiten voor de gevel van dit pakhuisachtige gebouw. Zeker, het oogde niet bepaald als een zustervestiging van een van de meest welvarende beleggingsbanken van de wereld, maar eerder als elk ander gebouw in het financiële district van Osaka.

Malcolm liet zich op de middelste stoel zakken en plaatste zijn handen op het toetsenbord van de computerterminal. Met een schok zag hij dat de toetsen in Japanse karakters waren, en de enige die hij kon ontcijferen, waren de rij cijfers bovenaan.

Akari leunde over zijn schouder en glimlachte om zijn duidelijke angst.

'Geen zorgen. Je zit hier niet om te notuleren. De enige toetsen die je nodig zult hebben, zijn de eerste drie cijfers. Nummer drie is kopen. Nummer een is verkopen. Met nummer twee kun je de hoeveelheid invoeren. Onthoud wat ik je al eerder vertelde, Malcolm. Dit is Japan. Gebruikersvriendelijk, weet je wel?'

Malcolm lachte nerveus. De hele ochtend was het al zo gegaan. Akari die hem als een domme hond aan de riem rondleidde, wijzend naar dingen waar hij geen hol van begreep en uitleggend waarom het geen zin had om het te proberen. Zelfs het voorstellen aan zijn nieuwe collega's op kantoor leek een zinloze oefening: iedereen die hij ontmoette, was buitengewoon beleefd, maar geen van hen beschikte over meer dan een oppervlakkig begrip van de Engelse taal. Bovendien bleef Akari hem er maar aan herinneren dat ze er toch niet om maalden.

Het Osaka-kantoor bestond uit tien mensen, Malcolm en Akari meegeteld. Je had Kenji Mashimi, de manager, een gedrongen man met borstelige grijze wenkbrauwen en rode bretels; zijn taak was honderd procent administratief. Akari beschreef hem als de man die bepaalde wat voor sushi er werd besteld voor de lunch. Na Mashimi kwam de assistente, een kleine vrouw met een smal gezicht en handen als spinnenpoten. Haar taak was om Mashimi overal te volgen met haar blocnote en rekenmachine, hoewel Akari er nog steeds niet achter was wat ze precies uitrekende. Dan had je nog de drie rekenmeisjes, preutse dames met bijpassend kort haar. Hun hoofdtaak bestond uit het afhandelen van de transacties die Malcolm en Akari in de loop van de dag afsloten. Ze wer-

| 68.50 | +0.02 | 76.13 | +1.02 | 74.23 | +0.95 | 101.01 | -1.63 | 70.65 | +0. |
| 89.22 | +1.01 | 97.12 | -0.00 | 85.23 | +0.65 | 71.01 | +1.34 | 88.13 | +0 |

den gecontroleerd door de administrateur, een bazige tante die vlak bij de ingang achter een gigantisch bureau zat. Afgescheiden van de hoofdvloer door een paar houten deuren bevond zich een achterkamer waar twee makelaars zaten, beiden halverwege de veertig, 'kantoorslaven' in de ware Japanse betekenis van het woord, trouwe werkers in een polyester pak, die over connecties beschikten die goed genoeg waren om hen op de loonlijst van een Amerikaanse onderneming te krijgen.

Geen verkopers, geen handelaren, geen gezagdragend type van Kidder Peabody in New York of een ander soort waakhond uit Tokyo. Enkel ondersteunend personeel voor Malcolm en Akari, twee knapen die net afgestudeerd waren. Malcolm vond het maar vreemd dat er verder geen controleur op het kantoor was: hier werd wel erg veel vertrouwen gesteld in twee oud-studenten van Princeton, wier grootste prestaties tot voor kort bestonden uit het winnen van football-wedstrijden en backgammontoernooien. Maar wie was hij om vraagtekens te zetten bij de bedrijfsvoering van Kidder Peabody?

Hij verschoof zijn aandacht van het onbegrijpelijke toetsenbord naar een klein plastic vierkant kastje op het bureau naast de computer. Het was beige en aan de achterkant zaten twee snoeren; aan de voorkant leek een soort speakerrooster te zitten. Hij wees ernaar, en Akari maakte een lichte buiging.

'Malcolm, dat is God. Het is je intercom, een directe lijn naar Carneys kantoor in Tokyo. Mijn intercom brengt me in contact met Bill. Tien minuten voor het openen van de beurs gaat hij aan en hij blijft aan tot tien minuten na het sluiten van de beurs.'

Malcolm staarde naar het beige kastje. 'Waarom gebruiken we niet gewoon de telefoon?'

'Omdat zolang jij in dit kantoor zit, jouw hele wereld slechts bestaat uit deze tweerichtingslijn. Verder doet niemand en niets er iets toe. Wij werken niet voor KP, we werken voor Carney. Dit is een leenstaat, Malcolm. Carney is onze leenheer, en wij zijn z'n slaven. Bill is zijn tovenaar.'

Akari begaf zich naar zijn eigen stoel en nam plaats voor zijn terminal. De schermen waren nog steeds zwart, maar Malcolm zag dat een van de knipperende lichten in werkelijkheid een digi-

87.23 +0.96   99.013 -1.63   70.65 +0.12   85.12 +0.92   87.23
84.21 +0.45   74.01 +1.34   76.13 +1.02   74.23 +0.95   71.0

tale timer was die aftelde naar het openen van de beurs. Ze naderden de tien-minutengrens.

'We hebben geen telefoon nodig, omdat niemand binnen de rest van het bedrijf ertoe doet,' vervolgde Akari. 'In New York heeft geen hond ook maar enig idee wat wij hier uitvreten. Aan het eind van het jaar legt Carney hun onze winsten voor, en deelt New York zijn bonus uit, waarvan hij ons weer een deel toebedeelt. Alles wat zich tussen nu en dat moment afspeelt, is geheel afhankelijk van ons tweetjes, de intercom en God.'

Malcolm wreef over zijn kaak. De vorige avond had hij tot in de kleine uurtjes het een en ander gelezen en een paar uitdraaien doorgebladerd die hij had gemaakt vlak voordat hij in New Jersey aan boord stapte. Van wat hij begreep, waren Carney en Bill *proprietary traders*. Zij namen de beslissingen om te kopen en te verkopen in Tokyo. Malcolm en Akari voerden die handelstransacties in de computers in, waarna ze elektronisch naar de beurs van Osaka werden verzonden. Hij was ervan uitgegaan dat de bazen bij Kidder Peabody op een of andere manier rechtstreeks zicht hadden op wat er gebeurde, maar uit wat Akari hem vertelde, begreep hij dat hij zich had vergist. Carney leidde hier de boel.

Bijna op hetzelfde moment klonk er een elektronisch kuchje uit de intercom. Malcolm schoot rechtovereind, en de wieltjes van zijn stoel groeven zich diep in het tapijt in. Ook Akari verstijfde en zijn glimlach verdween nu zijn blik meteen naar het grijze kastje werd getrokken.

'Malcolm,' drong Carneys stem door het frontje van de luidspreker. 'Goeiemorgen. Ik neem aan dat je vastgegespt zit en klaar bent voor de start?'

Malcolm ademde langzaam in. Zelfs door dit kastje had Carneys stem dat melodische, gevaarlijke randje.

'Ik doe mijn best me hier aan te passen,' reageerde Malcolm. In een reflex boog hij zich dichter naar het kastje. 'Osaka is een boeiende stad.'

'Osaka is een zwijnenstal, maar het is de plek waar ik je het hardst nodig had. Tussen twee haakjes: ik ben er ook begonnen. Net als de meesten van ons. Beschouw Osaka maar als een drug die voor jou poorten opent. Zodra je verslaafd bent, zullen we hier in Tokyo een plekje voor je zoeken.'

Op de achtergrond hoorde Malcolm meerdere stemmen, Engelse en Japanse, zowel van vrouwen als van mannen. Iemand schreeuwde iets over een kooporder, en Carney schreeuwde iets terug, maar de woorden waren te gedempt om goed te verstaan. Hij was weer terug.

'Jij bent mijn handen, mijn ogen en mijn oren, Malcolm. Alles wat ik doe, gaat via jou. Elke stuiver die ik voor de onderneming verdien, stroomt door jouw vingers. Als je met vragen zit of hulp nodig hebt, is Akari er voor je. Niet zenuwachtig worden, maar belangrijker: niet de boel verkloten, want dat kost je miljoenen in deze business.'

Malcolm knikte, maar realiseerde zich toen dat de intercom geen ogen had.

'Ik zit gereed.' Zijn stem sloeg tenminste niet over.

'Oké. Over één minuut opent de beurs. Bied twintig Osaka's tegen de helft. Zeg het me zodra het is gelukt.'

Waarmee het spel zomaar was begonnen. Malcolm staarde een volle seconde naar het kastje voordat iets in zijn binnenste opsprong. Snel draaide hij zich om naar Akari. Gelukkig had Akari meegeluisterd; hij boog zich dichterbij.

'Hij wil dat je twintig Nikkei-indexfutures verkoopt tegen de marktprijs van 21.050. Je tikt een voor verkoop, vervolgens de hoeveelheid – twintig – en dan de prijs. Wacht op bevestiging. *Go, go, go!*'

Malcolms vingers trilden terwijl hij de toetsen beroerde. Vanbinnen stond hij in brand. Dankzij zijn leeswerk van gisteravond wist hij dat twintig contracten een waarde van ongeveer vier miljoen dollar vertegenwoordigden. De eerste transactie van zijn leven en meteen een ongelofelijk hoog bedrag. Hij probeerde de gedachte van zich af te zetten. Vier miljoen dollar. Genoeg om met pensioen te gaan, en dat allemaal onder zijn vingertoppen – plotseling flitste de bevestiging over het scherm. Aan de andere kant van de kamer hoorde hij een matrixprinter ritselen: de transactie werd afgedrukt voor de rekenmeisjes. Hij boog zich weer naar de intercom.

| 87.23 | +0.96 | 99.013 | -1.63 | 70.65 | +0.12 | 85.12 | +0.92 | 87.23 |
| 84.21 | +0.45 | 74.01 | +1.34 | 76.13 | +1.02 | 74.23 | +0.95 | 71.0 |

'Die is erdoor!'

'Malcolm,' onderbrak Carney hem, 'je hoeft niet te brullen. Ik kan je prima verstaan. Nu wil ik dat je twintig verkoopt tegen 21.000. Snel.'

Malcolm rammelde zo snel als hij maar kon op de toetsen. Kopen, bevestigen, melden. Dit keer hield hij zijn stem op een redelijk volume. Carney kwam terug met een andere order, die Malcolm ook weer uitvoerde. Voordat hij zelfs maar met de bevestiging kon komen, schreeuwde Carney al een nieuwe order.

Drie uur lang stroomden Carneys bevelen uit de intercom en vlogen Malcolms vingers over de toetsen, terwijl zijn ogen op het bolle beeldscherm gericht waren. Met elke bevestiging van het knipperende groene lampje joeg de adrenaline door zijn aderen, en zijn reactietijd werd met elke transactie sneller. Toen Carney eindelijk zei dat het tijd was voor een korte lunchpauze viel Malcolm met brandende ogen en verkrampte handen achteruit in zijn stoel. Hij had geen idee hoeveel transacties hij had afgehandeld, alleen dat het voor een enorm bedrag was. Zijn schouders voelden pijnlijk aan en hij was te moe om zelfs maar aan eten te denken.

Akari tikte hem op zijn arm en schoof een bakje sushi op het bureau voor zijn toetsenbord.

'Je doet het goed. Maar je moet zo nu en dan wel even proberen op adem te komen. Je jaagt Mashimi-san de stuipen op het lijf. Als je sterft, krijgt hij de schuld.'

Malcolm lachte. Akari reikte hem twee eetstokjes aan. Malcolm prikte ermee in de in zeewier gerolde hapjes rauwe vis en dacht na over de afgelopen paar uur. Carney had niet overdreven toen hij hem had verteld dat het geen hogere wiskunde was. Verdomme, zelfs een kleuter snapte dit. Hij hoefde alleen maar de orders op te volgen die uit de intercom kwamen. Het maakte echt niet uit dat het daarbij om transacties van vele miljoenen dollars ging. Het zou niet anders zijn geweest als het eenvoudige opdrachten waren geweest:

Pak die pen op.
Leg hem neer.
Pak dat boek op.
Leg het neer.

68.50	+0.02	76.13	+1.02	74.23	+0.95	101.01	-1.63	70.65	+0
89.22	+1.01	97.12	-0.00	85.23	+0.65	71.01	+1.34	88.13	+(

Maar toch, hoe simpel en dom het werk ook was, het vergde wel een enorme concentratie. Zijn vingers moesten perfect reageren, en hij moest snel handelen. Het lastigste was nog om zijn geest leeg genoeg te houden om zonder vragen te stellen de orders uit te voeren. Het lag namelijk in zijn aard om eerst uit te zoeken waar de orders vandaan kwamen en wat ze vertegenwoordigden. Hij wist dat hij maar een paar minuten had om te eten, maar hij was meer geïnteresseerd in de vraag wat Carney in vredesnaam deed met al die aan- en verkopen.

'Ik snap dat we de Nikkei helemaal gek arbitreren,' zei hij al kauwend op een draderig stukje zeewier, 'maar waarom al die snelle transacties? Waar halen we de winst uit?'

Akari dacht even na. De enkels van zijn slungelige benen zaten onder zijn stoel ineengehaakt.

'Voor het antwoord kunnen we terug naar jouw voorbeeldje van McDonald's. Er is een vestiging in Twelfth Street die hamburgers verkoopt voor één dollar per stuk. Een andere McDonald's in Seventeenth Street verkoopt ze voor één dollar tien. Wat doe je?'

Malcolm schoof het bakje sushi opzij, bracht zijn vingers boven het toetsenbord en stretchte de spieren van zijn pijnlijke handen.

'Ik koop in Twelfth en verkoop in Seventeenth.'

'Ja... en nee.'

Malcolm keek hem aan.

'Hoe bedoel je, nee? Werkt het soms niet zo?'

'Misschien in Econ 101,' zei Akari met een mondvol rauwe tonijn. 'Maar hier in de echte wereld zijn nog een stuk of tien andere gasten die net als jij naar die menukaarten kijken. Als jij in Twelfth Street honderd hamburgers koopt en er vervolgens mee naar Seventeenth loopt, zul je zien dat iemand je al voor is geweest; zo raakt de markt verzadigd, en zit jij met een berg goedkoop vlees opgescheept. En wat ben jij dan? De lul, broeder.'

Daar zat wat in: een arbitragekans zou zonder twijfel concurrentie creëren. Hij nam aan dat er in heel Zuidoost-Azië tientallen figuren als Carney waren die de minieme verschillen in Nikkeiprijzen opzochten voor het geschikte moment om winst te maken.

'Dus wat doe je? Hoe voorkom je dat jij de lul bent?'

Akari knipoogde naar hem.

| 87.23 | +0.96 | 99.013 | -1.63 | 70.65 | +0.12 | 85.12 | +0.92 | 87.23 |
| 84.21 | +0.45 | 74.01 | +1.34 | 76.13 | +1.02 | 74.23 | +0.95 | 71.0 |

'Je moet zien uit te vogelen wie de echte lul is. De vent in Twelfth Street vraagt te weinig, óf de vent in Seventeenth vraagt te veel. Jij moet de situatie onderzoeken en erachter komen wat er echt aan de hand is. Als jouw informatie klopt, zul je geld verdienen. Maar als je je vergist...'

Inwendig haalde Malcolm zijn schouders op. Hij veronderstelde dat Carney wist wat hij deed, dat er achter het taxeren van deze derivaten echte wetenschap school.

'Zie je,' vervolgde Akari, 'het hele arbitragespel is ontdekken wie de lul is. En als je hem niet ontdekt – tja, dan ben jíj dus de lul.'

Voordat Malcolm kon reageren, kwam de intercom weer sputterend tot leven. Carney brandde direct los met een nieuwe order – niets geen koetjes en kalfjes, geen uitleg – en Malcolm kieperde al reikend naar het toetsenbord bijna zijn bakje sushi om. Binnen enkele tellen zat ook Akari weer achter zijn computer om Bills orders aan te nemen. Naarmate de middag verstreek, werd het tempo nog waanzinniger: hoe dichter bij het sluiten van de markt, hoe geanimeerder Carneys stem leek te worden. Malcolm voelde zweetpareltjes op zijn voorhoofd prikken en langs zijn rug sijpelen. Zijn directe omgeving leek op te lossen, hij leed aan blikvernauwing – het enige wat overbleef, waren de intercom, de drie cijfertoetsen op het toetsenbord, het beeldscherm en het geluid van de matrixprinter. Toen de beursklok eindelijk klonk – en het was een echte klok, metaal op metaal, een krakend geluid dat via het elektronische medium van de intercom zijn oren bereikte – voelde hij zich alsof hij zo in elkaar kon zakken.

Terwijl Malcolm op adem kwam, reikte Akari hem een uitdraai aan met alle transacties die ze hadden uitgevoerd, netjes in kolommen naast elkaar gezet. Onderaan stonden de totaalbedragen, in Amerikaanse dollars. Al lezend sperden Malcolms ogen zich open.

Met z'n tweetjes hadden ze voor tweehonderdvijftig miljoen dollar aan transacties uitgevoerd. Volgens de balansen hadden ze elke verkoop vereffend met een koop en vice versa. In totaal hadden ze deze dag een winst van iets meer dan een ton bijeengescharreld. Snel rekende Malcolm het uit. Als ze dit een jaar lang vijf dagen per week volhielden, zouden ze rond de vijfentwintig

68.50 +0.02   76.13 +1.02   74.23 +0.95   101.01 -1.63   70.65 +0
89.22 +1.01   97.12 -0.00   85.23 +0.65   71.01 +1.34   88.13 +0

miljoen dollar winst genereren. Twee handelaren en twee kersverse doctorandussen die in een kleine Amerikaanse leenstaat midden in Azië vijfentwintig miljoen dollar genereerden. Een behoorlijke operatie. En omdat alle contracten vóór het sluiten van de markt werden afgesloten, ging het dus om pure winst, verantwoord en zonder risico. Dit waren investeringen die niet verkeerd konden aflopen. Er schoot hem een vraag te binnen, en hij schraapte de moed bijeen hem door de intercom te stellen.

'Dean,' zei hij, verrast zichzelf voor het eerst Carneys voornaam te horen gebruiken, 'kopen we ook posities die we vervolgens vasthouden? Als een gewone investering?'

Het bleef even stil aan de andere kant, maar toen klonk Carneys stem weer op, zacht en serieus, alsof hij Malcolm vanuit zijn ivoren toren in zijn wijsheid liet delen.

'Malcolm, hier volgt Regel Eén van Carney: stap nooit in als je weet dat je vóór het einde van de beursdag niet meer kunt uitstappen. Natuurlijk niet letterlijk, maar wel snel, zo niet bij het luiden van de klok, dan toch wel snel daarna. Bij al onze transacties zoeken we naar het *exit point*. Vergeet dat nooit. Houd altijd je exit point in de gaten.'

Malcolm haalde zijn vingers door zijn bezwete haar. Iets in Carneys toon zei hem dat het inzicht op meer dingen betrekking had dan enkel op bedragen op een computerscherm.

Vier uur later kwam Malcolm onder een luid applaus wiebelig overeind. Hij had zijn handen rond een pul bier en op zijn gezicht prijkte een brede, oprechte glimlach. De bovenste drie knoopjes van zijn overhemd zaten los, zijn haar zat in de war en zijn colbert lag verfrommeld op de bank naast hem. Hij staarde naar de met uitgeweken buitenlanders volgepakte bar en genoot van het moment. Na deze dag voelde het goed om even de teugels te vieren, en door zijn korte onderdompeling in het nachtleven van Osaka begon hij in te zien dat er geen betere plek was om zich te laten gaan.

De bar werd Riko's Lounge genoemd en was gesitueerd in een steeg die parallel liep aan de hoofdweg die de binnenstad in tweeën splitste – een openluchtmarkt met houten kraampjes waar van

```
87.23   +0.96    99.013  -1.63    70.65  +0.12    85.12  +0.92    87.23
84.21   +0.45    74.01   +1.34    76.13  +1.02    74.23  +0.95    71.0
```

alles te koop was, van levende paling tot dode hagedissen, van elektronica en parkieten tot pornobladen. Zoals overal het geval was, werd de nabijgelegen steeg verlicht door neonreclames, die een keur van vertier aanprezen: bars, massagesalons, bordelen. Malcolm had een zucht van opluchting geslaakt toen Akari hem had meegetroond naar de enige bar in de straat waar géén foto van een naakte vrouw boven de deur hing. Niet dat hij iets tegen naakte vrouwen had, dat stond buiten kijf, maar hij was er nog niet aan toe om zich in de donkere kant van de Japanse nachtlevencultuur te wagen. Na één dag had hij al genoeg verhalen gehoord om te weten dat de Japanse seksindustrie niet was weggelegd voor timide types.

Riko's stelde verder eigenlijk weinig voor; het was niet meer dan een souterrain van ongeveer zeven bij zeven meter met ronde houten tafels, gehavende zitbanken en voetbalposters aan de muren. Malcolm had al vermoed dat het ooit een karaokebar was geweest – dat bleek duidelijk uit het kleine podium achterin en de stuk of vijf tv-toestellen uit de jaren tachtig, die verspreid over de bescheiden ruimte nu videobanden met voetbalhoogtepunten uit de Europese competities vertoonden.

Het was er druk – dertig of veertig mensen bij elkaar – en de enige barkeeper, een Australiër met grijs haar en een paars geitensikje die Mick heette, sloofde zich uit om de bestellingen bij te houden. De clientèle bestond louter uit blanke mannen: de meesten keurig geknipt, goedgekleed en volkomen beneveld. Het liep pas tegen negenen, maar het bier stroomde al sinds zeven uur.

In deze bandeloze sfeer voelde Malcolm zich voor het eerst sinds zijn landing op Japanse bodem echt op zijn gemak. Drinken was iets waar hij altijd al goed in was geweest, een vaardigheid waarin hij zich verder had bekwaamd op Princeton, waar het tonen van alcoholische onvervaardheid een integraal bestanddeel binnen de eetclubgelederen uitmaakte. Toch begonnen de talrijke pullen stevig Japans bier hun tol te eisen, en Malcolm hield nu serieus rekening met het gevaar dat het huidige gezelschap hem misschien wel onder de tafel ging drinken.

Behalve Malcolm en Akari bestond zijn tafel uit nog zes jonge Amerikanen, allemaal grofweg van dezelfde leeftijd als Akari en

| 68.50 | +0.02 | 76.13 | +1.02 | 74.23 | +0.95 | 101.01 | -1.63 | 70.65 | +0 |
| 89.22 | +1.01 | 97.12 | -0.00 | 85.23 | +0.65 | 71.01 | +1.34 | 88.13 | +0 |

hij. Ze waren alle zes bankier bij een van de talrijke ondernemingen met zusterbedrijven in Osaka en allemaal actief op dezelfde Nikkei-beurs. Vijf van hen kwamen van Ivy League-universiteiten, de zesde kwam van het MIT. Gedurende de avond had Malcolm meerdere keren hun namen horen langskomen om ze ook meteen weer te vergeten, maar hij wist vrij zeker dat er minstens drie Mike heetten. Niet dat het echt wat uitmaakte, want ze raakten allemaal zo straalbezopen dat ze op elke naam gereageerd zouden hebben.

Naarmate het applaus aanzwol, bracht Malcolm de pul naar zijn lippen en begon te drinken. Het bier smaakte wrang en bitter, maar hij dwong zijn keel open, dwong zijn maag om op te zwellen. De hele bar begon af te tellen en toen hij zijn glas eindelijk leeg had en hij op zijn plek terug plofte, ging er een luid gejuich op, een ontlading van pure bewondering. Hij glimlachte, met zijn handen op zijn opbollende buik. Overdag was hij dan misschien een veredelde tikgeit, maar daar waar het er echt iets toe deed, tussen de uitgewekenen die zijn nieuwe wereld uitmaakten, vestigde hij in elk geval zijn naam.

'Te gekke rekruut heb je meegenomen!' riep een van de Mikes naar Akari. 'We moeten maar eens stoppen met het inhuren van al die Harvard-sukkels en eens op Princeton gaan kijken. Anders zuipen jullie ons straks zo de stad uit.'

Malcolm glimlachte nog steeds. Hij wist vrij zeker dat deze Mike voor Morgan werkte en de andere twee bij Salomon. Het maakte verder ook niet veel uit – ze waren alle drie Amerikaan, met een aardig gezicht. Tijdens de wandeling naar de bar had Malcolm op straat geen enkele blanke gezien. Onderweg was het hem ook opgevallen dat veel van de Japanners, vooral de jongere, hem hadden aangegaapt.

'Nou, fijn dat ik hier een handje kan helpen,' reageerde hij en hij sloeg Akari zacht op de schouder terwijl hij naar de Morgan-Mike glimlachte. 'En met z'n hoevelen zijn we nou eigenlijk hier in Japan?'

Het was duidelijk wat hij met 'we' bedoelde; tussen de gaijin en de autochtone Japanners liep een duidelijke scheidingslijn. Voorzover Malcolm het kon beoordelen, klitten de gaijin in Osaka sa-

| 87.23 | +0.96 | 99.013 | -1.63 | 70.65 | +0.12 | 85.12 | +0.92 | 87.23 |
| 84.21 | +0.45 | 74.01 | +1.34 | 76.13 | +1.02 | 74.23 | +0.95 | 71.0 |

men. Misschien dat ze met Japanse vrouwen de koffer in doken, en zelfs met hen uitgingen en trouwden. Maar over het algemeen hielden ze zich buiten de Japanse cultuur.

'In Tokyo wonen ongeveer honderdduizend buitenlanders,' antwoordde Akari, waarmee hij zijn rol als mentor weer oppakte. 'De meesten zijn bankierende rukkers als wij. Dit hele klote-Osaka telt misschien vijftig gaijin. Toen we over de markt liepen, zag je vast wel dat de mensen jou nastaarden. Voor een aantal autochtonen zou je wel eens de enige blanke kunnen zijn die ze het hele jaar zien.'

'En voor sommige van die lekkere wijven,' onderbrak Morgan-Mike hen, 'zou je wel eens de enige blanke gozer kunnen zijn die ze in hun leven kunnen neuken. Knoop dat in je oren.'

'Kijk,' vervolgde Akari, wijzend naar een tafel verderop. 'Die kerels daar werken voor Barings, het Engelse handelshuis. De oudste, meest prestigieuze bank ter wereld. Ik geloof dat ze zelfs de Louisiana Purchase financierden, zo oud zijn ze.'

Malcolm keek naar de vijf jongemannen aan de naburige tafel, die op elkaar toastten met glazen vol donker vocht. Ze leken langer en slanker dan de andere handelaren in de bar en gingen beslist beter gekleed. De langste van het stel droeg een donker pak met een bloedrode stropdas. Hij had prachtig golvend platinablond haar, dat tot de kraag van zijn colbert reikte, hoge jukbeenderen en een volle mond, maar zodra die opening, zag Malcolm een gebit dat hem deed terugdeinzen. Tandartsen noemden zoiets een 'fietsenrek'.

'Die met dat belachelijke blonde haar,' vertelde Akari verder, 'die eruitziet als Tarzan met een slecht gebit, dat is Teddy Sears. Prima kerel verder, hoor. Dit jaar heb ik hem al diverse keren verslagen met backgammon, hij staat voor tienduizend dollar bij me in het krijt en ik geloof zowaar dat hij me wel eens kan gaan betalen.'

Akari verschoof wat en wees naar een tafel bij een van de tv's. 'Die daar, dat zijn de consultants, hoofdzakelijk Hollanders, die een van de plaatselijke Japanse banken adviseren. Ze zijn erg op zichzelf. Ik heb gehoord dat ze over de beste marihuana van de omgeving beschikken, maar daar heb ik nog niet van mogen genieten.'

Ze zagen er in elk geval Europees uit, meer dan de jongens van Barings. Ze droegen alle vier een overhemd dat tot bovenaan was dichtgeknoopt en iets te strakke designerjeans. Ze leken ouder dan de rest en beslist meer ingetogen. Misschien kwam het wel door de hasj, vermoedde Malcolm. Op de universiteit had hij met Anna en haar acterende vriendinnen een paar keer gerookt. Waarom zij plotseling weer in zijn gedachten opdook, was hem een raadsel. Zij en de rest van zijn verleden leken nu juist zo ver weg.

'De Oost-Europeanen zoeken elkaar op in een bar aan de andere kant van Shinsai Bashi, een overdekte galerij dwars door het hart van het uitgaanscentrum,' ging Akari verder. 'Een Russische tent die Olaf's heet. Op de eerste verdieping zit een bordeel dat door de Moskouse maffia wordt gerund.'

Malcolm trok zijn wenkbrauwen op. Een van de Mikes, een gedrongen jongen met een afschuwelijke coupe, een oud-student van Cornell die op de middelbare school ooit tegen Malcolm football speelde maar het nooit tot een universiteitsteam had geschopt, boog zich naar hem toe. 'Op dit moment zit er goeie handel in Oost-Europese strippers en hoeren, allemaal het land in gesmokkeld door de Russen. Ik heb een maatje die bezig is met een onthullend verhaal voor *The New Yorker*. Serieus. Bezoek elke willekeurige stripclub in de stad en je ziet er Hongaarse stoten die op het toilet kerels afzuigen in een poging hun paspoort terug te kopen van de gasten die Olaf's runnen. Eén groot gekkenhuis...'

'En dan heb je ons nog,' onderbrak Akari hem op luide toon. 'Wij hebben de reputatie net iets gekker te zijn dan de rest, en op dit moment verdienen we veel meer dan de rest. Iedereen respecteert ons, maar er is ook sprake van enige jaloezie.'

Malcolm liet zijn blik van de Britten naar de Hollanders glijden en weer terug naar de Amerikanen om hem heen. Het was een bizarre, kleine gemeenschap waarvan hij het bestaan nooit had vermoed. Een eiland van blanke gezichten in een oceaan van Japanners, elkaar beconcurrerend om zo enorme winsten op de oosterse markten op te strijken.

'Waarom doen wij het beter dan de anderen?' vroeg hij.

Het werd even stil rond de tafel. 'Dat komt eigenlijk door jullie,' zei de derde Mike, een tennisser van Yale met een onbetrouwbare

| 87.23 | +0.96 | 99.013 | -1.63 | 70.65 | +0.12 | 85.12 | +0.92 | 87.23 |
| 84.21 | +0.45 | 74.01 | +1.34 | 76.13 | +1.02 | 74.23 | +0.95 | 71.0 |

glimlach en dik rood haar, ten slotte. 'Door Carney. Niemand die aan zijn winsten kan tippen, zelfs Nick Leeson, Barings' man in Singapore, niet. Die wordt gezien als een goeie, als een van de besten, maar hij is geen Dean Carney, en zelfs hij weet dat.'

De opmerkingen van Mike nummer drie hadden een zekere scherpte, en Malcolm vroeg zich af of er niet meer achter zat dan jaloezie alleen.

'Dus Carney is hier een soort legende?'

Akari knikte. 'Carney is in heel Zuidoost-Azië een legende. Er doen talloze geruchten over hem de ronde, en een aantal ervan komt behoorlijk bizar over. Ik heb ze allemaal wel eens gehoord. Dat hij een genie is, uiteraard. Dat hij het bed deelt met de yakuza, de Japanse maffia. Dat hij een travestiet is. Dat hij lid is van een van die vampiersektes waar je over leest in de tabloids, en in het holst van de nacht op jacht gaat naar bloed. Dat hij verslaafd is aan amfetaminen. Dat hij ooit, op Bali, getrouwd was met een Maleisische prinses, die later in een steeg in Hongkong dood werd aangetroffen, met doorgesneden keel, en dat Carney daar iets mee te maken had. Allerlei geruchten. Hoort erbij, denk ik, als je zo veel geld beurt als Carney.'

Malcolm staarde hem aan. De enige keer dat hij Carney persoonlijk had ontmoet, was hij best geïntrigeerd geweest. En een vent die met arbitrage jaarlijks vijfentwintig miljoen bij elkaar kon goochelen, zou zeker wel enige mate van speculatie waard zijn.

'Geloof je iets van die geruchten?' vroeg Malcolm.

Akari nam een slok van zijn bier.

'Allemaal.'

Malcolm staarde hem aan. Akari's half Japanse gelaat was onbewogen, ondoorgrondelijk. Zijn ogen waren bijna tot spleetjes toegeknepen, maar dat kon ook door de alcohol of de lange, uitputtende dag komen.

Malcolms gedachten gingen terug naar kantoor, naar de computerterminals en de intercom. Hij dacht na over al die uren van commando's intikken, het gevecht om bij te blijven met Carneys vloeiende instructies. Het was geen hogere wiskunde, maar het was een baan waar je uiteindelijk stapelgek van zou worden. Als

68.50 +0.02   76.13 +1.02   74.23 +0.95   101.01 -1.63   70.65 +0
   89.22 +1.01   97.12 -0.00   85.23 +0.65   71.01 +1.34   88.13 +0

hij goed oplette en zijn geest helder wist te houden, dan kon hij nog een hoop leren van Carney en zijn mensen. Hij dacht na over wat Carney hem had verteld, dat hij zijn handen, ogen en oren was. Het leek een goede rol voor een tweeëntwintigjarige die aan het begin van zijn carrière stond.

Zelfs als achteraf zou blijken dat hij de handen, de ogen en de oren was van een yakuza-travestiet-vampier-drugsverslaafde-moordenaar, die op een of andere manier vijfentwintig miljoen dollar per jaar uit de volatiele Nikkei kon peuren.

Hij lachte zijn dronkemanslach, en de Amerikaanse uitgewekenen rond de tafel staarden hem aan. De enige vraag die hij in gedachte moest houden, zo nam hij zich voor, was waar dit alles naartoe zou leiden?

Waar zou hij zijn exit point vinden?

8

Tokyo

Bright lights, big city.
Vrijdagavond. De laatste dag van november.
Je hoofd draait op volle toeren terwijl je je door de grauwe slagregen worstelt, aan alle kanten omstuwd door een zee van doornatte mensen, een mengelmoes van verschillende etniciteiten en nationaliteiten. Je maatpak van vierhonderd dollar is doorweekt en plakt als latex aan je lichaam. Je piekerige blondgeverfde haar kleeft als een badmuts om je schedel. De wind en de regen ontnemen je bijna het zicht. Je beweegt je voort op je gevoel, laat je voeten de richting volgen die je in het hotel op de kaart hebt uitgestippeld.
Aangekomen bij een drie verdiepingen tellend gebouw dat baadt in het neonlicht blijf je staan, maar het is niet het neon of de foto's van de halfnaakte Japanse meisjes aan de muur naast de deur waar je oog op valt. Het zijn de grote Engelse blokletters die op de deurpost zijn gespijkerd.
SAKURA HOSTESS BAR
Vol verwachting legt je maag zich eventjes in een knoop, en eigenlijk zou je je het liefst willen omdraaien, thuis je moeder bellen, of de dichtstbijzijnde kerk opzoeken om daar om vergeving te bidden voor de gedachten die inmiddels bij je op de loer liggen. Maar je weet ook dat er achter deze deur een wereld schuilt die met geen mogelijkheid meer te vermijden valt. En dat laatste geldt in nog sterkere mate voor de man die jou hierheen heeft gebracht, de pseudo-vaderfiguur die jou je kopieerbaantje heeft bespaard, en vooral ook de man die jouw salaris betaalt, ook al stelt dat nog steeds weinig voor.

68.50 +0.02   76.13 +1.02   74.23 +0.95   101.01 -1.63   70.65 +0
89.22 +1.01   97.12 -0.00   85.23 +0.65   71.01 +1.34   88.13 +0

Malcolm stond voor de deur van de Sakura Hostess Bar. Regendruppels gleden over de contouren van zijn gezicht. Drie uur geleden zat hij nog achter zijn bureau in Osaka, bezig om de cijfers van de afgelopen vier maanden te rangschikken in het logboek, de laatste administratieve klus, waarna ze door de rekenmeisjes zouden worden vergeleken met de hunne. Hij was geschrokken toen hij opeens Carneys stem door de intercom had horen opklinken. Hij had gedacht dat het ding tijdens het weekend gewoon uit stond. Snel had hij zijn logboek opzijgeschoven en zich schrap gezet voor de instructies die Carney voor hem in petto zou hebben. Maar Carney had hem verrast.

'Je gaat nu naar het vliegveld,' had hij bevolen. 'Je brengt het weekend in Tokyo door. Ik zorg dat je wordt afgehaald.'

Daarna verbrak hij de verbinding en liet Malcolm verbaasd achter. Hij staarde naar de zwijgende intercom. Geen vertrektijd, verblijfadres of zelfs maar het waarom van dit bevel. Toch had hij niet geaarzeld. De afgelopen drie maanden had hij genoeg over Carney geleerd om te weten dat zijn baas meteen terzake kwam.

Hij had zijn logboek terzijde geschoven en was meteen naar zijn appartement gegaan om wat spullen in een kleine reistas te stoppen. Daarna was hij linea recta naar de luchthaven getogen. Hij had geen tijd om aan Akari door te geven dat hij niet naar Riko's zou komen om de jongens te treffen, en ook niet om de lunch met het meisje dat hij de vorige dag in de wasserette had ontmoet, af te zeggen. Hij had geen idee of dat hem telefonisch zou zijn gelukt, aangezien zij net zo beroerd Engels sprak als hij Japans.

Na zijn aankomst op het vliegveld van Tokyo stond er een auto voor hem klaar met daarin een briefje met zowel de naam van het hotel waar hij verbleef – het Park Hyatt Tokyo – als het adres waar hij Carney diende te treffen: de Sakura Hostess Bar. Aanvankelijk stond het hem tegen dat hij Carney voor het eerst in twee jaar uitgerekend in een hostessbar moest weerzien, maar terugblikkend was dat nu ook weer niet zo verrassend. De afgelopen drie maanden had hij aardig wat over de Japanse zakencultuur geleerd en hij wist dat dergelijke clubs een integraal onderdeel vormden van het Japans zakendoen.

Ondanks de aanwijzingen van de hotelportier wist hij in de

87.23 +0.96   99.013 -1.63   70.65 +0.12   85.12 +0.92   87.23
84.21 +0.45   74.01 +1.34   76.13 +1.02   74.23 +0.95   71.0

smalle, schuine straten van het Roppongi-district toch nog drie keer te verdwalen. De verblindende regen, plus het feit dat dit een vrijdagavond in het heftigste uitgaanscentrum ter wereld was, hadden het er niet gemakkelijker op gemaakt. Hij had zich een weg moeten banen door drommen benevelde Japanse zakenlieden, Amerikaanse mariniers en toeristen uit het gehele Aziatische halfrond. Maar tijdens de korte wandeling vanuit het hotel had hij gemerkt dat hij zich al een stuk zelfverzekerder voelde dan toen hij voor het eerst in zijn eentje in Japan arriveerde. De afgelopen drie maanden waren behoorlijk hectisch geweest, zeker weten, maar hij merkte dat hij aan het veranderen was. Hij kreeg vleugeltjes, zoals Akari het uitdrukte, kreeg in de gaten waar hij zijn plek kon vinden. Hij was op weg een echte *prop trader* te worden.

Drie weken daarvoor had hij zijn eerste aarzelende beurstransactie voltooid, onder Carneys toezicht uiteraard. Daarna had hij de stroom van koop- en verkoopopdrachten op zijn terminal op arbitragekansen bestudeerd en vervolgens eigenhandig een paar transacties gesloten: aandelen tegen een hoge prijs verkopen om ze vervolgens weer tegen een lage prijs terug te kopen. Carney had hem gestimuleerd vooral als een prop trader te blijven denken, ook al mocht hij er nog even niet naar leven. En nu, drie maanden verder, lag hij al behoorlijk op koers.

Op Wall Street zou hij na drie maanden de bediening van het kopieerapparaat hebben doorgrond en de kunst hebben verstaan om het koffiezetapparaat met exact de juiste hoeveelheid gemalen koffie en water te vullen.

Vastberaden de regen trotserend stapte hij naar de deur. Een uitnodigende combinatie van parfum en elektronisch verwarmde lucht omarmde hem en snel stapte hij vanuit de regen de foyer binnen waar een hoogpolig tapijt lag. Al meteen viel zijn blik op de roodfluwelen muren en de laaghangende kroonluchters. Het interieur leek gek genoeg chic en goedkoop tegelijk. Links hingen spiegels en rechts stond een glazen humidor. Verderop was een kleine receptiebalie met daarachter een paar zwaaideuren van ondoorzichtig, donkergetint glas.

Achter de balie zat een Japanse dame van middelbare leeftijd, die haar verzorgde handen voor zich gevouwen hield. Haar haar was hoog opgestoken en ze droeg een traditionele, grijsblauwe Chinese *qi pao,* die achter haar nek was dichtgeknoopt. Haar make-upmasker was zorgvuldig opgebracht. Een laagje wit bedekte haar wangen en camoufleerde de kleine wallen onder haar smalle ogen.

Hij voelde haar blik en keek even snel in de spiegel naast hem. Aan zijn kleding of haar viel weinig meer te fatsoeneren, maar met beide handen probeerde hij het regenwater uit zijn gezicht te wrijven. Daarna liep hij verder en hij lette maar niet op de regendruppels die van zijn jas dropen en het dikke tapijt bevochtigden.

'*Shitsureishimasu,*' stamelde hij. Neemt u me niet kwalijk.

De dame glimlachte en wenkte hem naar de dubbele zwaaideur. Door de kier ving hij boven het geroezemoes van vrouwen- en mannenstemmen en flarden Engels en Japans uit de klanken van vioolmuziek op.

Hij bedankte de vrouw, duwde de deuren opzij en stapte naar binnen. Nog meer rood fluweel en hoogpolig tapijt. De hostessbar was cirkelvormig, met een middellijn van ongeveer tien meter. Langs de muren stonden leren bankjes opgesteld die met koorden, wederom van rood fluweel, van elkaar werden afgescheiden. Het licht was weliswaar nog iets gedempter dan in de foyer, maar het was er nog niet zo donker als buiten. Zijn ogen waren snel genoeg gewend om vlak voor hem Carneys tafeltje te ontdekken.

Het eerst zag hij Carney zelf, want hij was de enige die niet zat. Hij stond aan het hoofdeinde van het tafeltje terwijl hij een champagneglas hief. Bill zat rechts van hem. Zijn donkere krullen kleefden als een nest van dik, vervaarlijk prikkeldraad op zijn hoofd. Naast hem zaten twee Japanners in hun alomtegenwoordige confectiepakken, het uniform van de salaristrekker. Aan het eind van het tafeltje zat nog een westerling, lang en knap, met golvend blond haar en een gebeeldhouwd gelaat. Hij ging ongeveer net zo gekleed als Carney en Bill: een duur overhemd met brede manchetten en de bovenste knoopjes los, een donkere pantalon en alarmerend dure leren schoenen. Het uniform van de beursbelegger.

Drie Japanse meisjes hadden tussen de mannen in plaatsgenomen. Ze droegen alle drie een zwarte satijnen avondjapon. Het meisje dat het dichtstbij zat, leek ongeveer vijfentwintig. Ze was

87.23 +0.96   99.013 -1.63   70.65 +0.12   85.12 +0.92   87.23
84.21 +0.45   74.01 +1.34   76.13 +1.02   74.23 +0.95   71.0

slank, met lang zwart, steil haar, brede jukbeenderen, een smalle kin en volle robijnrode lippen. Het tweede meisje was wat frêler, met een leuk bobkapsel en ronde meisjesachtige jukbeenderen. Ze kon niet ouder dan negentien zijn. Nummer drie was iets ouder en rijper, en zelfs nog mooier dan de andere twee: zo lang als een fotomodel, met een elegant gezicht, een paar benen waar geen eind aan leek te komen, zo lang, en die tot de knieën bloot waren, en met de nadrukkelijke glooiing van een opgewaardeerde boezem die tegen de stof van haar japon en de sluitinkjes aan de voorzijde drukte.

Alle drie leken ze eventjes volledig in de ban van Carney, die een toast leek uit te brengen. Ook de twee Japanners keken gebiologeerd toe en het blonde soaptype aan het eind van het tafeltje leek bijna te zwelgen in pure aanbidding terwijl hij aan Carneys lippen hing. Alleen Bill leek zich aan Carneys overduidelijke charisma te onttrekken. Zijn donkere, borstelige wenkbrauwen konden niet verbergen dat zijn blik strak op de hijgende boezem van de hostess tegenover hem was gericht. Zweetdruppeltjes parelden in de rimpels boven zijn wipneus.

Malcolm liep in de richting van het tafeltje, in de hoop om boven het geroezemoes van de andere gasten en hostesses uit nog iets van Carneys toast te kunnen opvangen. De meeste tafeltjes werden bevolkt door Japanse zakenlieden, maar hij zag ook minstens één groepje Europeanen en een clubje Australiërs, zo leek het. De vrouwen die hij passeerde, waren allemaal Japans, allemaal gekleed in eenzelfde soort japon en allemaal op hun eigen manier aantrekkelijk. Niet één van hen leek opgedirkt of nep; allemaal waren ze op een klassieke Japanse manier mooi, van hun perfecte, gladde huid tot de golvende lijnen van hun perfecte kapsels.

Hij bereikte Carneys tafeltje op het moment dat zijn baas zijn toast afsloot met de woorden: 'Op meneer Yamamoto's prachtige etablissement...' Waarop Carney even opzij keek naar een wat oudere Japanse heer in een smoking, die bij de dubbele zwaaideur stond. De man ving zijn blik en knikte even. '... waar meer deals worden gesloten dan op de New Yorkse effectenbeurs. En waar het decor bovendien een stuk inspirerender is.'

De meisjes giechelden terwijl Carney en zijn verrukte toehoorders van hun champagne dronken. Bill wist zijn boezemfixatie net lang genoeg te doorbreken om zijn oog op Malcolm te laten vallen. Met een duim wees hij in zijn richting.

'Carney, een van je Osaka-jongetjes is gearriveerd. Laat hem maar eens dansen voor de dames.'

Carney draaide zich om en zijn dunne lippen vormden zich tot een glimlach. Hij greep Malcolm bij de schouders en kneep er wat slapjes in. Daarna keek hij zijn gezelschap weer aan. 'Dames, mag ik jullie mijn protégé voorstellen? In Osaka is hij nu al een aankomende legende. Zeg, Malcolm, is het waar dat jij en de Barings Boys in jullie blote kont over de markt hebben geparadeerd?'

Malcolm grijnsde en bloosde. Hij wist niet dat Carney van hun meest recente weekendbelevenissen had vernomen. De jongens van Barings en hij hadden met een paar Japanners een kameraadschappelijke weddenschap gesloten. Het had allemaal te maken met nogal wat drank en een biljartwedstrijdje. Alleen liep het iets anders dan gepland. Het werd een aanblik om nooit te vergeten: zes bleke, klungelige bankiers die op blote voeten en in hun blote kont over de drukke markt liepen. Wat het nog meer bizar maakte, was het feit dat het Japanse marktpubliek nauwelijks op de hele vertoning had gereageerd en doorgaans gewoon de andere kant op gekeken had, alsof er niets aan de hand was.

Carney duwde Bill even opzij om voor Malcolm een plekje vrij te maken op de bank. De frêle negentienjarige hostess schonk hem een glas champagne in en reikte het hem met een buiginkje aan. Malcolm bedankte haar waarna ze opnieuw boog. Haar slanke vingers raakten even zijn hand terwijl ze een stap naar achteren deed. Op het moment dat ze voor Bill langs liep om haar plekje naast Carney weer in te nemen greep hij even naar haar dij. Giechelend gaf ze een speelse tik op zijn hand. Hij boog zich naar Malcolm; zijn adem stonk naar alcohol.

'Voor mij is zo'n tent als deze veel te chic. De meiden hier zijn het bekijken meer dan waard, maar denk maar niet dat je onder die jurkjes komt, hoor. Dit is gewoon peperduur geflirt, meer niet. Geef mij maar een goedkope lapdance.'

'Malcolm,' onderbrak Carney het onderonsje, 'deze mooie, jongedames hier zijn Suki, Yoko en Maki. In willekeurige volgorde,

| 87.23 | +0.96 | 99.013 | -1.63 | 70.65 | +0.12 | 85.12 | +0.92 | 87.23 |
| 84.21 | +0.45 | 74.01 | +1.34 | 76.13 | +1.02 | 74.23 | +0.95 | 71.0 |

want al sla je me dood, ik zou echt niet weten wie wie is. En deze twee heren zijn meneer Nozoka en meneer Kawaki, allebei cliënt van KP. En dit heerschap hier is Doug Winters.'
De Amerikaan stond op en reikte Malcolm de hand. Zijn brede glimlach deed hem denken aan de vele Texanen die hij als footballspeler bij uitwedstrijden had ontmoet. Bovendien klonk er in Winters' stem iets van een zuidelijk accent door, wat de indruk nog eens versterkte.
'Carney heeft me alleen maar goeie verhalen verteld over zijn jongens in Osaka. Jullie laten hem hier behoorlijk goed voor de dag komen. Tokyo's antwoord op Nick Leeson!'
Bij het horen van de naam van de legendarische Barings-handelaar in Singapore moesten Carney en Bill allebei grijnzen. Maar Carney zwaaide met zijn dunne vingers in de lucht. 'Singapore? Dat is een amateursavond in de Apollo, meer niet. Laat hem maar eens naar Tokyo komen, eens kijken of hij hier kan overleven.'
Nog nooit eerder had Malcolm iemand zich in zulke geringschattende bewoordingen horen uitlaten over de Brit die voor Barings naar het scheen jaarlijks bijna dertig miljoen dollar binnenhaalde met het bespelen van dezelfde beurzen als Carney en Bill. Maar hij zag aan Carneys kille blauwe ogen dat deze niet gediend was van troonpretendenten. Uit Carneys hele manier van doen sprak een onderhuids narcisme, van de manier waarop hij op de rand van de bank zat – de benen over elkaar, de kin omhoog – tot de regenteske manier waarop hij met zijn vingerbewegingen zijn woorden kracht bijzette. Een apart figuur, dat stond buiten kijf. Zijn gelaatsuitdrukkingen waren nog altijd net zo ondoorgrondelijk als bij hun eerste kennismaking, twee jaar geleden na afloop van de football-wedstrijd.
'Ik voorspel dat als Leeson allang het veld heeft geruimd, Malcolm hier nog steeds zal zijn.'
Winters hief zijn glas naar Malcolm, die hetzelfde deed en ondertussen zijn bevende hand wat onder controle probeerde te houden. Het zelfverzekerde gevoel waarmee hij zo-even nog door de beregende straten had gelopen, verdween in gezelschap van deze handelaren in rap tempo. In Osaka was hij eraan gewend om met zijn collega's, Akari en de anderen, door te zakken. Zij waren

68.50 +0.02   76.13 +1.02   74.23 +0.95   101.01 -1.63   70.65 +0
89.22 +1.01   97.12 -0.00   85.23 +0.65   71.01 +1.34   88.13 +0

zijn gelijken. Maar hier speelden te veel dingen waar hij zijn vinger niet achter kon krijgen, zwijgende signalen die werden uitgewisseld waar hij bij stond. Hij keek naar de hostess met het lange zwarte haar terwijl ze Winters' glas nog eens volschonk.
'Werk jij ook voor Kidder?' vroeg hij. Maar Winters lachte.
'Zie ik er soms uit als iemand die werkt voor z'n geld?' riposteerde hij op zijn beurt hoofdschuddend. Zijn haar, zo perfect gekamd dat Malcolm de tandenrij van de kam erin kon onderscheiden, bewoog nauwelijks mee. 'Ik ben gewoon een alledaags, fout kapitalistisch varken.'
Malcolm fronste de wenkbrauwen. Bill trok de lange hostess met het fotomodellenuiterlijk op zijn schoot. Ze deed even alsof ze tegenstribbelde, maar vlijde zich daarna tegen de mollige prop trader aan en kroelde met een hand door zijn borsthaar achter de losse knopen van zijn overhemd. Wie weet walgde ze van zijn onderkin of zijn lompe schouders, maar daar liet ze in elk geval niets van merken.
'Doug was vroeger een van onze radertjes in het geheel,' bromde Bill terwijl hij, tevergeefs, de hals van de hostess probeerde te likken. 'Nu beheert hij zijn eigen hedgefund. Waarde twee miljoen dollar. Volgens de laatste telling.'
Malcolm knikte bedachtzaam, alsof hij precies wist wat een hedgefund was. Maar Carney bestudeerde hem net iets te nauwlettend.
'Een hedgefund is een particuliere beleggingsvorm,' legde hij uit op zijn vertrouwde monotone professorentoontje, dat Malcolm inmiddels al zo vaak uit de intercom had horen opklinken. 'Het is een beetje te vergelijken met een beleggingsmaatschappij, maar dan zogoed als ongereguleerd en alleen open voor beurshandelaren die door het fonds zijn aangesteld.'
'Ongereguleerd?'
'Niemand weet – of kan het wat schelen – wat hij allemaal bekokstooft om geld te verdienen,' antwoordde Bill enigszins onverstaanbaar terwijl hij bezig was een beetje champagne van de vingers van de hostess te sabbelen. 'Hij hoeft alleen maar een winst te melden. Het kan via arbitrage, zoals wij doen, maar hij kan ook valuta's verhandelen, *equities* – jezus, noem maar op. Hij kan een

87.23 +0.96   99.013 -1.63   70.65 +0.12   85.12 +0.92   87.23
84.21 +0.45   74.01   +1.34   76.13 +1.02   74.23 +0.95   71.0

keten van bagelwinkels opkopen en de boel vervolgens liquideren; alle Filippijnse hoeren in Kabukichô opkopen en hun organen doorverkopen aan de Chinezen. Wat hij maar wil, zonder dat hij zich hoeft te verantwoorden. En zodra zijn fonds winst maakt, krijgt hij riant betaald.'

Winters grijnsde zijn soapsterwitte tanden bloot.

'Twintig procent van mijn winst gaat naar het fonds, plus nog eens twee procent van de hoofdsom.'

Malcolm floot even tussen zijn tanden. Twintig procent van de winst was een indrukwekkend bedrag, wat natuurlijk weer afhing van hoe goed een hedgefund rendeerde. Als dat dicht in de buurt kwam van een gemiddeld, goed renderend fonds, zeg twintig procent, dan betekende dat een winst van veertig miljoen dollar, of een commissie voor Winters van acht miljoen. Met daarbij nog eens twee procent van de hoofdsom, ofwel nog eens vier miljoen dollar. En dan kwam je dus op een honorarium van twaalf miljoen dollar per jaar, met kans op nog veel meer.

Carney gebaarde even naar de kleine hostess met het bobkapsel. Ze hurkte meteen, reikte onder de houten tafel en trok een houten dienblad te voorschijn waarop een reeks holle kubusjes van bamboe lagen: kleine organische borrelglaasjes. Ze excuseerde zich en verdween in de richting van de bar achterin. Malcolm stond verbaasd over hoe gedisciplineerd, hoe stilletjes en gladjes de interactie tussen de Amerikaan en de hostess was verlopen. Dit moest wel een echt authentieke plek zijn, en dat meisje sprak waarschijnlijk bijna geen woord Engels. Hij vroeg zich af hoe goed Carneys Japans was. De twee Japanners aan de overzijde van het tafeltje hadden sinds zijn binnenkomst hoegenaamd niets aan de conversatie bijgedragen. Ze leken zelfs maar bar weinig geïnteresseerd. Een van hen hing achterover op de bank, de ogen bijna gesloten en met de handen stevig op zijn buik. Zijn gezicht was knalrood, en hij was overduidelijk dronken. Zijn collega staarde aandachtig naar Bill, die met de hostess op schoot bezig was. Tot zijn schrik constateerde Malcolm dat de broek van de Japanner gestaag bolde. Snel draaide hij zich om naar het Amerikaanse contingent aan het tafeltje.

'Hoewel organen misschien best een interessante optie zijn,'

68.50 +0.02   76.13 +1.02   74.23 +0.95   101.01 -1.63   70.65 +0.
89.22 +1.01   97.12 -0.00   85.23 +0.65   71.01 +1.34   88.13 +0

vervolgde Winters zijn uitleg. 'Op dit moment richten hedgefunds zich op arbitrage en baissespeculaties.'

'De losers eruit pikken,' lichtte Carney toe. 'Je zoekt naar bedrijven die op een faillissement afstevenen, je dekt je in en je geeft ze nog een extra duwtje in de richting van de afgrond. Dat kan tamelijk heftig zijn, want je brengt expres fouten aan het licht om die bedrijven de nek om te draaien.'

Het klonk verwerpelijk, maar Malcolm vermoedde dat het gecompliceerder in elkaar stak dan Carney het hier illustreerde. *Short selling* was hoogstwaarschijnlijk een typische beurshandeltechniek zoals elke andere. In plaats van te speculeren op een stijging van het bedrijfsaandeel, speculeerde je juist op een koersdaling. De gedachte dat je expres fouten binnen het bedrijf aan de grote klok hing om het aandeel nog verder onder druk te zetten, leek enigszins verwerpelijk. Maar verschilde dat nu echt zo veel van een persbericht waarin de kracht van het bedrijf werd geprezen om zo het aandeel juist op te krikken?

De tengere hostess met de brede jukbeenderen en het smalle kinnetje verscheen weer. Voorzichtig hield ze een houten karaf tussen twee omslagdoekjes. De kleine hostess met het bobkapsel nam de karaf aan en begon de bamboekubusjes vol te schenken. De derde hostess ontworstelde zich voorzichtig aan Bills greep en begon de kubusjes rond te delen. De dronken Japanse cliënt was inmiddels volkomen van de wereld en dus nam zijn fallische trawant, meneer Kawaki, beide kubusjes aan, een in elke hand.

Carney glimlachte naar hem. 'Ja, laat Kawaki-*san* maar schuiven. Dat is precies de reden waarom hij naar Bill en mij kwam, en waarom hij zich ver uit de buurt houdt van Doug en zijn vrolijke piratenbende.'

De Japanse cliënt stak zijn duim op naar Carney. Die keek vervolgens even naar Winters, wiens glimlach opeens wat minder oprecht leek dan zo-even. Malcolm sloeg de sfeer tussen de beide mannen gade en probeerde te doorgronden wat er allemaal speelde. Hij wist dat hier iets belangrijks gebeurde, maar wat precies, dat ontging hem.

Bovendien had hij nog steeds geen idee waarom Carney hem dit weekend in Tokyo had ontboden. Hij betwijfelde of het alleen

| 87.23 | +0.96 | 99.013 | -1.63 | 70.65 | +0.12 | 85.12 | +0.92 | 87.23 |
| 84.21 | +0.45 | 74.01 | +1.34 | 76.13 | +1.02 | 74.23 | +0.95 | 71.0 |

maar om een soort 'welkom in Japan'-onthaal ging, of om hem een momentje in gezelschap van zijn baas te gunnen. Hij zat nu drie maanden in Osaka en voor Carney leek het voldoende om hun onderlinge contact via de intercom te laten verlopen. De man was te berekenend en te veel een manipulator om hem voor slechts een formaliteit hierheen te laten vliegen. Er zat meer achter, maar Malcolm had geen idee wat dat kon zijn.

De hostess overhandigde hem zijn bamboekubusje. Hij voelde de warme gloed van de sake door het levende hout trekken. Hij glimlachte. Ze glimlachte terug en hield zijn blik nog even vast. De zindering die hij voelde, had even niets met de sake te maken en verlegen boog hij zich van haar weg. Hij zag dat Carney naar hem keek, en naarstig zocht hij naar wat intelligente woorden.

'Waarom beginnen Bill en jij zelf geen hedgefund? Jullie spekken de kas van KP terwijl het op mij overkomt alsof jullie je eigen beurs zelfs nog beter kunnen spekken.'

Er viel een geladen stilte. Malcolm zag dat de dronken Japanner opeens weer wakker was en dat twee paar ogen nu op Carney gericht waren. Winters nipte van zijn sake, maar het was duidelijk dat ook zijn aandacht volledig op Malcolms baas was gericht. Malcolm kreeg het gevoel dat hij een enorme tactische blunder had gemaakt, maar het hoe en waarom ontging hem. Dit zou hij gaan bezuren.

Ten slotte sloeg Bill zijn sake achterover en zette het bamboekubusje met een flinke tik terug op de tafel.

'Wij zijn slechts loyale kantoorslaven,' sprak hij. 'Geef ons een bureau bij het raam en een onkostenrekening, en we zijn tevreden. Nietwaar, meneer Carney?'

Carney knikte, maar zijn glimlach leek zelfs nog zuiniger dan normaal. De twee Japanners sloegen de Amerikanen nog een dikke seconde gade en begonnen vervolgens met de hostesses te flirten. Carney veranderde van onderwerp en vroeg Winters iets over een zomerhuisje op Bali. Bill richtte zijn aandacht weer op Yoko, Suki of Maki, en zijn vlezige hand gleed over een blote kuit. Ditmaal sloeg ze zijn hand niet weg.

Zwijgend wachtte Malcolm tot zijn hartslag weer iets afnam. Met zijn vraag had hij duidelijk een gevoelige snaar geraakt. Misschien waren Carney en Bill al van plan om bij Kidder weg te gaan, precies zoals zijn vraag had gesuggereerd. Misschien was Winters bij hun plan betrokken. Het lag allemaal ver buiten zijn bevattingsvermogen en hij zou op Carneys uitleg moeten wachten. In veel opzichten was hij volledig afhankelijk van de oudere handelaar. Zonder Carney... Kijk, hij kon altijd nog zijn biezen pakken en terugkeren naar Jersey. Of bij een van de andere kantoren in Osaka of Tokyo een baan gaan zoeken. Maar zonder Carney leek de weg duister, de toekomst onzeker. Mét Carney had hij het gevoel dat hij alles kon doen – alles kon worden. Wat had Carney ook alweer gezegd? Malcolm zou voor zichzelf naam gaan maken. Het was voor het eerst dat iemand buiten het football een dergelijke belofte in hem zag. Hoe Carney verder ook in elkaar stak, hij geloofde in Malcolm. En Malcolm genoot ervan.

Hij nipte van zijn sake, en terwijl de warme vloeistof traag door zijn keel vloeide, kwam zijn hart weer wat tot rust. Zijn ogen gingen op verkenning uit, langs de twee Japanse cliënten, naar een tafeltje met nog meer Japanse heren, naar de muur, langs de lange houten bar met daarachter nog meer dames in zwarte japonnen, langs een oude staande piano die tegen rood fluweel leunde, terug naar de ingang, naar de openslaande deuren van zwart glas, naar de oudere man in zijn smoking – Yamamoto, de eigenaar van het etablissement. Maar wat hij daarna zag deed hem compleet verstijven en zijn bamboekubusje bleef ergens halverwege in de lucht steken.

God, wat was ze mooi.

Ze was lang voor een Japans meisje, ongeveer van zijn eigen lengte, misschien zelfs langer. Statig, met ravenzwart haar dat over haar schouders viel. Haar pony streelde de gladde huid van haar voorhoofd. Hoge, V-vormige jukbeenderen die onder haar perfect symmetrische, amandelvormige ogen uitstaken. Haar volle, glanzende lippen rondom haar verbijsterend witte tanden. En dan die huid, vooral die huid. Als porselein, maar dan nog delicater, alsof de lichtste aanraking al een blauwe plek zou achterlaten, alsof elke lichamelijke aanraking door een boerse, Amerikaanse hond als hij een banaliteit, een inbreuk zou zijn. Haar japon was niet zwart maar koningsblauw en sloot nauw om haar hals. Ze was in gesprek met Yamamoto en hield daarbij haar hoofd iets omlaag. Hij luisterde, maar reageerde verder niet. Daarna verdween ze met een buiging door de zwaaideuren.

Zonder na te denken kwam Malcolm overeind, mompelde iets in de trant van het toilet en liep snel achter haar aan. Op weg naar de deuren struikelde hij bijna twee keer, en op het moment dat zijn handen eindelijk het koele zwarte glas aanraakten, liep hij al bijna op een drafje.

Ze was halverwege de receptiebalie en liep naar een deur bij de uitgang, een soort garderobe. Hij haalde haar in en aarzelde ineens. Hij reikte naar haar arm, maar beheerste zich. Hij voelde de blik van de oudere receptioniste op zich gericht en hij wist even niet wat zijn volgende stap moest zijn. Hier buiten was ze niet langer een hostess, maar gewoon een beeldschone Japanse vrouw. En hij was een Amerikaan. In een bar in Osaka, of zelfs hier, in Roppongi, zou dat de zaak een stuk gemakkelijker hebben gemaakt, maar om een of andere reden leek er een enorme kloof tussen hen te gapen, een gigantisch ravijn waarvan hij zich afvroeg hoe hij het in hemelsnaam kon overbruggen.

Ze moest zijn nabijheid hebben gevoeld, want ze draaide zich naar hem om en maakte twee keer een buiging. Daarna keek ze hem aan en glimlachte.

'Kan ik helpen? U?'

Haar Engels was slecht maar niet abominabel, ze had een zwaar accent en ze hakte haar zin op een verwarrende manier in stukjes. Maar hier, van dichtbij, zag hij iets in haar ogen wat hem helemaal van zijn stuk bracht.

'Ik ben John,' stelde hij zich voor. 'Ik zag je net daarbinnen en ik wilde gewoon even, eh…'

'U vindt uw hostess niet goed?' vroeg ze. Haar ogen stonden opeens bezorgd. 'Wilt u voor een andere?'

Hij schudde zijn hoofd. 'Nee, nee, dat bedoel ik niet. Ik wilde gewoon even met je praten, meer niet.'

Ze zweeg even, en hij vroeg zich af of ze het wel begreep.

'Ik heet Sayo,' was haar simpele antwoord. Ze maakte nog eens een buiging en draaide zich weer om.

'Wacht even,' zei hij. Dit was niet genoeg. Als hij haar buiten deze muren ooit nog wilde vinden, dan moest hij op zijn minst haar achternaam weten. Hij moest weten wie ze was. 'En hoe nog meer? Sayo hoe?'

Ze leek het liefst te willen doorlopen, maar dat zou onbeleefd lijken en dit was immers Japan. Zo gemakkelijk was het niet om iemand van je af te schudden.

'Sayo Yamamoto,' antwoordde ze zacht.

Malcolm liet het even bezinken. 'Net als de baas?'

'Mijn vader. Ik ben oudste dochter. Ik ben geen hostess, maar ik kan u wel beter meisje geven als u dat wilt.'

'Nee, nee.' Hij wreef over zijn kin. Ze was dus de dochter van de eigenaar. Hij realiseerde zich dat hij zich maar beter kon omdraaien en zijn tafeltje weer kon opzoeken. Hij kende het Japanse nachtleven goed genoeg om te weten wat 'dochter van de eigenaar' precies inhield. Yamamoto hoorde bij of had goede connecties met de yakuza. De 'waterhandel', zoals de vertaling luidde, werd compleet geregeerd door de maffia. Wat haar dus de dochter van een maffioso maakte.

Maar hij kon zijn ogen niet van haar afhouden. Het was niet alleen haar uiterlijk, haar porseleinen huid. Ze leek gewoon zo verdomd puur en volmaakt, en dat in een omgeving als deze. Hij schudde zijn hoofd. Bekijk het maar.

'Ik zou je graag nog eens zien. Misschien een drankje ergens...'

Ze maakte een buiging, deed een stap naar achteren, en boog nogmaals.

'Het spijt me. Dit zou niet kunnen. Maar dank u. Nog een prettige avond... John?'

Malcolm opende zijn mond om tegen te stribbelen, maar aan de manier waarop ze zijn blik meed en van hem wegliep, was het duidelijk een verloren zaak. Hij zuchtte en knikte.

'Klopt. John Malcolm.'

Ze draaide zich om en liep naar de garderobe. Bij de deur aangekomen keek ze nog even achterom en zag hoe hij haar nastaarde. Tot zijn verbijstering leek ze zowaar te glimlachen. Daarna was ze verdwenen, en viel de deur achter haar dicht.

Hij draaide zich om en staarde in het gezicht van Carney, die hem tegen de receptiebalie geleund gadesloeg. De dame was weg

87.23 +0.96   99.013 -1.63   70.65 +0.12   85.12 +0.92   87.23
84.21 +0.45   74.01 +1.34   76.13 +1.02   74.23 +0.95   71.0

en Carneys verzorgde vingers trommelden een zacht ritme op het hout.

'Een mooie meid,' sprak hij.

Malcolm vroeg zich af hoe lang Carney hem had bespied.

'Nou en of. Heel mooi, zelfs.'

'Pas op, Malcolm. Je moet heel goed begrijpen waar je bent en wat je hier aan het doen bent.'

Hij voelde hoe hij rood aanliep. Voor het eerst wekte Carneys superieure toontje irritatie bij hem op. Oké, hij had een blauwtje gelopen. Nou en? Maar op Carneys mening zat hij even niet te wachten. Misschien dat die zijn geïrriteerde blik opving, want zijn toon werd nu een stuk milder. Hij liep naar Malcolm toe.

'Regel Twee van Carney: ga nooit af op de nominale waarde. Want de nominale waarde is de grootste leugen van welke markt dan ook. Prijskaartjes hebben niets met de werkelijke waarde te maken. Waar het om gaat, is de échte, intrinsieke waarde te achterhalen – en de boel voor ver beneden de prijs binnen te halen.'

Malcolm voelde dat zijn wenkbrauwen zich fronsten. Waar had die Carney het over? Aandelen? De Nikkei? Sayo? Hij begreep er niets van.

'Ik zal erop letten, Dean.'

Carney sloeg een arm om zijn schouders en manoeuvreerde hem weer in de richting van de zwaaideuren.

'En ik zal over je waken, voor alle zekerheid. New Jersey is een heel eind weg, Malcolm. Hier voltrekken de dingen zich doorgaans een stuk sneller dan waar dan ook. Het ene moment denk je dat je met beide benen op de grond staat en dat je vorderingen maakt. En dan zakt de grond onder je voeten weg en tuimel je omlaag.'

Malcolm trok cynisch een wenkbrauw op. 'Ook een Carney-regel? Zorg dat je altijd op je pootjes terechtkomt?'

Carney lachte.

'Nee, Malcolm. Zorg dat je verdomme zo lang mogelijk in de lucht blijft.'

9

Osaka

Het was zes uur in de ochtend. Met honderdvijftig kilometer per uur raasde Malcolm over het wegdek, zijn lichaam schrap tegen de natte, koele ochtendwind. Hij zat zo ver mogelijk voorovergebogen, met zijn borst zo dicht mogelijk boven de machine, zodat hij van de brede banden elke trilling, elke wending kon voelen terwijl ze een regen van kiezeltjes de dageraad in spogen. Agressief nam hij de bochten en hij gooide de machine steeds bijna plat zodat zijn leren scheenbeschermers sissend over het asfalt schuurden. Zelfs achter het plexiglas van zijn helm prikten zijn ogen, en zijn tong proefde de bijtende lucht van brandend rubber; de koele luchtstroom mengde zich met benzinedampen, het aroma van onvervalste pure snelheid.

De weg slingerde bedaard door de groene heuvels, als een zwarte slang die langs de voet van de bergketen rond Osaka kronkelde. Verderop was de stad net in zicht gekomen, grijs en glinsterend op dit magische tijdstip. De hoekige gebouwen in de binnenstad leken af en toe door de mist heen te knipogen, bijna als de digitale koop- en verkoopcijfers op een Nikkei-terminal. Hij liet zijn bovenlijf bijna op de felrode tank van glasvezel rusten, met zijn kin vlak boven het chromen stuur, en hij voelde de hete adem van het beest.

Het was een prachtmachine. De Ducati was een racemotor, puur voor de snelheid gemaakt. Het was de Ferrari onder de motoren, een spectaculair staaltje van carbonvezel, chroom en staal. Exotisch, mooi gestroomlijnd, wild en exorbitant duur. Net als Japan, mijmerde Malcolm, iets wat met je aan de haal ging.

87.23 +0.96   99.013 -1.63   70.65 +0.12   85.12 +0.92   87.23
84.21 +0.45   74.01 +1.34   76.13 +1.02   74.23 +0.95   71.0

Toen Carney hem had aangeboden de motor te gebruiken, was Malcolm geschokt geweest. Hij had geen idee gehad dat Carney er in Osaka een appartement op na hield, laat staan een motor als de Ducati. Carney had hem het nieuws vlak na nieuwjaar verteld, een verlaat kerstcadeautje, zo had hij het genoemd. Vrij gebruik van zijn motor, zolang Malcolm hem maar niet in de prak reed en ervoor zorgde dat hij goed afgesteld was en een volle tank had wanneer, of als, Carney langskwam. Aanvankelijk had hij zich afgevraagd waarom Carney niet met dit aanbod naar Akari was gestapt, maar daarna had hij zich voorgesteld hoe de slungelige backgammonspeler een snelheidsmonster als de Ducati in bedwang probeerde te houden. Akari had al genoeg moeite met de wieltjes onder zijn bureaustoel.

Vol gas nam hij een flauwe bocht en hij proefde de koele wind die door de helm naar hem likte. Links en rechts flitste het landschap voorbij, een Monet van ondefinieerbaar groen. De stad kwam al dichterbij: met deze snelheid bevond hij zich op nog geen tien minuten van Carneys appartement, dat uitkeek op de baai maar vanaf het balkon zicht had op de bergen. Hij was slechts één keer binnen geweest, toen Carney hem het aanbod van de Ducati had gedaan. De portier had hem binnengelaten om de sleuteltjes te halen. De woning mat ruim twaalfhonderd vierkante meter, met ramen van de vloer tot het plafond, en een extra honderdvijftig vierkante meter aan balkonruimte. Het leren meubilair was modern en zag er zeer duur uit. De keuken was uitgerust met de nieuwste snufjes, inclusief glimmende koperen pannen die aan de rekken boven het marmeren kookeiland hingen – een oase voor iedere fijnproever. Aan de wanden in de woonkamer hingen kunstwerken, waarvan de meeste origineel leken. Het waren vooral moderne werken, en Malcolm had er een paar herkend van een cursus kunstgeschiedenis aan Princeton. Hij schatte dat de schilderijen en de meubels minstens een miljoen dollar waard waren en dat het appartement zelf wel vijf miljoen zou doen. Als dit een beetje in de buurt kwam van wat Carney in Osaka aanhield, dan was hij onvoorstelbaar rijk. De vijfentwintig miljoen die hij jaarlijks voor Kidder binnenhaalde, plus de hieruit voortvloeiende bonus, konden deze rijkdom niet verklaren. Tijdens het korte weekend dat Malcolm met zijn baas in Tokyo had doorgebracht, vernam hij dat Carney voorafgaand aan zijn komst naar Kidder zowel voor Salomon als voor First Boston had gewerkt; misschien was hij bij elke overstap voor een enorm bedrag uitgekocht. Misschien had hij wel een rijke oom in de States. Misschien had de Maleisische echtgenote die hij vermoord zou hebben hem wel een fortuin nagelaten, of hadden de vampiers met wie hij optrok in Tokyo een hang naar kunstdiefstal en vastgoed.

Malcolm grijnsde en spoorde de Ducati nog eens aan. Hij was al aan de rand van de stad en schoot langs pakhuizen, parkeerterreinen, pompstations en dag- en avondwinkels. Net buiten de stad, zo wist hij, stond het oude kasteel waarover Akari hem kort na zijn aankomst had verteld – Osaka-jo – maar hij was er nog niet aan toe gekomen er een kijkje te nemen. Vóór de Ducati was zijn leven een dagelijkse procedure geweest van werken, daarna drinken in de bar met zijn Amerikaanse collega's en laat op de avond hem door Akari opgedrongen spelletjes backgammon spelen. Van Osaka had hij nog maar weinig gezien, maar in het bordspel raakte hij al aardig bedreven.

Hij nam de laatste paar bochten en zag rechts Carneys appartementengebouw opdoemen. Tot zijn verrassing stond Akari buiten op de stoep. Hij was gekleed voor zijn werk: wit overhemd, donkere pantalon, colbert over zijn schouder. Maar zijn gezicht stond op onweer en zijn wangen leken ongewoon bleek.

Malcolm stopte pal voor hem en zette een gelaarsde voet op de grond om zijn evenwicht te behouden. Hij trok de helm van zijn hoofd en schudde het zweet uit zijn haar.

'Er is iets gebeurd,' zei hij en hij keek Akari onderzoekend aan.

'Er is iets gebeurd,' sprak Akari.

En op dat moment zakte voor het eerst even de grond onder zijn voeten weg.

Zijn naam was Joseph Jett.

Malcolm had wel eens van hem gehoord, uiteraard – iedereen bij Kidder Peabody kende de naam Joe Jett. Iedereen in het bankwezen kende verdomme 'de kid van Kidder Peabody'. Net als Hollywood en Washington had ook Wall Street – en zijn vertakkingen

| 87.23 | +0.96 | 99.013 | -1.63 | 70.65 | +0.12 | 85.12 | +0.92 | 87.23 |
| 84.21 | +0.45 | 74.01 | +1.34 | 76.13 | +1.02 | 74.23 | +0.95 | 71.0 |

naar heel Azië en de rest van de wereld – zijn eigen sterrensysteem. De wereld van de haute finance draaide rond de grote sterren van de beurzen, het handjevol namen die op een heel ander niveau opereerden dan de rest, die ongestraft beslissingen konden nemen omdat niemand precies begreep waarom ze konden scoren zoals ze deden. Dit waren de prop traders die bij de verschillende bedrijven waarvoor ze werkten miljoenen inbrachten, de krijgsheren met hun leenstaten, die als beroepssportlieden of filmsterren werden vereerd. Net als sporters werden ze gekocht en verhandeld, en ten slotte door hun minder geslaagde collega's tot legendes gemaakt. Nick Leeson, de man van Barings in Singapore. Dean Carney, de grootste speler in Tokyo. En Joe Jett, het genie van Kidder op Wall Street.

Met de deur van het achterkantoor op slot staarden Malcolm en Akari naar het computerscherm terwijl de informatie in opgloeiende groene letters langskwam. De rest van het personeel was nog niet gearriveerd, maar zodra dat gebeurde, zouden ze hoogstwaarschijnlijk direct weer naar huis worden gestuurd. Akari was rond een uur of vijf in de morgen gebeld door Bill, die hem vervolgens een aantal van de bijzonderheden had uitgelegd en hem had opgedragen met Malcolm naar kantoor te gaan om het nieuws te bekijken. De informatie kwam via Tokyo rechtstreeks vanuit Wall Street, waar interne memo's tussen Kidders hoogste spelers werden gekopieerd en doorgestuurd naar de hoofden van diverse zustervestigingen die moesten worden ingelicht. Op een of andere manier had Bill een link naar de informatie aangeboord en zond hij het door naar Osaka.

'Joe Jett,' zei Akari hoofdschuddend. 'Jezus, hij is een directeur.'

Malcolm streek met een hand door zijn haar, dat nog steeds klam was van de krappe helm. Nog steeds voelde hij de trillingen van de Ducati in zijn gewrichten. In plaats van de motor bij Carneys appartement achter te laten en de tien straten naar kantoor te wandelen, had hij Akari een lift gegeven – vermoedelijk een raar gezicht, een Amerikaan die op een racemonster van vijftigduizend dollar door de straten vliegt met een slungelige Amerikaans-Aziatische knaap achterop – en de fiets in de lobby gezet. Hij zou hem aan het eind van de werkdag terug moeten brengen, wat wel eens veel eerder zou kunnen zijn dan hij hoopte.

68.50 +0.02   76.13 +1.02   74.23 +0.95   101.01 -1.63   70.65 +0
89.22 +1.01   97.12 -0.00   85.23 +0.65   71.01 +1.34   88.13 +0

Joe Jett was meer dan alleen een directeur. Carney was een ster, maar Jett was een supernova. Al binnen een paar jaar nadat hij bij Kidder was gekomen, had de oud-student van de economische hogeschool van Harvard de obligatieafdeling van de onderneming tot een geldmachine omgetoverd. Hij was van een inbreng van vierhonderdduizend dollar in zijn eerste vijf maanden doorgestoten naar achtentwintig miljoen in zijn tweede jaar. Nog maar een halfjaar geleden was hij tot 'man van het jaar' uitgeroepen en tot *managing director* bevorderd nadat hij een verbijsterende honderdvijftig miljoen dollar winst had geboekt en zelf voor meer dan negen miljoen aan bonussen had opgestreken. Malcolm had al sinds zijn komst naar Osaka verhalen over hem gehoord. Carneys winst van vijfentwintig miljoen per jaar kon niet concurreren met de bedragen van Jett – en Jett was actief in obligaties, niet op de volatiele Aziatische markten. Jett werd beschouwd als een heuse magiër, een alchemist die van papier goud maakte.

Volgens de computer voor Malcolms neus was Jett helemaal geen magiër, eerder een leugenaar en een dief.

'Joseph Jett zal op staande voet worden ontslagen,' las Akari van het beeldscherm. 'Hij wordt verantwoordelijk gesteld voor een gat van driehonderdvijftig miljoen dollar. Ze zeggen dat zijn winsten opgerekt waren, het gevolg van een boekhoudongelukje.'

Een ongelukje. Een fout in een programma dat Jett in staat had gesteld winsten te melden terwijl hij in feite verliezen moest incasseren. Uit de informatie was onduidelijk hoeveel geld Jett de onderneming echt had gekost, maar uit de paniekerige e-mails die Malcolm over het scherm zag flitsen, was het genoeg om de hele onderneming in gevaar te brengen. Kidder was nog maar pas opgekocht door General Electric, het enorme bedrijfsconglomeraat dat van alles produceerde, van lichtpeertjes tot tv-programma's. GE was een onderneming die zich keurig aan de regels hield en een begrip. Dit zouden ze niet zomaar laten passeren. Als het klopte wat Malcolm hier allemaal las, dan ging niet alleen Jett zijn baan verliezen maar zou Kidder een enorm verlies in plaats van winst boeken. GE zou dit pas aangekochte bedrijf nog eens goed onder de loep nemen, en in plaats van een verbluffend goede magiër te zien die geld als water verdiende, zouden ze slechts een goochel-

| 87.23 | +0.96 | 99.013 | -1.63 | 70.65 | +0.12 | 85.12 | +0.92 | 87.23 |
| 84.21 | +0.45 | 74.01 | +1.34 | 76.13 | +1.02 | 74.23 | +0.95 | 71.0 |

truc te zien krijgen. Glitter en glamour, maar dan als verpakking voor een hoop bullshit. Malcolm was geen financieel expert, maar hij wist wel ongeveer wat dit zou gaan betekenen voor Carney in Tokyo en het zusterbedrijf in Osaka.

Hij probeerde kalm te blijven. Hij herinnerde zich wat Carney had gezegd over dat hij over hem zou waken. Als het ergste gebeurde – als GE het bedrijf verkocht of Kidder tijdelijk de tent sloot – zou hij wel iets anders vinden. Carney zou probleemloos weer iets op poten zetten, en dan zou hij in Osaka Malcolms handen op het toetsenbord nog altijd nodig hebben. Of nog beter, wie weet zou Carney eindelijk zijn belofte nakomen en hem voor het echte werk naar Tokyo halen.

Misschien was dit wel een kans in plaats van een ramp. Ondanks het handjevol transacties dat hij zelf had afgesloten, bleef het geestdodend werk, hier in Osaka, een begin, geen doel op zich. Misschien was hem wel zijn exit point aangereikt.

'Dus wat gebeurt er wanneer de onderneming waarvoor je werkt een ongelukje van driehonderdvijftig miljoen dollar overkomt?' vroeg hij.

Akari trok zijn backgammonreissetje uit de binnenzak van zijn colbert te voorschijn. Hij nam het overal mee naartoe, zelfs naar de wc. Hij opende het en nam de ivoren dobbelstenen in zijn hand om ze op te warmen.

'Wat er gebeurt, is dat we eerst een paar potjes backgammon spelen. Daarna gaan we een nieuwe baan zoeken.'

Terwijl Malcolm de Ducati de garage onder Carneys appartementengebouw in reed, veranderde de hemel al van kleur, van blauw naar grijs naar leigrijs. Op het ochtendnieuws over Joe Jetts ongelukje van driehonderdvijftig miljoen dollar na was de dag verder zonder belangrijke gebeurtenissen verlopen. Hij had de stem van Carney wel uit de intercom verwacht om hem de situatie uit te leggen, maar het speakertje had de hele dag gezwegen. Geen berichten uit Tokyo dus, ook geen nieuws uit New York. Alleen maar speculatieve telefoontjes van de andere yanks in Osaka. Hij en Akari hadden een stuk of tien potjes backgammon gespeeld en hij stond nu voor ongeveer achtduizend dollar bij de klootzak in het krijt. Hij wist dat Akari niet van hem verwachtte dat hij zou betalen, zeker niet als ze beiden op het punt stonden hun baan te verliezen. Hij had gehoopt iets over hun toekomst van Carney of Bill te horen, maar hij nam aan dat ze Tokyo afstruinden om voor zichzelf het een en ander uit te zoeken. Het zag er voorlopig in elk geval naar uit dat ze op non-actief stonden. Zelfs de rekenmeisjes gingen die dag vroeg naar huis.

Malcolm zette de motor uit en rolde de laatste paar meter van de betonnen helling af tot het parkeergedeelte langs de achtermuur van de garage. Overal hingen camera's – hij zag er minstens zes – stuk voor stuk gericht op dezelfde parkeerplekken. Het verbaasde hem niets: behalve Carneys rode Ducati stonden er twee gloednieuwe Ferrari's, allebei geel en met rookglazen ramen. Voorzichtig manoeuvreerde hij de Ducati tussen de twee bolides. Voor de honderdste keer vroeg hij zich af wie Carneys buren waren. Waarschijnlijk waren het yakuza. Zelfs meer nog dan Tokyo stond Osaka bekend als een yakuza-stad. De enige mensen die zo rijk werden in Tokyo waren bankiers en gangsters.

De gedachte aan yakuza-miljonairs riep opeens een geheugenflits op, een warm beeld dat hij nu al drie maanden met zich meedroeg. Sayo Yamamoto, van de Sakura Hostess Bar, die in die koningsblauwe japon van hem wegliep. God, in zijn herinnering was ze nog altijd even mooi, en hij werd vervuld van verlangen. Van de gekke natuurlijk, want slechts gebaseerd op een vluchtig gesprek, dat voor hem zelfs vrij povertjes was verlopen. Zij bevond zich vele kilometers hiervandaan en was hem vermoedelijk allang vergeten. Hij had niet geprobeerd contact met haar op te nemen, niet alleen vanwege Carneys waarschuwing maar ook omdat hij hier zat, in Osaka, waar hij nog steeds amper genoeg verdiende om zijn bier te kunnen betalen. En nu zat hij waarschijnlijk zonder werk, dus hoe kon hij een relatie onderhouden met een meisje in Tokyo? Een meisje met een vader bij de yakuza, die sowieso niets met hem te maken wilde hebben.

Hij gaf een klopje op de nog warme Ducati, wierp nog een blik op de gele Ferrari's en begaf zich naar de lift, die hem weer naar het straatniveau zou brengen. Voordat zijn hand bij de knop was, zoefden de stalen deuren al open. Daar stond Dean Carney, onbe-

| 87.23 | +0.96 | 99.013 | -1.63 | 70.65 | +0.12 | 85.12 | +0.92 | 87.23 |
| 84.21 | +0.45 | 74.01 | +1.34 | 76.13 | +1.02 | 74.23 | +0.95 | 71.0 |

rispelijk gekleed in een lichtbeige pak, die met een uitgestrekte hand de deuren openhield.

'Kom binnen, Malcolm. Ik heb boven een fles champagne koud staan.'

Malcolm had een volle seconde nodig om zijn stem te vinden.

'Hebben we iets te vieren dan?'

Carney glimlachte.

'Verandering is altijd iets om te vieren. Het is een teken dat je nog steeds leeft.'

Het uitzicht vanaf het balkon kon Malcolms uitgeputte zenuwen weinig tot rust brengen terwijl hij toekeek hoe Carney bedreven de fles champagne van driehonderd dollar ontkurkte en twee kristallen fluitglazen inschonk. Buiten waren de bergen al grotendeels door de invallende duisternis opgeslokt, maar beneden in het dal gloeide de stad op als een gecrasht, met neonlicht uitgerust ruimtestation waaruit een fonkelende chemische vracht lekte. Malcolm zocht naar de bar waar hij de meeste avonden had doorgebracht, maar de straatjes en stegen zagen er allemaal hetzelfde uit, als gekleurde aderen in een patroon van grijze dozen.

'Dus dat was het dan,' zei Malcolm ten slotte om de stilte te doorbreken, omdat Carney daar kennelijk niet de behoefte toe voelde. 'Jij en Bill gaan Kidder verlaten.'

Carney reikte hem een glas champagne aan en leunde achterover in een chaise longue met metalen frame. Het meubilair op het balkon was gelijk aan dat in de woning: moderne, glimmende en dure designerspullen. Zes bij elkaar passende fauteuils, een glazen tafel met een chromen voet, een soort schommelgeval in de verre hoek. Naast de glazen deuren naar de woonkamer bevond zich een bar en op de plexiglazen rand stond een warmtelamp. Het ding straalde warmte uit, waardoor Malcolms wangen rood werden en zijn ogen begonnen te tranen.

'Het is het beste zo,' reageerde Carney. 'Bij Kidder blijven heeft geen zin. Zelfs al blijft het kantoor in Tokyo open, wat ik ten zeerste betwijfel, dan zullen ze zich als een stel waakhonden op ons storten. Het gebrek aan vrijheid zal ons steeds belemmeren.'

Malcolm liet de champagne in zijn glas wervelen en zag hoe de bubbeltjes opstegen. Hij had geen idee over welke 'vrijheid' Carney het had, of waarom een waakhond in Tokyo iets vreselijks zou moeten zijn, maar de kern van het verhaal begreep hij wel – het feest was definitief afgelopen.

'Jett heeft het voor ons allemaal verkloot.'

'Nou, eigenlijk heeft hij ons een dienst bewezen. Bij Kidder was voor ons de vaart er behoorlijk uit. Bill en ik liepen al een tijdje met plannen.'

Malcolm trok zijn wenkbrauwen op. Hij was niet bepaald verrast. Al sinds zijn weekendje in Tokyo had hij verwacht dat Carney iets zou onthullen over het opzetten van een eigen bedrijf. Hij had Carney nooit het type gevonden van iemand die voor een ander wil werken. Dus misschien had hij gelijk gehad; misschien zou het nieuws van vandaag wel een nieuwe kans betekenen.

Voordat hij al te opgewonden kon worden, bracht Carney hem weer met beide benen op de grond.

'Maar dat gaat niet van de ene op de andere dag. Er moet kapitaal ingezameld worden. En er komt een hoop administratieve rompslomp bij kijken. Dit is New York niet, en wij zijn geen Japanners. Een halfjaar, misschien wel acht maanden.'

Malcolm dronk zijn glas half leeg en zette het op de glazen tafel. Met het geld op zijn bankrekening kon hij nog geen zes dagen vooruit, laat staan zes máánden.

'Ik denk dat ik mijn cv maar eens ga bijwerken,' zei hij. 'Ik ben in elk geval een heel goeie typist geworden.'

Carney glimlachte.

'Een halfjaar,' herhaalde hij. 'Malcolm, dit hoort allemaal bij het proces. Je hebt mij bewezen dat je het instinct hebt om het hier te gaan maken. Je hebt veel meer geleerd dan je je nu realiseert. Zodra de echte kans zich voordoet – en dat zal gebeuren – zul je er klaar voor zijn. Jij wordt een van de grote jongens, een van de namen. En je zult steenrijk worden.'

Malcolm wist niet hoe hij moest reageren. Hij wist eigenlijk niet zo goed wat hij had gedaan om Carney dat te doen geloven. Natuurlijk, hij had zelf een aantal transacties afgesloten, en die hadden allemaal winst opgeleverd. Hij had de druk van de beurs van Osaka het hoofd weten te bieden, maar naast zijn talent om een

| 87.23 | +0.96 | 99.013 | -1.63 | 70.65 | +0.12 | 85.12 | +0.92 | 87.23 |
| 84.21 | +0.45 | 74.01 | +1.34 | 76.13 | +1.02 | 74.23 | +0.95 | 71.0 |

football te vangen, wist hij niet wat voor instinct Carney zag.
'Twijfel je aan me, Malcolm?'
Malcolm gaf niet meteen antwoord. Niet dat hij Carney niet vertrouwde; Carney had geen enkele reden om tegen hem te liegen. In Carneys wereld was hij niets, weinig meer dan een voetnoot. Een football-speler die Carney in de arm had genomen om in Osaka op een toetsenbord te rammelen. Een medestudent van Princeton die hij een gunst had verleend, naar Japan had gehaald en daar wat wegwijs had gemaakt. Als ze hier voorgoed uit elkaar gingen, zou Malcolm nog steeds bij hem in het krijt staan omdat hij zijn leven immens had veranderd. Nooit had Carney hem een fortuin beloofd – tot vandaag.

Maar ook kon hij niet anders dan sceptisch zijn. Hij wist waar hij vandaan kwam. Net als iedereen had ook hij ambities. Maar hij was ook realistisch. Hij had altijd geweten dat hij het als prof niet zou maken in het football – hij was zich van zijn eigen beperkingen bewust geweest. En zo wist hij ook dat hij niet op een dag wakker zou worden en dan opeens Dean Carney zou zijn. Hij was eigenlijk bang dat hij op een dag wakker zou worden en erachter zou komen dat hij Joe Jett was.

'Je hebt vast en zeker alle geruchten over mij wel gehoord, of niet soms, Malcolm? Over de vermoorde ex-vrouw, mijn connecties met de Japanse maffia, dat ik een travestiet zou zijn.'

'En een vampier,' voegde Malcolm eraan toe.

'O, die had ik nog niet gehoord. Een vampier. Dat heeft wel iets. Heeft iets adellijks, vind je niet? En heel erg des Tokyo's. Goed, de waarheid is dat ik buiten Detroit opgroeide. Op mijn twaalfde kwamen mijn ouders om bij een auto-ongeluk en daarna werd ik door mijn oudere broer grootgebracht. Hij stierf aan een overdosis toen ik negentien was. Dankzij de uitslag van mijn psychotechnische test en omdat ik op het aanvraagformulier een heel essay had geschreven dat hun medelijden wekte, werd ik tot Princeton toegelaten. Er is mij nooit iets in de schoot geworpen. Maar ik was ambitieus en vastbesloten om iets bijzonders met mijn leven te doen. Ik ging naar Azië, omdat ik hier kansen zag. Ik leef mijn eigen droom, Malcolm. De geweldige Amerikaanse droom. Toevallig vindt mijn Amerikaanse droom plaats in Japan.'

68.50	+0.02	76.13	+1.02	74.23	+0.95	101.01	-1.63	70.65	+0
89.22	+1.01	97.12	-0.00	85.23	+0.65	71.01	+1.34	88.13	+(

Malcolm keek toe hoe Carney van zijn champagne nipte. Hij was er altijd van uitgegaan dat Carney een zondagskind was geweest. Dat zelfgenoegzame lachje, die verfijnde gelaatstrekken, de gemanicuurde vingernagels, zoals hij sprak – hij kwam over als de Princeton-jongetjes die Malcolm had gekend, die na de voorjaarsvakantie in een auto met chauffeur terugkeerden, die de zomer doorbrachten in de Hamptons en overwinterden in Zwitserland. Nooit had hij gedacht dat Carney, tja, net als híj was. Of in elk geval ook zo was begonnen. Carney was iets groters, iets veel groters geworden. Maar als Carney ook met niets was begonnen, net als hij, was het dan niet mogelijk dat Malcolm zelf ook tot zulke hoogten kon reiken? Lag deze droom buiten bereik, of was het anders dan football, en dus haalbaar?

'Je weet wat ze zeggen,' zei hij. Zijn nervositeit had plaatsgemaakt voor een nieuwe ambitie, een gevoel dat grensde aan euforie. 'De vampier gaat er met de vetste buit vandoor. Jouw versie van de Amerikaanse droom staat me veel meer aan dan het witte tuinhekje en de dubbele garage.'

Carney dronk zijn glas leeg en schonk zich nog eens in.

'Dat van dat tuinhekje weet ik niet,' reageerde hij, 'maar zag je beneden in de garage die twee Ferrari's staan?'

Malcolm knikte. Carney bracht zijn glas omhoog en grijnsde naar hem.

'Die zijn allebei van mij.'

10

Osaka

Zijn coach van de middelbare school noemde het 'de vonk': het moment waarop het verstand ophield en het instinct het overnam en het lichaam reageerde op de manier zoals het bedoeld was. Het onderscheidde de profs van de amateurs, de echte, natuurlijke atleten van de weekendrecreanten. De vonk was iets waar je geen greep op had, iets dierlijks, iets wat aangeboren was en onmogelijk aan iemand te leren. Het was die ene minuscule seconde die mannen tot helden en spelers tot legendes maakte. Het was iets waar Malcolm mee geboren was en waar hij geen greep op had. Het maakte niet uit of hij zich in een football-stadion bevond, omringd door tienduizend gillende fans, of in een park in Osaka, voor een klein publiek van nieuwsgierige Japanners en een handjevol beurshandelaren uit Europa en de VS. Zodra de vonk opflitste, dan reageerde hij. Punt uit.

   Zijn voeten maakten zich los van het gras, en zijn lichaam werd een geleide raket die op volle snelheid tussen de twee tegenstanders door schoot. Eerst raakte hij de schouder van zijn doelwit, laag en binnen de regels van het spel. Een akelige, doffe dreun van een getrainde spiermassa tegen een wat minder getrainde spiermassa. Zijn doelwit vloog achterwaarts en ondersteboven door de lucht. Even volgde er pure gewichtloosheid nu Malcolms armen zich stevig om het middel van zijn tegenstander klemden, en ze allebei neervielen. Donkerrode modder spatte op terwijl ze de grond raakten. Hij voelde de klap door zijn botten trekken en hoorde de zucht van zijn tegenstander. Snel verbrak hij zijn greep en vanaf de overzijde van het veld, waar Malcolms teamgenoten zich hadden

68.50 +0.02   76.13 +1.02   74.23 +0.95   101.01 -1.63   70.65 +0
89.22 +1.01   97.12 -0.00   85.23 +0.65   71.01 +1.34   88.13 +0

verzameld, steeg applaus op. Vlakbij, waar de tegenstanders zich hadden gegroepeerd, klonk een massaal afkeurend gegrom.

Langzaam kwam hij overeind en hij keek naar zijn doelwit dat op zijn rug in de modder lag. Diens weelderige blonde lokken plakten aan zijn voorhoofd, en de merkwaardig gevormde bal zat nog altijd stevig in zijn armen geklemd. Met een grijns reikte hij Teddy Sears van de Barings-vestiging in Osaka de hand, die door de Brit werd aanvaard waarna deze zich tot op zijn knieën overeind liet trekken.

'*Nice hit.*' Met een duidelijk Brits accent tuimelden de woorden door zijn fietsenrek naar buiten. Er kleefde wat gras aan zijn linkerwang, en een enorme moddervlek bedekte het grootste deel van zijn witte overhemd. Zijn donkere pantalon leek bij de knieën gescheurd. Zo hard had Malcolm hem nu ook weer niet willen raken, maar Sears had erom gevraagd. Zijn teamgenoten hadden de hele ochtend lopen etteren over de verschillen tussen *rugby sevens* en Amerikaans football en dat de Engelse spelers veel sterker waren. Het rugbyduel was hún idee geweest, niet het zijne. Malcolms teamgenoten hadden de Britten nog geprobeerd duidelijk te maken dat hij een opvallend football-verleden had, maar het was aan dovemansoren gericht geweest. Sears' team had in heel Osaka gewonnen, van de Nederlanders, van een groep Australische bankiers die hier op bezoek waren en van hun eigen collega's uit Tokyo.

Om een lang verhaal kort te maken: van het Britse team waren de meeste spelers inmiddels met het schaamrood op de kaken op de bank beland, en nu was Malcolm, samen met hun captain, als laatste op het veld overgebleven. Hij rekende niet langer op commentaar vanaf de zijlijn. Hij had alle spelers uitgeschakeld, met Sears als de laatste.

'Het spijt me van je broek,' verontschuldigde Malcolm zich terwijl hij de Brit overeind trok. 'Mooi gevangen, en je hebt hem niet meer uit handen gegeven. Toen we samen vielen, dacht ik echt even dat het je de bal zou kosten.'

'Nou, het voelde eerder alsof het mijn kóp ging kosten. Je lijkt wel een stormram.'

Malcolm lachte. Sears was minstens een kop groter maar waar-

| 87.23 | +0.96 | 99.013 | -1.63 | 70.65 | +0.12 | 85.12 | +0.92 | 87.23 |
| 84.21 | +0.45 | 74.01 | +1.34 | 76.13 | +1.02 | 74.23 | +0.95 | 71.0 |

schijnlijk zo'n negen kilo lichter. Zelfs onder de modder leek hij meer op een plastic figuurtje op een bruidstaart dan op een rugbyspeler of een prop trader. Zijn opvallende haar zat gedeeltelijk in een paardenstaart bijeengebonden en zijn bleke huid was nu iets minder bleek. De *hit* en de ochtendzon hadden zijn wangen wat roder gekleurd.

Hij sloeg een arm om Malcolms schouder en gebruikte hem zogenaamd als kruk terwijl ze naar de spelersbank van de Britten liepen. Geen echte bank, weliswaar, maar een rij omgekeerde houten kratten waarin het team een stuk of tien dozen bier had meegebracht die tijdens de rust tussen de twee teams waren verdeeld. Een leuk, sportief zootje, zo luidde Malcolms oordeel. Ook al waren ze als bordkarton onder de voet gelopen.

Bij de zijlijn aangekomen liet Sears zich zwaar op een van de kratten neerploffen en wenkte Malcolm naar een krat tegenover hem. Een paar van de tegenstanders gaven hem wat nukkig een felicitatieklopje op zijn schouder. Iemand overhandigde hem een koud biertje. Aan de overzijde van het veld vierden zijn Amerikaanse teamgenoten de overwinning door de shorts te laten zakken en de Britten hun achterste te tonen. In het rijtje roze kadetten was Akari's getinte achterwerk duidelijk te onderscheiden.

'*Charming*,' luidde Sears' oordeel. Hij wendde zijn blik af van de gênante vertoning en sloeg Malcolm op de knie. 'Tja, dit is natuurlijk een raar moment om je te vertellen dat je bent aangenomen.'

Malcolm kon een glimlach niet onderdrukken. Het was inmiddels een maand geleden dat het nieuws over Joe Jett en zijn uitglijertje van driehonderdvijftig miljoen dollar bekend werd. Hoewel KP Osaka officieel nog steeds zakendeed, met Carney en Bill die naarstig geld probeerden te genereren voor hun eigen fonds, was Malcolm met onbetaald verlof gestuurd. Hij had het slechts weten te redden doordat Carney zijn huur en eten betaalde, wat hij totaal niet had verwacht en waar hij ook niet om had gevraagd. Alweer iets waardoor hij bij de man in het krijt stond. Eigenlijk zat hij niet op zulke liefdadigheid te wachten, maar het had hem wel in staat gesteld zich te concentreren op het vinden van een nieuwe baan. Na een redelijke oriëntatieperiode en enkele lange gesprekken met Akari werd Barings zijn eerste keuze. Vlak na Joe Jetts afscheid was Akari door de Britse bank ingehuurd – het bleek dat ze al een tijdje op hem aasden. Als een van zijn eerste daden op zijn nieuwe kantoor had hij Malcolms cv onder Teddy Sears' neus geschoven.

'Fantastisch!' reageerde Malcolm. Opeens voelde hij zich best wel schuldig over het feit dat hij Sears in de laatste minuten van de wedstrijd onder de grond had geschoffeld. Had hij geweten dat de man zijn nieuwe baas zou worden, tja, dan zou hij hem nog steeds hebben geraakt, maar misschien wat minder hard.

'Je vriend Akari functioneert de laatste paar weken prima, dus de andere jongens en ik zijn ervan overtuigd dat ook jij bent af te richten. Vanavond gaan we dat eens fatsoenlijk vieren.'

In gedachten zag Malcolm de brief al voor zich die hij naar zijn moeder zou schrijven zodra hij weer terug in zijn hotelkamer was. De avond nadat hij met onbetaald verlof was gestuurd, had hij haar gebeld. Ze had haar bezorgdheid niet kunnen verbergen. Maar nu was dat allemaal voorbij. Barings had aanzien. Het was de oudste, meest prestigieuze bank van Engeland. Hij behoorde weliswaar nog steeds tot de hekkensluiters, maar hij zat in elk geval niet in het vliegtuig naar huis. Nog niet, althans.

'Wanneer begin ik?' vroeg hij.

'Morgenochtend, acht uur precies. En morgenmiddag train je mee met onze rugbyploeg. Als jij ons kunt leren om zo te hitten, zullen we de trots van Barings worden,' sprak Sears met een knipoog, en even vroeg Malcolm zich af of hij nu was aangenomen om zijn vaardigheden achter een computerscherm of om zijn talenten op het rugbyveld. Maar al vrij snel stelde hij vast dat het antwoord hem eigenlijk weinig kon schelen.

11

Osaka

Het gebouw zonder lift telde twee verdiepingen en was net zo grijs en vierkant als dat van Kidder, maar de inrichting was iets meer dan alleen maar functioneel. Er was kwistig gestrooid met Britse accenten, zoals de alomtegenwoordige eikenhouten boekenkasten, oosterse tapijten in de foyer en gangen, en olieverfschilderijen in de achterkamer en de ontvangstruimte. De schilderijen waren hoofdzakelijk portretten van grijze oude mannen met brillen op de neus, en hoewel naamplaatjes ontbraken, nam Malcolm aan dat het de grondleggers van de eerbiedwaardige bank waren die hier over alles en iedereen waakten. Hij vroeg zich af wat die stijve heren uit een vervlogen tijdperk zouden hebben gedacht van de twee yanks die nu zelfverzekerd achter hun terminals zaten in de grote transactiekamer, een vierkante ruimte van tien bij tien, opgedeeld in werkplekken die door nephouten schotten van elkaar werden gescheiden. Zouden ze glimlachend hebben neergekeken op de twee jonge Amerikaanse cowboys en hen hebben verwelkomd in de lange traditie van de Barings Boys? Of zouden ze afkeurend hebben gefronst naar de indringers en hen hebben beschouwd als twee Joe Jetts in de dop?

Feitelijk was Malcolms nieuwe baan bij Barings niet veel anders dan zijn oude baan bij Kidder. Nog steeds plaatste hij orders via de beurs van Osaka en verhandelde hij voornamelijk Nikkei-blokken voor handelaren in Tokyo. Alleen beschikte hij naast een intercom om orders uit Londen, Hongkong en Singapore uit te voeren nu ook over een telefoon. Barings had veel meer personeel dan Kidder – in de afgelopen jaren was de bank uitgegroeid tot de groot-

68.50 +0.02   76.13 +1.02   74.23 +0.95   101.01 -1.63   70.65 +0
89.22 +1.01   97.12 -0.00   85.23 +0.65   71.01 +1.34   88.13 +0

ste buitenlandse effectenmakelaardij in de stad – maar veel van de kantoormedewerkers hielden zich bezig met het alledaagser werk van kleinhandelsaandelen en het vertroetelen van cliënten. In totaal waren er twintig medewerkers, onder wie Malcolm en Akari, maar slechts vijf van hen waren handelaar, geleid door Teddy Sears en zijn stormvaste blonde haar. Op de werkplek naast Sears zat James Collier, 'Colly', een gezette negenentwintigjarige die zo bezeten was van de Engelse voetbalclub Manchester United dat hij afstand had gedaan van de onofficiële zakenoutfit, een wit overhemd en een donkere pantalon, en nu steeds rondliep in het roodwitte shirt van Man U. Zijn buurman was Hank 'Beastly' Beatrice, een gereserveerde, vroeg kale jongeman die louter in zinnen van één woord sprak, alsof het ongepast zou zijn om breedsprakig te zijn. Stephen Dowling en Brian Chauncy waren vers overgeplant vanuit Londen en hadden allebei de ziekelijk bleke gelaatskleur van studenten die nog maar net een Oxford-bul op zak hebben. Geen van beiden leek zich goed te hebben aangepast aan de Aziatische hemisfeer; nu het weer warmer begon te worden en de vochtigheid toenam, vroeg Malcolm zich af hoelang ze het hier zouden volhouden.

De office manager was een man die slechts bekendstond als meneer Barrister. Hij was lang, bijna net zo lang als Akari, en had een lang, paardachtig gezicht en dunnend bruin haar. Hij ging altijd onberispelijk gekleed, nooit zonder stropdas of colbert, en slenterde met een klembord heen en weer over de handelsvloer. Op zich was hij best aardig, hij was ouder dan de meeste handelaren en hij had de gewoonte om tijdens het spreken met een vinger tegen zijn lippen te tikken, alsof hij de woorden een handje wilde helpen. Zijn manier van lopen deed Malcolm denken aan een paar hoogleraren op Princeton.

Bij Barings werd veel meer gedold dan bij Kidder, misschien omdat ze er veel meer op elkaars lip zaten. Voorzover Malcolm het kon beoordelen waren slechts drie gespreksonderwerpen de moeite waard: voetbal, rugby en seks. Van die drie was seks het favoriete onderwerp. De Barings Boys leken erdoor geobsedeerd, meer nog zelfs dan de Amerikanen, en dat zei veel. Er werden bijna voortdurend seksuele toespelingen gemaakt, smerige moppen

| 87.23 | +0.96 | 99.013 | -1.63 | 70.65 | +0.12 | 85.12 | +0.92 | 87.23 |
| 84.21 | +0.45 | 74.01 | +1.34 | 76.13 | +1.02 | 74.23 | +0.95 | 71.0 |

getapt en perverse verhalen verteld, meestal over prostituees, strippers, ex-vriendinnen of, bizar genoeg, travestieten. Voorzover Malcolm wist, had geen van de handelaren een relatie van betekenis en had men ook geen weet van wat zoiets zou kunnen inhouden. Zelfs de keurigste twee van het clubje – Beastly en Sears – konden de verleiding niet weerstaan om onsmakelijke verhalen rond te bazuinen over avonturen in de bordelen van Tokyo, Bangkok en Bali, waarbij vaak sprake was van acts die in de meeste delen van de wereld verboden zouden zijn. In New York zouden de praatjes die bij Barings gewoon waren met gemak tot een officiële berisping of zelfs een rechtszaak kunnen leiden. Bij Barings liet zelfs de manager zich niet onbetuigd, en hij deed ooit een duit in het zakje met een verhaal over een ex-vriendin die graag seks had achter in taxi's.

Behalve de grote drie – voetbal, rugby en seks – was er nog maar één ander onderwerp dat op kantoor een overheersende invloed had: Nick Leeson, de beroemde handelaar die in Singapore gestationeerd was en wiens legende meegroeide met de omvang van zijn transacties. Voor een aantal handelaren was Leeson zelfs beter dan seks, want Leeson deed zijn zaken pal voor hun neus. Wanneer de telefoon naast Malcolms computer ging, was het negen van de tien keer Leeson die een zoveelste megatransactie verordonneerde. Wanneer er een groot contract op het beeldscherm opdook, was de kans groot dat Leeson erbij betrokken was. Zijn wapenfeiten op de markt waren als pornografie, die op kantoor met een welhaast obsessief ontzag werd bekeken. En niet alleen de handelaren van Barings keken ernaar: het hele financiële wereldje in Azië werd verlamd door Leesons groeiende posities.

In Malcolms tweede maand bij Barings realiseerde hij zich dat Leesons roem ook een beetje op hem en de rest van het kantoor in Osaka afstraalde. Bijna dagelijks kreeg hij telefoontjes van handelaren uit de hele stad, die hem voor de lunch uitnodigden, op een rondje trakteerden en hem om informatie verzochten. Iedereen wilde weten wat Leesons cliënten in vredesnaam in hun schild voerden en hoe omvangrijk hun transacties nog gingen worden.

Voorzover Malcolm het vanuit Osaka kon overzien, bracht Leesons operatie in Singapore niet eens zo veel winst op. Jaarlijks misschien twintig, vijfentwintig miljoen, ongeveer wat Carney voor Kidder had binnengehaald. Maar wat pas echt onthutsend was, was de omvang van Leesons transacties. Malcolm voltooide dagelijks voor rond de twee miljoen dollar aan futures op Leesons orders, bijna vijfentwintig procent van de hele Nikkei-markt. Leesons cliënten moesten verdomme de diepste zakken van dit halfrond hebben. Soms waren Leesons orders zo groot dat de hele beurs als een jojo op en neer ging. Zodra Leeson een rukje gaf, schoot de beurs omhoog. Liet hij de teugels vieren, dan daalde de beurs weer.

Over de telefoon leek Leeson nooit gestrest. Zijn toon was altijd joviaal en vriendelijk. Hij klonk helemaal niet als iemand die twee miljoen per dag verhandelde.

Tijdens een lunchpauze tegen het eind van zijn tweede maand hield Malcolm Akari even staande in het krappe keukentje dat ze deelden met de effectenmakelaars, en vroeg hem wat hij vond van Leesons bedragen.

'Zijn orders blijven maar groeien,' merkte Malcolm op. 'Vanmiddag belde hij me met tweehonderdtwintig miljoen. Volgens mij is dat een soort record. Wiens geld is dit eigenlijk?'

Akari haalde zijn schouders op.

'Sears zei dat hij en de anderen hun pogingen om daarachter te komen al langgeleden hadden opgegeven. Leeson schijnt een echt grote cliënt te hebben, heel geheim allemaal. Iedereen noemt hem gewoon Mr. X.'

Het klonk vreemd, maar bij nader inzien was er eigenlijk geen reden waarom zijn team in Osaka de identiteit van Leesons grote cliënt moest kennen. Misschien was Mr. X wel een belangrijke pensioentrust of een hedgefund als dat van Winters in Tokyo. Tja, misschien was Mr. X wel een Russische wapenhandelaar die Leeson als tussenpersoon gebruikte. Malcolm was slechts iemand die in Osaka op de knoppen drukte. Hij wist alleen wat mensen hem vertelden.

'Op dit moment,' zei Malcolm, 'heeft Mr. X een aanzienlijke positie op de Nikkei.'

Akari grijnsde.

'Mr. X kan maar beter hopen dat morgen de wereld niet ver-

| 87.23 | +0.96 | 99.013 | -1.63 | 70.65 | +0.12 | 85.12 | +0.92 | 87.23 |
| 84.21 | +0.45 | 74.01 | +1.34 | 76.13 | +1.02 | 74.23 | +0.95 | 71.0 |

gaat, want anders verliest hij een hoop geld.'

Totdat dat gebeurde, zo realiseerde Malcolm zich, zouden hij en de rest van de Barings Boys nog steeds als rocksterren worden behandeld. Iedereen in Azië wilde weten hoe Leeson het flikte, en de enigen die dicht genoeg in zijn buurt verkeerden om dat te weten, waren de jongens die zijn transacties uitvoerden. Dat was natuurlijk een verkeerde voorstelling van zaken: Malcolm wist meer over het seksleven van zijn Britse collega's dan over Leesons handelspatronen. Toch zat hij dagelijks met de succesvolle handelaar aan de telefoon, soms wel tien, twintig keer per dag. Zo vaak zelfs dat hij nog nauwelijks naar de intercom luisterde, omdat de transacties die in Tokyo totstandkwamen niet in de schaduw konden staan van die uit Singapore.

In Malcolms vierde maand bij Barings leek het dat hij rechtstreeks voor Leeson en, via hem, voor Mr. X werkte. Op kantoor werd het al een soort grap. Men stelde zich Mr. X voor als een schurk uit James Bond-films, die zich schuilhield in een onderaards hol onder de zeespiegel, met rondzwemmende haaien, en zich in de handen wreef terwijl hij zijn orders aan Leeson doorspeelde. Leeson belde op zijn beurt Osaka, en Malcolm deed de transacties. Terwijl hij met Leeson aan de telefoon zat, keken de andere handelaren over zijn schouder mee en fluisterden:

Mr. X heeft wel erge honger vandaag.

Mr. X heeft ballen van staal.

Mr. X slokt verdomme de halve Nikkei op...

Na een andere bijzonder zware dag van door Leeson bezielde handel trof Malcolm zijn collega Sears in de keuken, op dezelfde plek als waar hij eerder Akari aan de tand had gevoeld. Sears roerde met een paar eetstokjes in een pan kokende mie op het kleine elektrische fornuis naast de koelkast en bestudeerde ondertussen een computeruitdraai aan de muur. Malcolm vermoedde dat het transacties van Leeson betrof, aangezien bijna alles wat via kantoor ging uit Singapore kwam.

'Ik zou wel eens willen weten wat Leesons geheim is,' zei Malcolm leunend tegen de koelkast. 'Hij doet transacties die zo groot zijn dat mijn computer ervan huivert, en hij lijkt geen spier te vertrekken.'

68.50 +0.02   76.13 +1.02   74.23 +0.95   101.01 -1.63   70.65 +0
89.22 +1.01   97.12 -0.00   85.23 +0.65   71.01 +1.34   88.13 +0

Sears keek niet op van het papier.
'Misschien kun je daarachter komen wanneer je hem persoonlijk ontmoet.'
Malcolm rechtte zijn rug.
'Hoe bedoel je?'
Sears haalde een eetstokje uit de pan en beschreef er een kringetje mee door de lucht, intussen nog steeds in gedachten verzonken over de bedragen aan de muur.
'Jij en Akari gaan volgend weekend naar Singapore. Op locatie, en we kunnen verder niemand missen. Dus je zult je kans krijgen om meneer Leeson in levenden lijve te ontmoeten.'
Malcolm wist niet wat hij moest zeggen. Singapore had hij altijd al eens willen zien. Het scheen een van de schoonste, meest progressieve steden in Azië, misschien wel in de hele wereld, te zijn. Bovendien raakte hij steeds meer gefascineerd door Leeson. In de afgelopen paar weken had deze man uit Singapore Carney bijna uit zijn gedachten verdreven. Carney was op reis om geld bijeen te schrapen, terwijl Leeson de Nikkei als een lappenpop door de lucht slingerde.
'En als je er dan toch bent,' voegde Sears eraan toe terwijl hij met zijn eetstokje tegen de computeruitdraai tikte, 'zeg dan tegen Leeson dat hij de groeten moet doen aan de ongrijpbare Mr. X. Aan die handelsopdrachten te zien, houdt hij in zijn eentje deze hele klotetent uit de rode cijfers.'

12

Op een hoogte van tienduizend voet boven Singapore

De wijn hielp voor geen meter.
Malcolm hield het domme plastic bekertje met beide handen vast om zijn witte overhemd maar niet te ruïneren terwijl het vliegtuig schudde en bokte. Het ronde schijfje van dubbel glas, rechts van hem, was pikzwart, ook al kon het voorzover hij wist niet later zijn dan vijf uur in de middag. Toen ze van Osaka waren opgestegen, had de zon nog volop geschenen. Hoe laat de storm was opgestoken, wist hij niet, want hij was even ingedommeld – met zijn hoofd slapjes tegen de leuning van de stoel voor hem – toen het eerste lint van donkere wolken met het toestel ging stoeien. Hij was net op tijd klaarwakker geschrokken om te zien hoe de lijkbleke Akari, die zich met wit uitgeslagen knokkels verwoed aan zijn stoel vastklampte, zijn maaginhoud in een van de kotszakjes leegde.

'Die godvergeten moesson ook,' siste Akari, wijzend naar het verduisterde raampje. 'Heb ik je al verteld dat ik de pest heb aan vliegen? En zodra het feest losbarst, moet ik altijd weer kotsen.'

Ondanks zijn eigen beverige maag moest Malcolm toch grijnzen. De wijn gleed warmpjes door zijn keel, maar haalde weinig uit tegen de plotselinge adrenalinestoot die door zijn aderen joeg. Hij wist niet precies waar de fles opeens vandaan was gekomen – uit Akari's attachékoffertje waarschijnlijk – maar de plastic bekertjes waren precies dezelfde als die je altijd aan boord kreeg. Ze waren hoe dan ook te klein voor de mate waarin Malcolm zich diende te benevelen om deze vlucht nog een beetje te kunnen doorstaan.

68.50 +0.02   76.13 +1.02   74.23 +0.95   101.01 -1.63   70.65 +0
89.22 +1.01   97.12 -0.00   85.23 +0.65   71.01 +1.34   88.13 +0

'Sommige mensen hebben een natuurlijke "vlucht-of-vecht"-reflex,' legde hij uit, 'maar ik denk dat kotsen net zo'n goed alternatief is.'

Het vliegtuig zwenkte scherp naar rechts, en met een luid gerinkel tuimelden de drankkarretjes omver. Hier en daar klonk een gedempte kreet, gevolgd door wat Chinese schietgebedjes. Malcolm voelde zijn grijns breder worden, dat merkwaardige maar vertrouwde moment waarop angst overgaat in iets anders. De kick van de adrenalinejunkie. Het was hetzelfde gevoel als toen Carneys Ducati onderweg over een stukje gravel scheurde en de banden even hun grip op het asfalt verloren; hetzelfde gevoel als toen hij die aanvaller op zich af zag komen, vlak voordat de plettende spiermassa's zijn botten, ja misschien zelfs zijn leven bedreigden. Niet dat Malcolm het gevaar zocht, maar iets in hem kickte er hevig op. Aan Akari's verschrikte gelaat te zien leek Malcolms handelspartner dit gevoel niet echt te delen. Net als de overige passagiers op deze vlucht van Air Nippon naar luchthaven Changi in Singapore, wilde Akari maar één ding: zo snel mogelijk vaste grond onder zijn voeten voelen.

Malcolm sloeg het laatste beetje wijn achterover, verfrommelde het plastic bekertje en propte het in het compartimentje voor hem. Het toestel schoot weer even omhoog en begon plotseling te dalen. Akari bromde een beetje angstig, en zijn hoofd schoot weer snel naar de kotszak. Boven de kotsgeluiden uit kon Malcolm nog net de stem van de gezagvoerder uit de speakertjes horen. Het was een mengeling van Japans en Chinees. Waarschijnlijk een waarschuwing voor een harde landing. De gezagvoerder klonk nerveus en vlak voordat hij afsloot, riep hij nog even iets naar zijn copiloot.

Malcolm sloot zijn ogen, zette zijn tanden op elkaar en liet zich, drijvend op de adrenalinekick, helemaal meevoeren. Eventjes voelde hij zich gewichtloos en plotseling schoot het vliegtuig onder de dikke wolken vandaan. Malcolm opende zijn ogen en zag grijs licht door het raampje naar binnen stromen. Een beetje turend met de ogen zag hij het eiland eerst in zijn geheel, daarna het speldenkussen van prachtige, opeengepakte wolkenkrabbers, omringd door lage kantoorcomplexen en stroken parkgroen. De stad in het hart van het kleine eiland oogde klein en compact, zo com-

87.23 +0.96   99.013 -1.63   70.65 +0.12   85.12 +0.92   87.23
84.21 +0.45   74.01 +1.34   76.13 +1.02   74.23 +0.95   71.0

pact dat sommige gebouwen regelrecht uit lagere gebouwen leken op te rijzen. Maar de wolkenkrabbers hier waren net zo modern als die hij op Wall Street had gezien, en duidelijk hoger dan die in Osaka of Tokyo. Nu het toestel in een wijde, dalende bocht op luchthaven Changi aanvloog, kon hij drukke snelwegen, kanalen met modern vormgegeven bruggen en chique appartementencomplexen met zwembaden in de tuinen onderscheiden, de kenmerken van een klein, rijk en drijvend vorstendom dat om slechts één reden was gebouwd: *business*. Dit was marktkapitalisme in zijn meest pure, verfijnde vorm, op een tropisch eiland in het midden van de Stille Zuidzee.

'Ik heb nu al de pest aan deze plek,' mopperde Akari terwijl hij het zweet van onder zijn dikke zwarte haardos wegveegde.

Malcolm keek zijn vriend eens aan. Aan zijn onderlip kleefden nog wat etensrestjes, en zijn wangen hadden een groenige kleur.

'Beoordeel nou niet een heel land op het aantal kotszakjes dat je eerst moet vullen om hier te kunnen landen. En als ik jou was, zou ik mezelf toch maar even gaan opfrissen voordat we Leeson de hand schudden. Als hij er net zo flitsend bij loopt als Sears en zijn maten, zet hij ons misschien wel meteen weer op het eerste het beste vliegtuig naar huis.'

Het landingsgestel klapte uit en vergrendelde zich met een metalig kuchje. Het vliegtuig zette het laatste stuk van de landing in. Malcolm wreef het laatste beetje slaap uit zijn ogen. Zijn spieren trilden niet meer, de kick van zo-even was verdwenen alsof hij nooit had bestaan. Hij wist dat er mensen waren die het gevoel actief najoegen, de echte adrenalinejunkies, de gestoorden die extreme situaties opzochten waarin hun leven onvermijdelijk gevaar liep. Diep vanbinnen wist hij dat ook hij zo'n junkie kon worden, maar die kant van zichzelf had hij altijd onderdrukt. Hij stelde zich er tevreden mee om deze momenten te accepteren voor wat ze waren, extreme stuiptrekkingen in een anderszins beheerste leefsituatie.

Hij vroeg zich af of figuren als Carney, Leeson en Joe Jett zelf doorgewinterde adrenalinejunkies waren, die teerden op de kick van de risico's die ze namen, de enorme posities die voor andere handelaren nauwelijks te bevatten waren. Was het verhandelen van twee miljoen dollar per dag hetzelfde als gassen met een Ducati over een stukje grind, of met een vliegtuig door een moessonbui vliegen?

Was het dat geweest wat Carney diep in hem had bespeurd? Niet alleen zijn talenten, maar ook zijn hang naar de grote kick, de verleidelijke kracht ervan? Was dat de sleutel tot grootsheid?

De wielen raakten de landingsbaan. De schok van rubber op asfalt, opspattend water en het gesis van de afremmende motoren. Vervolgens taxieden ze naar de gate.

Nick Leeson bleek allesbehalve flitsend.

Malcolm zag hem als eerste. Hij leunde ontspannen tegen de motorkap van een zwarte Mercedes en kletste wat met de Maleisische chauffeur. Malcolm herkende hem al direct van de foto's die hij op Teddy Sears' bureau had zien staan. Hij nam zijn koffertje over in zijn linkerhand, klaar om zichzelf voor te stellen, maar wachtte nog even op Akari, die nog wat slapjes van de turbulente vlucht een metertje achter hem aan hobbelde. Ook hij herkende Leeson direct en bleef bijna verbijsterd staan. Het was vreemd om de beroemde prop trader hier buiten voor de terminal tussen reizende zakenlieden, luchthavenpersoneel en taxichauffeurs te zien staan. Ook al hadden ze hem nog nooit ontmoet, voor Malcolm en Akari was Leeson een levende legende, net zo herkenbaar en indrukwekkend als een Hollywoodster. Het feit dat de man hen hier buiten voor de luchthaven opwachtte, was een schok als je bedacht dat hij het opperhoofd was en ze zelf ergens onder aan de Barings-totempaal stonden. Maar voor de rest van Singapore was hij gewoon een *farang*: bleke huid, een beetje te vadsig, dun brilletje, dunnend bruin haar, ronde blozende wangen en gekleed in een wit overhemd en een kakibroek, met een baseballpetje in zijn achterzak.

'Niet bepaald een god, als je hem zo ziet,' fluisterde Akari terwijl ze naar de Mercedes liepen.

'Misschien is hij een beetje overwerkt, met die moesson enzo,' grapte Malcolm terug. 'Zelfs God moet van deze luchtvochtigheid te lijden hebben.'

Het leek wel een sauna, zo klam en drukkend voelde het op zijn

| 87.23 | +0.96 | 99.013 | -1.63 | 70.65 | +0.12 | 85.12 | +0.92 | 87.23 |
| 84.21 | +0.45 | 74.01 | +1.34 | 76.13 | +1.02 | 74.23 | +0.95 | 71.0 |

longen. En de stromende regen maakte het er al niet beter op. Maar Leeson leek in zijn geheel geen last te hebben van de klamheid en de regen nu hij Malcolm en Akari op hem af zag lopen. Hij glimlachte breed, deed een stap naar voren om de twee de hand te schudden en gebaarde hun in te stappen.

'De yankees uit Osaka, zeker? Leuk jullie te ontmoeten, jongens. Luister, ik stuur jullie alvast naar het hotel, want ik moet nog even op een paar handelaren uit Tokyo en Hongkong wachten. Ik zie jullie zo meteen!'

En met deze woorden gooide hij het portier dicht en gaf een klopje op het dak. Terwijl ze wegreden, keek Malcolm Akari even aan en samen schoten ze in de lach. De belachelijke gedachte dat God persoonlijk twee assistenten op de luchthaven had opgewacht om ze vervolgens naar een restaurant te rijden. Kon het erger? Misschien dat Leeson meteen even hun koffers kon dragen en hun de stad kon laten zien, om ze daarna kennis te laten maken met Mr. X waarna ze gevieren een hamburgertje zouden gaan scoren.

'Toch wist hij maar mooi dat we uit Osaka kwamen,' concludeerde Akari terwijl de chauffeur invoegde op de snelweg naar de stad.

Vijf uur later had het feestje zich net in gang gezet. Het handjevol handelaren en assistenten was inmiddels uitgegroeid tot een groepje van vijftien, met inbegrip van Leeson en zijn jongere broer uit Engeland, die toevallig op bezoek was. Allemaal mannen, allemaal tussen de eenentwintig en de dertig jaar, allemaal buitenlanders die in Azië een bestaan opbouwden. Een *all-star* team van avonturiers van diverse pluimage, voornamelijk gerekruteerd op de topuniversiteiten van Engeland, met uitzondering van Malcolm en Akari, de twee 'ettertjes' van Princeton die Osaka als tussenstop hadden gehad.

Het begon met een korte, tamelijk exotische maaltijd in een Maleisisch restaurant, Raffles Place, vlak bij het stijlvolle winkelcentrum. Het was gelegen in Club Street, dat weinig meer was dan een lange, smalle steeg met gerestaureerde vooroorlogse gebouwen en bespikkeld met modieuze ultradure en ultrahippe Aziatische

68.50 +0.02   76.13 +1.02   74.23 +0.95   101.01 -1.63   70.65 +0
89.22 +1.01   97.12 -0.00   85.23 +0.65   71.01 +1.34   88.13 +

restaurantjes. Nadat de rekening was gepresenteerd, toog het gezelschap naar de bovenste verdieping van een disco, pal in het midden van Boat Quay, een typische wijk voor buitenlandse avonturiers, met danceclubs, yuppencafés op steenworp afstand van het financiële centrum. Brede ramen boden uitzicht over de Singapore River, en de lichtshow danste over de leren fauteuils, ronde marmeren tafeltjes en een oplichtende perspex vloer. Tot Malcolms verbazing bleek de disco bijna verlaten, maar Leeson legde zijn manschappen uit dat hij de hele tent had afgehuurd. Naarmate de avond vorderde zouden alleen de vaste vrouwelijke bezoekers worden toegelaten. Malcolm en het clubje handelaren leek het een prima plan, en met veel feestkabaal volgden ze Leeson naar een lange tafel bij de bar, waarop vijftien flessen champagne als zwijgende soldaatjes van groen glas in hun grote messing emmers boordevol ijsblokjes al in slagorde stonden opgesteld. Eventjes vroeg Malcolm zich nog af waarom er geen glazen waren, maar al snel liet Leeson vakkundig een kurk ploppen waarna hij de fles gewoon aan de mond zette. Vijftien Barings Boys, vijftien flessen, van waarschijnlijk zo'n honderdvijftig dollar per stuk. Voor Malcolm kon Leeson nu écht niet meer stuk.

Al vanaf het eerste moment was Leeson vriendelijk, aardig en rechtdoorzee geweest, heel anders dan Malcolm had verwacht. Hij leek zich extreem op zijn gemak te voelen, luidruchtig weliswaar, maar niet meer of minder dan de anderen. En hij was ook niet zo op seks belust als Sears' clubje in Osaka, waarschijnlijk omdat hij zelf gelukkig getrouwd was. Bovendien leek hij niet zo'n bloedzuiger als Carney – over Leeson hoefde hij geen roddels over vampirisme te verwachten. De man kletste over football, de aandelenmarkten, het leven als gelukszoeker in den vreemde en hij leek zich uitstekend te vermaken en te genieten van de warme aandacht waarmee de handelaren hem overstelpten. Zelfs al bezorgden zijn gigantische posities in de markt – of preciezer gezegd, de gigantische posities van Mr. X, die hij beheerde – hem misschien de nodige stress, het was hem niet aan te zien. Toen de disco zich met meiden begon te vullen – jong, uitdagend gekleed en van Chinese of Maleisische afkomst, met hier en daar een Australische – kwam Leeson meer op gang, hij bestelde wat vaker, dolde

| 87.23 | +0.96 | 99.013 | -1.63 | 70.65 | +0.12 | 85.12 | +0.92 | 87.23 |
| 84.21 | +0.45 | 74.01 | +1.34 | 76.13 | +1.02 | 74.23 | +0.95 | 71.0 |

wat met zijn broer en kletste ontspannen met zijn collega's uit Engeland.

Een paar keer belandde Malcolm naast de tophandelaar. Ondanks het feit dat Leeson overduidelijk een gezellige vent was, begon Malcolm toch wat geïntimideerd te raken. Het lag niet aan het leeftijdsverschil – Leeson was maar een paar jaar ouder dan hij, en een stuk jonger dan Carney – en ook niet aan diens functie. Het was enkel en alleen Leesons positie in de markt. Iemand die op dergelijk grote schaal handelde, was niet zomaar een mannetje achter een computerscherm. Leeson was van een geheel andere orde. Misschien geen god, maar hij kwam er wel dicht in de buurt.

Meerdere malen voelde hij een overweldigende drang om Leeson op de man af naar Mr. X te vragen. Wie was die geheime cliënt in vredesnaam die op de verschillende Zuidoost-Aziatische beurzen met zo veel geld smeet? Wie was er eigenlijk verantwoordelijk voor Barings' enorme handel, die door de beurzen van Osaka en Singapore vloeide? Maar de intimidatiefactor bleek te sterk. Kijkend naar Leesons wangen, die al aardig rozig werden, naar hoe hij glimlachte naar de andere handelaren en hoe ze naar hem kwijlden als hij zijn mond opendeed, was het hem volkomen duidelijk: vergeet het maar. Leeson zou hem waarschijnlijk helemaal niets hebben onthuld. Dergelijke cliënten wensten vaak anoniem te blijven. En wat stelde die John Malcolm nu eigenlijk voor? Een mannetje achter een computertje in Osaka, meer niet.

Het enige wat een persoonlijk onderonsje nog het dichtst benaderde, was een kleine uitwisseling op weg naar de toiletten. Leeson kwam net naar buiten op het moment dat Malcolm naar binnen stapte, en de Brit gaf hem een klap op de schouder.

'Vermaak je je een beetje? Als je in de gelegenheid bent, moet je vooral de stad even gaan verkennen, hoor.'

Malcolm glimlachte en deed zijn best niet al te nerveus te lijken.

'Nou, als ik tijd heb, zeker. Maar ik ben behoorlijk geïnteresseerd in de handel hier. Het lijkt erop dat een hele hoop – handel, bedoel ik – tegenwoordig via Singapore loopt.'

Leeson glimlachte. Aimabel en ontspannen.

'Er valt hier flink wat geld te verdienen. Azië is de nieuwe plek, Malcolm. Dit is het Wilde Oosten. De markten zijn hier stukken beter dan waar ook ter wereld en Singapore is de nieuwe gateway. Jullie in Japan kunnen je borst natmaken!'

Na deze woorden zocht Leeson de tafel met handelaren weer op en bestelde nog een rondje champagne. Vol ontzag, verbijstering en een tikkeltje jaloers keek Malcolm hem na. Op een dag, zo hoopte hij, zou hij net zo zelfverzekerd zijn. Net zo belangrijk. Net zo'n grote ster.

Wat hij echter niet wist, was dat de glimlachende, aimabele, ontspannen Nick Leeson op dat moment met meer dan een miljard dollar aan verlies in zijn mik zat. Genoeg om de gehele financiële wereld op zijn grondvesten te laten schudden en Barings, de oudste en eerbiedwaardigste bank van Engeland, met de grond gelijk te maken.

13

Tokyo, heden

De lucht was fris en koud en rook vaag naar een ontsmettingsmiddel.

De muren waren glinsterend wit, zelfs ondraaglijk fel wit door het licht dat afkaatste van de fluorescerende strips die kruislings over het plafond liepen in een patroon dat vaag religieus oogde, maar dat waarschijnlijk gewoon toeval was.

Het meubilair was zwart en modern en bestond voornamelijk uit glas. De inrichting oogde uiterst sober en onpersoonlijk. De lange vergadertafel in het midden van het vertrek stond pal onder het enorme venster met weids uitzicht dat het grootste deel van de achterwand in beslag nam. De tien hoge lederen stoelen aan weerszijden van de tafel stonden op exact dezelfde afstand van elkaar en waren op perfecte hoogte afgesteld. De boekenkast aan de andere kant van de kamer telde precies tien planken, allemaal gevuld met een identieke rij ingebonden wetboeken. Naast de kast stond een hightech koffiemachine, iets wat je eerder in het NASA-hoofdkwartier zou verwachten dan op de vierendertigste verdieping van een bankgebouw in hartje Tokyo. De koffiemachine had twee afzonderlijke LCD-schermen en genoeg knoppen en schakelaars om een kernoorlog mee te ontketenen, maar geen zichtbaar aanhangsel waar echt koffie uit zou kunnen komen.

Ik nam mijn stoel aan de verre hoek van de tafel. De andere negentien stoelen waren al bezet, en ik deed mijn best de blikken die in mijn richting werden geworpen – variërend van oprecht nieuwsgierig en vaag behoedzaam tot ronduit minachtend – te negeren. Dat ik tien minuten te laat was of dat ik met mijn bloemetjeshemd met korte mouwen en mijn donkere spijkerbroek hier wel erg uit de toon viel, hielp niet echt. Ik was een indringer, en allen hier aanwezig wisten dat. Ik was de nep-expat in hun midden.

Op mij na had verder iedere aanwezige hier de keuze gemaakt om zijn of haar leven naar Azië over te brengen, hun bezittingen in te pakken, hun familie en vrienden gedag te zeggen en naar de andere kant van de aardbol af te reizen. De meesten waren nog maar enkele weken in Japan en nog steeds bezig te wennen aan deze vreemde, exotische plaats; ze zochten naar een appartement, naar winkels en gelegenheden waar je het lekkerste eten kon vinden en naar netwerken van nieuwe vrienden. Ik was ervan overtuigd dat het gros van hen diep vanbinnen niet alleen geschokt was door de verschillen die ze hadden ontdekt, maar ook opgetogen over de mogelijkheden en over het ongelofelijke gevoel van vrijheid dat ze hadden meegekregen van degenen die hun voorgingen. Een vrijplaats van kansen voor hen die slim genoeg waren om er optimaal van te profiteren – en het leed geen twijfel dat deze groep over de nodige talenten beschikte.

Het potentieel in de kamer was in één woord gigantisch. Van de negentien personen rond de tafel hadden er zestien aan Ivy League-universiteiten gestudeerd; zes hadden een diploma bedrijfseconomie van Harvard, Stanford of het MIT; en twee waren oud-studenten van Rhodes. Ze waren allemaal onder de dertig. Zeventien waren van het mannelijk geslacht, meer dan de helft was blank, en slechts drie hadden Japans bloed. Het was precies wat je zou kunnen verwachten van een nieuwe lichting van een van de grootste Amerikaanse beleggingsbanken die zakendeden in Azië. Maar om ze hier allemaal samen te zien, zittend rond een glimmende glazen tafel in deze directiekamer, was toch wel een tikkeltje beangstigend. Want samen met zo veel potentieel diende zich ook een enorm risico aan – niet alleen van talent dat werd verspild, maar ook van talent dat werd misbruikt, of misschien wel correct werd gebruikt maar om de verkeerde redenen, voor de verkeerde doelen. En deze zorg was niet louter het product van de overdreven dramatische mijmeringen van een voormalige auteur van thrillers, die zich nu als journalist op deze gemeenschap wierp met het egoïstische doel er een boek over te publiceren. Nee, ge-

| 87.23 | +0.96 | 99.013 | -1.63 | 70.65 | +0.12 | 85.12 | +0.92 | 87.23 |
| 84.21 | +0.45 | 74.01 | +1.34 | 76.13 | +1.02 | 74.23 | +0.95 | 71.0 |

tuige deze vroege bijeenkomst in een directiekamer hoog in het Tokyose firmament was het de beleggingsbank zelf die dezelfde angst papegaaide.

Dit was dag drie van het opleidingsprogramma dat de bank had georganiseerd voor haar nieuwe klas rekruten, en de cursus van vandaag droeg de titel 'Bedrijfsethiek: verantwoordelijkheid en aansprakelijkheid'. Een langdradige en al te ondoorzichtige titel – kortom, typisch Ivy League. De zakencompagnon van Malcolm die voor mij een plaatsje in de werkgroep had geregeld, had het wat bondiger uitgelegd: 'Het is een van die zeikdingen die ze je dwingen uit te zitten. Het spreekt toch allemaal min of meer voor zich. Niet van de bank stelen. Geen winsten voorwenden, geen verliezen verzwijgen. Hou het gezellig met iedereen in de zandbak, en draai niemand een loer. Want doe je dat wel, dan eindig je net als Nick Leeson: zes jaren wegrotten achter de tralies in Singapore.'

'Noem je dat gezeik?' had ik gevraagd. 'Het klinkt eerder als een vrij belangrijke les.'

'Onzin,' had hij gereageerd. 'Want iedereen weet dit. Leeson verklootte het niet omdat hij niet wist wat de consequenties zouden zijn. Hij verklootte het omdat hij dacht dat hij ermee weg kon komen. Hij gokte om zijn verliezen goed te kunnen maken. Alleen, de verliezen werden steeds groter, dus bleef hij maar gokken. Hij wist dat hij goed in de nesten zat als hij werd gepakt. Maar dat weerhield hem er niet van om gewoon door te gaan.'

Zittend in de airconditioned directiekamer en kijkend naar de frisse jonge gezichten rond de tafel, de gesteven pakken en het zorgvuldig gekamde haar en de leren aktetassen die uitpuilden van de syllabi en de checklists van cursussen vroeg ik me af of Nick Leeson zelf ooit gedwongen was geweest om een van deze seminars bij te wonen. Had Barings' tophandelaar ooit een college bedrijfsethiek moeten aanhoren en had hij ondertussen gedacht dat het onzin was, dat het nooit op hem van toepassing zou zijn?

De deur naar de vergaderzaal ging open en er trad nog een fris gezicht binnen: donker pak, wit overhemd, karmozijnrode stropdas, atletisch gebouwd. Met dik blond haar en een solariumtint die de paar vroegtijdige rimpels in zijn gelaat flink benadrukte. Hij zou geen gek figuur slaan in de catalogus van verzendhuis J. Crew of op het dek van een luxe zeiljacht. Zelfs al voordat hij het woord nam, viel het me op dat hij iets van een New England-achtige upperclass-uitstraling had, een air dat sprak uit zijn kille, lichtblauwe ogen en uit de manier waarop hij zijn vingers gebruikte om een weerspannige blonde lok van zijn voorhoofd te strijken. Hij oogde niet veel ouder dan de andere aanwezigen, maar op het moment dat hij plaatsnam aan het hoofd van de tafel, een map op het zwarte glas legde en deze opensloeg, en zich ten slotte leunend op beide handen iets vooroverboog, verschoof alle aandacht voelbaar naar hem en ging iedereen met verstrakte armen en benen rechtop zitten.

'Michael Danville,' sprak hij bij wijze van kennismaking. 'Ik ben hoogleraar aan de economische hogeschool van Harvard en ik ben hier om u wat verhalen te vertellen over leugenaars, bedriegers en dwazen. Hopelijk luistert u allemaal goed, want ik zou toch behoorlijk mismoedig worden als ik volgend jaar een van uw namen aan mijn lezing zou moeten toevoegen.'

En daarmee begon hij een goed voorbereide monoloog, gewijd aan de diepste dieptepunten van de beleggingswereld. Zonder op te kijken van zijn map sprak hij in een vloeiend ritme en op een toon die geen moment enige emotie of afkeuring verried. Het was een college over feiten, en terwijl hij sprak, realiseerde ik me waarom dit wel degelijk onzin was. Immers, niet de feiten waren belangrijk, maar de psychologie die erachter school. Want deze nieuwe lichting uitgeweken Amerikanen diende te begrijpen dat het de psychologie was die mensen als Joe Jett en Nick Leeson naar het pad der rampspoed voerde.

De psychologie van de gokker die met grof geschut inzet. De psychologie van de adrenalinejunk, de topspeler, die de verkeerde kick en de verkeerde roes nastreefde door van de verkeerde klif te springen.

'In januari 1995,' zeurde Danville door, 'had Nick Leeson, Barings' tophandelaar in Singapore, meer dan 1,3 miljard dollar aan verliezen opgebouwd, die hij afschreef op een geheime rekening die hij de naam 88888 – "de vijf achten" – had gegeven. In een poging zijn verliezen te compenseren voordat iemand erachter

| 87.23 | +0.96 | 99.013 | -1.63 | 70.65 | +0.12 | 85.12 | +0.92 | 87.23 |
| 84.21 | +0.45 | 74.01 | +1.34 | 76.13 | +1.02 | 74.23 | +0.95 | 71.0 |

kwam, gokte hij op de Nikkei-aandelenindex. Het ging om meer geld dan alle activa van de Barings Bank.'

Ik keek eens om me heen naar de ogen die op Danville en diens map gericht waren. De bedragen deden wel wat wenkbrauwen fronsen, maar het verhaal erachter drong niet echt tot hen door. Danville zag niet waar het om ging. Hij was een financieel geleerde, geen psycholoog – en al helemaal geen gokker.

Ik wist bijna niets van het internationale bedrijfsleven, maar van gokken had ik wel enig verstand. Tijdens de research voor mijn boek over een blackjackteam van MIT-studenten had ik drie maanden in Las Vegas doorgebracht. Ik stond op zeer goede voet met een van de meest succesvolle clubjes professionele kaartentellers ter wereld. Nick Leeson kende ik niet, maar misschien, heel misschien wist ik toch wat deze man dreef.

Bij het kaarten tellen had je gewone spelers en topspelers. De topspeler was de man die voor het grote geld speelde, de man die de grootste risico's nam en voor de vetste winsten ging. Hij was de *highroller*, de *whale*, de man die de signalen van de andere kaartentellers las en daar gebruik van maakte door enorme bedragen in te zetten. Topspelers kickten op de spanning die zulke grote weddenschappen met zich meebrachten, de adrenalinekick die ze kregen als ze enorme geldbedragen op het spel zetten. Veel van hen raakten eraan verslaafd en werden junkies die slechts leefden voor de momenten waarop ze voor het grote geld konden gaan. Een aantal topspelers groeide uit tot casinolegendes, afhankelijk van hoeveel ze bereid waren op het spel te zetten en hoe ver ze wilden gaan.

'Leesons gok was eenvoudig,' ging Danville verder, alsof het onderwerp niet interessanter was dan de menukaart van een fastfoodrestaurant. 'Futures volgden de Nikkei 225-index. Steeg de Nikkei, dan won hij. Daalde de index, dan verloor hij. Duidelijker gezegd: hij had een positie van tien miljard dollar op de Nikkei ingenomen, en als de markt onder de negentienduizend punten ging, was Barings verloren.'

Tien miljard dollar... Als je elke stuiver die iedere professionele kaarteneller het afgelopen jaar in alle casino's van de wereld had verwed optelde, zou de uitkomst nog verbleken bij wat Nick Leeson – een zevenentwintigjarige knaap achter een bureau in Singapore – vanaf januari 1995 had ingezet op de Nikkei. In veel opzichten was hij de *highest roller* in de wereldgeschiedenis. De grootste topspeler die ooit met geld op de tafel had gesmeten, alleen bestond zijn tafel niet uit een roulettewiel of een blackjackslof, maar uit knipperende cijfers op een beeldscherm en een stel kerels op een kantoor in Osaka.

'Om eerlijk te zijn,' doceerde Danville verder, 'leek het destijds best een redelijke gok. De Japanse economie beleefde net een opleving. Als er niets rampzaligs gebeurde, zag het ernaar uit dat Leeson zowaar wel eens een kans zou hebben om het te flikken.'

De mentaliteit van een gokker, de psychologie van een gokker. Een topspeler incasseert een verlies en verdubbelt vervolgens zijn inzet om het terug te verdienen. Hij verliest weer, verdubbelt nog eens, en verliest nóg eens. Iedereen die wel eens blackjack of roulette heeft gespeeld, heeft de strategie overwogen. Verlies je, dan verdubbel je de inzet. Vroeg of laat, zo denk je, krijg je het geluk aan jouw kant en zul je uit het dal omhoog kruipen.

'En,' vroeg Danville plotseling en hij hief eindelijk zijn hoofd op van de map. 'Raad eens?'

De kersverse rekruten staarden hem aan. Hij grijnsde en toonde daarmee voor het eerst sinds zijn binnenkomst iets van emotie.

'Op 17 januari 1995 gebeurde er iets rampzaligs.'

14

Osaka

Het eerste wat Malcolm opviel, was dat hij zijn ogen open had, wat vreemd leek aangezien hij een seconde geleden nog op die ene plek verkeerde die eigenlijk alleen om halfzes in de ochtend bestond. Die diep gelegen plek waar het lichaam naar afdaalde om te kunnen bijkomen van een uitputtende dag van jagen op de Nikkei, met daarna een nog uitputtender avond met rugby, alcohol en dronken backgammonspelletjes. Maar om de een of andere reden was de plek opeens in het niets verdwenen en staarde hij in het donker naar het plafond, zich afvragend wat dit in godsnaam te betekenen had.

Het tweede wat hem opviel, was dat het plafond bewoog. Niet het bekende tollen van te veel biertjes of te veel harde tackles, maar een heftig geslinger, van voren naar achteren, ongeacht naar welk punt hij staarde. Hij knipperde eens nadrukkelijk, maar dat plafond bleef maar schudden, sneller zelfs, zo snel dat hij zich met moeite kon focussen, zo ongelooflijk snel dat hij duizelig en misselijk begon te worden.

En het derde wat hem ten slotte opviel, was het geluid.

Een angstig geloei, eerst nog zacht maar aanzwellend, zo hard dat zijn oren ervan piepten. Een gekweld oerlawaai dat ergens van onder hem opsteeg. Een geluid dat zijn botten deed beven en de angst door zijn lijf deed gieren.

'Wat is hier...?!'

Zijn lichaam beefde opeens zo heftig dat hij de woorden nauwelijks uit zijn strot kreeg. Met beide handen greep hij de futon stevig vast, zijn mond wijdopen en met zijn voeten schoppend te-

| 68.50 | +0.02 | 76.13 | +1.02 | 74.23 | +0.95 | 101.01 | -1.63 | 70.65 | +0 |
| 89.22 | +1.01 | 97.12 | -0.00 | 85.23 | +0.65 | 71.01 | +1.34 | 88.13 | +0 |

gen de dekens. Het geluid werd zelfs nog harder, nog lager. Het plafond schoof met een ruk naar links. Plotseling drong het tot hem door dat niet alleen het plafond, maar het hele appartement bewoog. Zijn héle appartement bewoog. Christus, het hele appartementengebóúw bewoog! En opeens werd het hem allemaal duidelijk en schoot hij overeind.

Een aardbeving.

Opgegroeid in New Jersey had hij nog nooit een aardbeving meegemaakt. Ja, hij had ze wel eens op tv gezien en er in de krant over gelezen. Toen Anna, zijn ex-vriendin, nog maar kort naar LA was verhuisd, had ze hem een lange brief geschreven over een lichte aardschok die ze had gevoeld en dat in de straat voor haar deur autoalarmen afgingen en blikjes soep uit het keukenkastje tuimelden.

Maar dit hier was wel even een stuk erger dan loeiende autoalarmen of vallende blikjes soep.

De kamer schokte weer naar rechts. Hij viel van zijn futon en zijn schouder raakte de vloer. Hij rolde verder, botste tegen een houten ladekast en ging op zijn knieën zitten. Zijn ogen stonden nu wagenwijd open, maar het was nog te donker om goed te kunnen zien. Bovendien hielp het niet echt dat hij hier nog maar pasgeleden was ingetrokken. Het was een duur, twaalf verdiepingen tellend complex met een zwembad plus een jacuzzi op het dak, zo'n driehonderd vierkante meter groter dan zijn vorige onderkomen en gelegen op slechts enkele minuten van zijn kantoor. Hij was nog steeds niet helemaal vertrouwd met de indeling. Het was ruim en er lag vloerbedekking. Leuker dan alle kamers van zijn moeders woning in New Jersey, leuker dan de plekken waar hij tot dusver had gewoond. Het was een direct gevolg geweest van zijn nieuwe salaris. Al na tien maanden had Barings zijn basissalaris opgekrikt naar bijna zestigduizend dollar per jaar, weliswaar minder dan wat hij op Wall Street zou hebben verdiend, maar genoeg om er redelijk goed van te kunnen leven, zelfs in een stad als Osaka. Maar wanneer de hele wereld onder je voeten trilde, leek geld tamelijk irrelevant. In de keuken hoorde hij borden op de grond kletteren en in de kamer regenden de boeken van de planken omlaag. Hij nam snel een besluit en kroop naar het raam aan de andere kant van zijn futon.

```
87.23  +0.96     99.013  -1.63     70.65  +0.12     85.12  +0.92     87.23
84.21  +0.45     74.01   +1.34     76.13  +1.02     74.23  +0.95     71.0
```

Al bij de eerste poging ging het raam open, en hij klom naar buiten de brandtrap op. Het metalen rooster onder zijn voeten schudde vervaarlijk en vanaf de elfde verdieping keek hij even langs de muur omlaag naar de straat. Het hele gebouw zwaaide heen en weer, misschien wel anderhalve meter in beide richtingen. Hij wees zichzelf erop dat dit een tamelijk nieuw appartementencomplex was, gebouwd om aardbevingen te weerstaan, ontworpen om mee te bewegen met de trillingen beneden. Maar toch leek de hele boel elk moment in elkaar te kunnen storten.

Hij nam snel een tweede besluit. In plaats van de begane grond op te zoeken klom hij snel de metalen ladder op die naar het appartement boven het zijne voerde. Met beide handen duwde hij het venster omhoog en klom de zitkamer in, die identiek was aan die van hem.

Hij deed een stap naar voren en bleef verschrikt staan. Een spookgestalte kwam de slaapkamer uit gestoven: een verwilderde blik, piekerig haar dat als een mislukte aureool rechtovereind stond en een slungelig, in een bedlaken gewikkeld lichaam.

'Jezus christus!' riep Akari. 'Wat moeten we in godsnaam doen?'

Malcolm greep naar de muur nu het gebouw opnieuw kreunde. Hij hoopte dat Akari dit al eens eerder had meegemaakt. Maar een blik op zijn doodsbenauwde gezicht en de manier waarop hij in het bedlaken klauwde, maakte wel duidelijk dat hij wat dit betrof net zo onervaren was als Malcolm.

'Weet ik veel!' riep Malcolm terug. 'Jij bent hier de Japanner!'

'Misschien dat we maar beter kunnen maken dat we wegkomen voordat de boel instort.'

Dat leek een goed plan. Malcolm klom het raam weer uit en liet zich op de brandtrap zakken. Akari liet het laken vallen en volgde hem de vroege, benauwde ochtendlucht in. Malcolm keek even omlaag en zag dat de straat zich al vulde met mensen. Met twee sporten tegelijk klauterde hij omlaag en hij gunde zich bij elk tussenbordes nauwelijks tijd om even door de ramen naar binnen te kijken om te zien of er verder nog iemand hulp nodig had. Toen hij eindelijk beneden was, deden zijn schouders pijn van de inspanning. Zijn handen voelden rauw en de huid was rood uitgeslagen

68.50	+0.02	76.13	+1.02	74.23	+0.95	101.01	-1.63	70.65	+0
89.22	+1.01	97.12	-0.00	85.23	+0.65	71.01	+1.34	88.13	+0

omdat hij het metaal te krampachtig had vastgegrepen. Een paar minuten later bereikte ook Akari de grond. Steunend met zijn handen op zijn knieën hapte hij naar lucht en zijn kippenborst rees vervaarlijk op en neer. Toen het hem eindelijk lukte de woorden eruit te persen had Malcolm het inmiddels ook al begrepen.

'Het is opgehouden,' hijgde Akari. 'Volgens mij zijn we er goed van afgekomen.'

Malcolm bekeek de straat. Helemaal aan het eind steeg rook op uit een gebouw. Overal lag glas. Scherven glinsterden in het flauwe ochtendlicht. Hij vermoedde dat de beving nog geen vijf minuten had geduurd, maar het had wel een eeuwigheid geleken. In zijn lichaam leek ze nog steeds voort te duren, zo voelde het. Hij stond te klappertanden en zijn handen balden zich telkens tot een vuist omdat de spieren zich onwillekeurig bleven samentrekken. Ook de vertrouwde adrenalinekick was er, diep vanbinnen, maar die werd getemperd door de immense omvang van wat hij zojuist had ervaren.

'Dat was heftig!' oordeelde Akari terwijl hij langzaam zijn rug rechtte. Malcolm zag dat ze allebei in een boxershort en T-shirt stonden. 'Ik heb eerder wel kleine schokken meegemaakt. Maar deze was, poeh, heftig.'

'En nu?' vroeg Malcolm. 'Gaan we weer naar binnen?'

Akari schudde zijn hoofd. Allebei keken ze naar het gebouw, naar de gesprongen ruiten op de eerste en tweede verdieping en de haarscheurtjes die zich als een spinnenweb over delen van de betonnen buitenmuur verspreidden.

'Volgens mij kunnen we beter wachten totdat de brandweer de boel heeft gecontroleerd. En bovendien loopt het volgens mij al tegen zessen. Denk je soms dat je nog kunt slapen?'

Malcolm schudde zijn hoofd en keek even omlaag naar zijn boxershort. Groen, met oranje en zwarte dansende tijgertjes. Het zou niet voor het eerst zijn dat de bewoners een gaijin in zijn onderbroek over de markt zouden zien wandelen.

'Laten we kijken of het kantoor er nog staat.'

Ze hadden bijna een uur nodig om de vijf straten van het appartement naar het kantoorgebouw te overbruggen. Op blote voeten

87.23 +0.96   99.013 -1.63   70.65 +0.12   85.12 +0.92   87.23
84.21 +0.45   74.01 +1.34   76.13 +1.02   74.23 +0.95   71.0

lopend moesten ze zich voorzichtig een weg banen door het moeras van glasscherven en gebarsten rioolpijpen die fonteinen van afvalwater op de trottoirs lieten neerdalen. Een paar keer moesten ze omlopen omdat de weg was versperd door omgevallen lantaarn- en telefoonpalen, en twee keer werden ze gedwongen om voorzichtig langs een paar glinsterende plassen te lopen. Het leek op olie die door scheuren in het asfalt naar boven werd gestuwd. Nog één straat van het kantoorgebouw verwijderd stopten ze even om een oudere vrouw te helpen die zich had bezeerd toen ze snel haar woning had willen ontvluchten. Maar afgezien van de vrouw waren ze verder niemand tegengekomen die gewond leek. Ook leek alle schade binnen een paar dagen en met een paar miljoen dollar uit de publieke middelen te repareren te zijn.

Het kantoorgebouw zelf leek op zich veilig genoeg, in elk geval een stuk minder riskant dan het appartementencomplex van twaalf verdiepingen. Maar de lift deed het niet en dus moesten ze de trap nemen. Eenmaal aangekomen op de tweede verdieping constateerden ze dat ze de eerste aanwezigen waren. Akari vond de reservemagneetkaart die veilig onder de badkamerdeur was verstopt en liet hen beiden de handelsvloer binnen. Malcolm draaide de lichtschakelaar om en tot zijn verrassing floepten de tl-balken aan. De noodstroomgenerator werkte dus nog.

Als de enige twee in het verder nog lege kantoor overlegden ze wat ze moesten doen. Akari pakte de hoorn van een telefoon, maar de lijn was dood. Opeens herinnerde Malcolm zich de kleine kleuren-tv in de werkkamer van meneer Barrister. Diens kantoor was eigenlijk verboden gebied, maar Akari en Malcolm waren het erover eens dat dit een noodsituatie was. Toch voelde geen van beiden de behoefte om plaats te nemen in Barristers zetel en dus hurkten ze samen achter het bureau terwijl ze langs de tv-kanalen zapten. Net toen het erop begon te lijken dat alle zenders uit de lucht waren, verscheen er opeens beeld.

Malcolms gezicht verbleekte terwijl hij naar het nieuwsbericht keek. Akari had gelijk. Osaka was niet het epicentrum geweest, maar Kobe, zo'n veertig kilometer verderop, een stad met ongeveer anderhalf miljoen inwoners. Volgens het bericht was het de hevigste aardbeving in zeventig jaar die in Japan had toegeslagen,

68.50 +0.02   76.13 +1.02   74.23 +0.95   101.01 -1.63   70.65 +0
89.22 +1.01   97.12 -0.00   85.23 +0.65   71.01 +1.34   88.13 +(

sterker dan zeven punt twee op de schaal van Richter. Hoewel het nog vroeg was, schatten de autoriteiten dat er op zijn minst honderdduizend gebouwen waren verwoest. Malcolm leunde tegen het bureau terwijl de camera's de beelden van de verwoesting doorgaven. Bijna de hele stad leek in brand te staan. Op één plek schoten de vlammen meer dan dertig meter de lucht in. Ondertussen ging de verslaggever verder met het opsommen van de schade. Waarschijnlijk duizenden doden. Bijna een half miljoen daklozen. Een schade van bijna honderdvijftig miljard dollar.

Malcolm keek zijn partner aan. Hij had Akari's ogen nog nooit zo groot gezien.

'Christus...' mompelde Akari.

Malcolm wierp een blik op de klok aan de muur. Het liep tegen zevenen. Nog twee uur en de beurzen zouden opengaan.

'De Nikkei,' fluisterde hij.

Een uur later zat hij achter zijn bureau, kauwend op een potlood. Akari zat naast hem en staarde naar een computerscherm. Zo zaten ze al sinds ze een uur daarvoor Barristers werkkamer weer hadden verlaten. Er had zich verder nog niemand gemeld, en Malcolm betwijfelde of er nog mensen zouden komen opdagen. De meeste oudere handelaren woonden aan de andere kant van de stad en het leek hem onwaarschijnlijk dat de route normaal begaanbaar was. De kans bestond dat de Osaka-beurs gesloten bleef. De aardbeving was de grootste ramp in de recente geschiedenis en het zou nog wel een tijd gaan duren voordat alles en iedereen weer normaal functioneerde.

In de tussentijd was de intercom een paar keer tot leven gekomen. Handelaren in Tokyo wilden weten hoe de situatie in Osaka was, of er gewonden waren. Over de beurshandel werd nog niet gesproken, waarschijnlijk omdat men eerst zeker wilde weten of het met iedereen goed was. De aardbeving had Kobe verwoest terwijl Osaka redelijk gespaard leek. Van Sears of de anderen hadden ze niets vernomen maar ze moesten aannemen dat die het hadden overleefd.

Het werd tien voor negen, maar op de computerschermen viel nog weinig leven te bespeuren. Malcolm wreef over zijn kin en nam een besluit.

```
87.23  +0.96    99.013  -1.63   70.65  +0.12   85.12  +0.92   87.23
84.21  +0.45    74.01   +1.34   76.13  +1.02   74.23  +0.95   71.0
```

'Laten we gewoon wat intikken, kijken wat er gebeurt.'
Akari trok zijn wenkbrauwen op.
'Weet je zeker dat dat wel een goed plan is?'
Malcolm reageerde er niet op. Eigenlijk diende alles via Sears te lopen, maar die zou het waarschijnlijk niet erg vinden, zolang de handel maar klein genoeg was. Malcolm was bovenal nieuwsgierig. Zoiets als dit was immers nog nooit eerder gebeurd. Bedachtzaam tikte hij op de toetsen en gaf een verkoopopdracht voor een kleine positie in Nikkei-futures. De opdracht werd verwerkt en hun monden vielen open van verbazing.
Malcolms opdracht was de enige order op de hele beurs.
'We zijn de enigen die aan het werk zijn!'
'De enigen op de héle beurs, verdomme!' sprak Akari. 'Jezus, dat kan nooit goed zijn.'
Opeens ging de telefoon. Geschrokken staarden ze naar het apparaat. Het was duidelijk dat de telefoonmaatschappij de afgelopen twee uur de lijnen naar het financiële hart van de stad had hersteld. Heel verstandig, want dat was waar het in Osaka allemaal om draaide: handel, commercie, de Nikkei.
'Ik zou maar opnemen,' adviseerde Akari.
Malcolm greep de hoorn, ervan uitgaand dat het Sears was. Tot zijn verrassing hing Nick Leeson aan de lijn.
'Malcolm,' klonk het. De lijn ruiste een beetje, maar Leeson was goed te verstaan. 'Jullie zijn vanochtend een beetje onrustig wakker geworden, geloof ik?'
Het was het grootste understatement dat Malcolm ooit van zijn leven had gehoord. Leesons stem klonk rustig, maar ver weg. Hij leek niet buitengewoon bezorgd, maar de achtergrondgeluiden waren rumoerig, met rinkelende telefoons, buzzers, en veel geroep en geschreeuw.
'Een puinhoop,' reageerde hij en hij probeerde net zo kalm te klinken als Leeson. 'Kobe ligt in puin. Eén grote vuurbal. Op de tv hadden ze het over een schade van honderdvijftig miljard dollar. Mr. X kan het verder wel vergeten.'
'Goed,' onderbrak Leeson hem. Even was hij sprakeloos. 'Nou, eens kijken hoe de zaken ervoor staan.'
Daarna hing hij op. Akari keek toe terwijl Malcolm een spread-

68.50 +0.02   76.13 +1.02   74.23 +0.95   101.01 -1.63   70.65 +0
89.22 +1.01   97.12 -0.00   85.23 +0.65   71.01 +1.34   88.13 +0

sheet op het scherm toverde in een poging de verliezen van Mr. X in te schatten. Dat viel uiteraard niet mee gezien de vele permutaties. Maar het leek erop dat Mr. X gigantisch had ingezet op een Nikkei-waarde van boven de negentienduizend punten. Alles bij elkaar riskeerde hij, jezus, bijna tien miljard dollar. Tien miljard dollar!

Mr. X had enorm ingezet op een goedlopende Nikkei-index. De Nikkei-index was te vergelijken met de Dow Jones Industrials, en vormde dus een barometer van de Japanse economie. Drie uur geleden was een van Japans grootste steden verpletterd door de krachtigste aardbeving die het land in zeventig jaar had getroffen.

'Christus, dit is verdomme een rámp!'

Leesons cliënt zou alles verliezen. De Nikkei maakte zich klaar voor een duikvlucht. Een goed moment om eens stevig in paniek te raken.

Verbijsterd staarde Malcolm naar het computerscherm. Tot zijn verbazing begon de Nikkei-index te stijgen. Stukje bij beetje. Het leek alsof Leesons cliënt zo veel kocht dat hij in zijn eentje de markt opkrikte. Hoger en hoger...

En opeens begon hij te zakken. Eerst langzaam, en daarna steeds sneller, als een hagelsteen. Lager, lager en lager. Al na een paar minuten was de Nikkei zeven procent gezakt.

'Mr. X kan het wel vergeten,' concludeerde Malcolm hoofdschuddend.

Later ontdekte hij pas hoe het werkelijk zat.

Het was een heiige, drukkende zaterdagochtend even na tienen. Hij lag op zijn futon en probeerde wat te slapen. Sinds de aardbeving had hij moeite de slaap te vatten en zodra hij de ogen sloot, voelde hij het gebouw nog altijd bewegen. Akari had hem ervan overtuigd dat het gewoon een fantoomgevoel was, een soort posttraumatische reactie, maar de tientallen naschokken van de afgelopen twee dagen hadden het alleen maar verergerd. Hij vroeg zich af of hij ooit zou kunnen vergeten hoe het was om de grond onder zijn voeten tekeer te voelen gaan.

Net toen hij een beetje begon in te dommelen, werd er op de deur van zijn appartement geklopt. Hij schrok wakker en trok

| 87.23 | +0.96 | 99.013 | -1.63 | 70.65 | +0.12 | 85.12 | +0.92 | 87.23 |
| 84.21 | +0.45 | 74.01 | +1.34 | 76.13 | +1.02 | 74.23 | +0.95 | 71.0 |

snel een trainingsbroek over zijn boxershort. Sinds de aardbeving legde hij voor de zekerheid een broek naast zijn futon.

Er werd nog steeds geklopt, luider zelfs. Akari, was zijn eerste gedachte. Maar sinds de beving maakten ze vaker gebruik van de brandtrap dan van de lift in het gebouw. Het was hem een raadsel wie hem op dit uur op een zaterdag wilde zien. De meeste expats hier sliepen een gat in de dag.

Hij deed open en tot zijn verbazing stapte Teddy Sears de vestibule binnen. Schokkender nog, Sears zag er niet uit. Zijn blonde haar hing in dikke klitten langs zijn wangen. Zijn witte overhemd zat vol kreukels en twee knoopjes zaten in de verkeerde gaatjes. Zonder een woord te zeggen stapte hij langs Malcolm heen, liep de zitkamer in en liet zich meteen op de bank ploffen. Ineengedoken liet hij moedeloos zijn hoofd in zijn handen rusten.

Verschrikt staarde Malcolm hem aan.

'Wat is er gebeurd? Is er iemand dood?'

'Niet helemaal,' was Sears' antwoord. Hij keek niet op en zijn stem klonk door zijn handen. 'Malcolm, er ís helemaal geen Mr. X.'

Er viel een doodse stilte. Op een vreemde manier leek alles opeens op zijn plek te vallen. Leesons gigantische posities, de enorme handel waarmee hij aan het manoeuvreren was, de hele wereld die wilde weten waar die cliënt mee bezig was, de gekte van de afgelopen vier maanden waarin Leeson de allerhoogste status had weten te bereiken. En nu werd het opeens allemaal afschuwelijk helder.

Malcolm leunde tegen de muur.

'Jezus...'

'Mr. X. Hij bestaat niet. Heeft zelfs nooit bestaan.'

'Maar Mr. X heeft meer dan tien miljard dollar in de Nikkei zitten! Ik heb heel wat van die orders zelf geplaatst.'

Sears schudde het hoofd en zijn haar wapperde mee.

'Mr. X is Nick Leeson. Mr. X, dat zijn wíj. Het zijn onze centen die met deze aardbeving verloren zijn gegaan. Ons geld. We zitten allemaal tot onze nek in de shit.'

Dit bericht raakte hem als een hit van een linebacker. Hij schudde zijn hoofd. Dit kon gewoon niet waar zijn. Zo veel geld. Het verlies zou een miljard dollar bedragen, meer eigenlijk. Veel meer, waarschijnlijk. Zelf kwam hij op een miljard. Wie weet waren er elders nog veel meer verliezen te melden. Joe Jetts foutje van driehonderdvijftig miljoen leek opeens onbelangrijk. Had Barings dat geld eigenlijk wel? Hoe was dit mogelijk? Hoe had Leeson dit geflikt?

'Heeft iemand hem gebeld? Heeft iemand het ontdekt?'

'Hij is verdwenen,' antwoordde Sears bijna in tranen. 'Jij was zo'n beetje de laatste die hem gisteren heeft gesproken. Toen hij ophing, liet hij een briefje achter en is het kantoor in Singapore uit gelopen. Daarna heeft hij zijn vrouw opgepikt, is hij op een vliegtuig gestapt en verdwenen. De politie is naar hem op zoek. Ze gaan hem arresteren. Maar voor ons zal dat geen reet uitmaken. Met Barings is het afgelopen. Er gaan geruchten dat de tent failliet zal gaan. Hij heeft meer geld verloren dan er is. We komen allemaal op straat te staan en we zullen het mikpunt worden van een gigantisch onderzoek.'

Malcolms maag kromp ineen. Belachelijk. Dat er helemaal geen Mr. X bestond, had hij immers nooit geweten. Leeson was zijn baas geweest. Hij had alleen maar diens instructies uitgevoerd, meer niet. Hij kon nooit hebben geweten dat de Brit Barings' eigen geld verhandelde, dat de man meer dan een miljard dollar had verloren. Het was geschift. Volslagen geschift.

'Wat stond er in dat briefje?' vroeg hij ten slotte. Niet dat het belangrijk was, maar het was de enige vraag die hij kon bedenken.

Sears bracht zijn hoofd omhoog. Hij leek wel misselijk.

'"Het spijt me."'

Malcolm sloot zijn ogen. Dat was het dan. Met Barings was het afgelopen. In elf maanden tijd was hij dankzij de avonturen van een topspeler die door het lint was gegaan, zijn tweede baan kwijtgeraakt. Hij had zijn twee exit points gevonden, zoals Carney het uitdrukte. Of eigenlijk waren ze hem door de strot geduwd.

Carney. Hij realiseerde zich opeens dat hij de afgelopen maanden eigenlijk geen moment aan zijn voormalige baas had gedacht. Hij had niets meer van Carney vernomen en hij had ook geen ex-collega's gesproken, had Akari zelfs niet één keer zijn naam horen noemen. Ze waren nu een halfjaar verder – de tijd die Carney naar

87.23 +0.96   99.013 -1.63   70.65 +0.12   85.12 +0.92   87.23
84.21 +0.45   74.01   +1.34   76.13 +1.02   74.23 +0.95   71.0

eigen zeggen nodig zou hebben om samen met Bill genoeg kapitaal te genereren om voor zichzelf te kunnen beginnen.

Afgaand op Sears' gelaatsuitdrukking was het wel duidelijk dat hij het in Osaka verder wel kon vergeten. Zij allemaal. Niet dat hij het gevoel had iets onwettigs te hebben gedaan, maar na Leeson zou hij als aangeschoten wild worden beschouwd. Stel dat het klopte wat Sears zei, dat ze in deze stad geen van allen meer aan de bak zouden komen. Leeson had eigenhandig de oudste, meest prestigieuze bank van Engeland de nek omgedraaid.

Malcolm liep naar de telefoon. Met betraande blauwe ogen sloeg Sears hem gade.

'Ik zei je al, Leeson is weg.'

'Ik móét even bellen.'

Tweemaal zelfs. Eerst naar zijn moeder, om uit te leggen wat er was gebeurd, voordat ze het in de krant zou lezen. En daarna naar Dean Carney.

Het was tijd dat Carney zijn belofte nakwam.

15

Tokyo

Het was tien minuten na middernacht. De mist die opsteeg van het trottoir gloeide op als een prisma voor een neonverlichte hemel; de minuscule waterdruppeltjes weerkaatsten alle kleuren van de regenboog nu Malcolm loom uit de taxi stapte. Hij liet het portier automatisch achter zich dichtvallen, vechtend tegen de drang om het een harde duw mee te geven; voor deze gebruikelijke gaijin-blunder was hij al door menig taxichauffeur in Tokyo berispt. Hij had geen idee waarom de taxi's in Japan over automatische portieren beschikten, iets wat je verder nergens ter wereld zag. Maar zelfs nu hij hier al een jaar werkte, vergat hij het nog steeds vaak. Het was gewoon een van de kenmerken van dit vreemde land, net als de overal aanwezige neonreclames, de drommen in pak gehesen kantoorslaven en de voortdurende bonkende verlokkingen van seks.

Malcolm trok even aan zijn witte overhemd, dat aan zijn borstkas plakte. Hij keek omhoog naar het betonnen gebouw van vijf verdiepingen, naar de dichtgetimmerde ramen en het scheve bamboedak. Er hing geen bordje boven de deur, geen gewaagde foto's op de muur, maar de langs het trottoir geparkeerde Ferrari een paar meter verderop vertelde hem dat dit het goede adres was. Carneys Amerikaanse droom. Begerig wierp hij een blik op de gele rondingen van de dure Ferrari, de rookglazen ramen en de bijna katachtige, sensuele carrosserie, en haalde zijn schouders op. Misschien komt het ooit zover, zo dacht hij, hoewel hij op het moment niet het gevoel had dat hij zich op het juiste spoor naar Ferrari's of de Amerikaanse droom bevond. Hij was zojuist voor de tweede

87.23 +0.96   99.013 -1.63   70.65 +0.12   85.12 +0.92   87.23
84.21 +0.45   74.01 +1.34   76.13 +1.02   74.23 +0.95   71.0

keer in elf maanden op straat gezet, was bijna aangeklaagd wegens handelsfraude die de oudste bank van Engeland tot zinken had gebracht en stond nu buiten voor een vervallen gebouw aan de rand van Kabukichô, de beruchte rosse buurt van Tokyo.

Hij wendde zich af van de Ferrari en liep langzaam over het trottoir naar het gebouw. De deur zat niet op slot en eenmaal binnen zag hij een smalle gang die naar een lift voerde. Erboven hing een camera, en terwijl hij naderde, gleden de deuren open om een verticale stalen doodkist met gebutste wanden en een verroeste, kale vloer te onthullen. Malcolm stapte de lift in en keek nerveus toe toen de deuren weer dichtgleden. Met een schok en wat gekreun van de overbelaste kabels begon de lift te klimmen.

In deze krappe ruimte werd Malcolm opeens overvallen door een naar claustrofobisch gevoel. In zekere zin herinnerde het hem aan de sessie die hij krap twee weken geleden had doorgebracht in de klauwen van een paar accountants van de Bank of England – toevallig op de dag dat Nick Leeson werd gearresteerd toen hij in Frankfurt uit het vliegtuig stapte. Het verhoorkamertje bij Barings was niet groter geweest dan deze lift. Malcolm had er zes uur gezeten en geprobeerd de twee oude mannen uit te leggen wat derivaten en de Nikkei waren. Van meet af aan was wel duidelijk geweest dat de Bank of England geen flauw benul had gehad wat Leeson had uitgevreten, en dat ze ook niet waren toegerust om zijn verliezen, of hoe hij die zo hoog had weten op te stapelen, te begrijpen. Ze hadden gezocht naar iets waarmee ze Malcolm en zijn collega's konden opknopen, maar in plaats daarvan had hij hun gewoon de waarheid verteld. Hij had eenvoudigweg de transacties doorgevoerd die Leeson hem had gestuurd, ervan uitgaand dat hij de Nikkei verhandelde voor een grote buitenlandse cliënt. Malcolm had niets verkeerds gedaan, en zeker niets illegaals. Zijn onwetendheid van wat Leeson in werkelijkheid had gedaan, hield hem uit het gevang. Helaas was het niet voldoende om hem en twaalfhonderd andere Barings-medewerkers wereldwijd hun baan te doen behouden.

Met een schok kwam de lift op de vierde verdieping tot stilstand. De deuren gleden halfopen, verder niet. Met zijn handen wurmde Malcolm ze verder open en hij stapte in een op het oog

68.50	+0.02	76.13	+1.02	74.23	+0.95	101.01	-1.63	70.65 +0
89.22	+1.01	97.12	-0.00	85.23	+0.65	71.01	+1.34	88.13 +(

schaars verlichte wachtruimte. Langs een wand stonden banken opgesteld en op de vloer lag een grof, gebroken wit tapijt. In de hoek voor een schuifdeur van bamboe, die vermoedelijk naar de rest van het pand leidde, stond een bureautje, en het hele vertrek werd verlicht door een enkele lamp naast een gepotte bamboehalm. De oranje gloed van de lamp gaf de muren een bleek aanzien, en Malcolm voelde de neiging om in de levensgevaarlijke lift terug te stappen. Voordat hij daartoe de kans kreeg, gleed het bamboescherm opzij en haastte zich een jonge vrouw naar binnen.

Ze was knap, niet mooi in de klassieke betekenis van het woord, en tenger, met volle lippen, lang zwart haar, smalle heupen en een gladde getinte huid. Ze droeg een conservatieve zwarte rok, een ondoorschijnende panty en een knisperende witte blouse. Ze stak de kamer over naar Malcolm en nam hem direct bij de hand.

'Zij wachten,' zei ze in een soort Engels dat ternauwernood redelijk genoemd kon worden. 'U komen.'

Malcolm knikte, hoewel hij eigenlijk geen keus had. Ze liep vlug naar waar ze vandaan gekomen was en trok hem achter zich aan. Ze liepen door de bamboedeur en betraden een donkere gang die naar een lang rechthoekig vertrek met een tegelvloer leidde. Langs de wanden stonden aluminium kluisjes en houten banken. Aan de andere kant was een open doucheruimte met diverse chromen douchekoppen.

De vrouw wees naar een van de kluisjes, dat al openstond. Op de bank ervoor lag een opgevouwen witte kimono, samen met een paar stoffen slippers.

'Nu u douchen. Kom.'

Ze ging Malcolm voor naar het kluisje en gebaarde hem om plaats te nemen op de bank. Behoedzaam gehoorzaamde hij. Hij had eigenlijk helemaal geen zin om te douchen. Nog maar een paar uur geleden, meteen na aankomst in zijn hotel in Tokyo, had hij gedoucht. Maar de tengere vrouw gaf hem geen kans te protesteren. Voordat hij een woord kon uitbrengen, zat ze op haar knieën voor hem en waren haar kleine vingers al bezig met zijn schoenveters. Hij begon bezwaar te maken, maar ze glimlachte slechts, trok zijn schoenen en vervolgens zijn sokken uit. Daarna boog ze zich naar voren en greep naar zijn riem.

87.23	+0.96	99.013	-1.63	70.65	+0.12	85.12	+0.92	87.23
84.21	+0.45	74.01	+1.34	76.13	+1.02	74.23	+0.95	71.0

'Wacht even,' zei hij en hij kwam overeind van de bank. 'Die doe ik wel.'

Ze zette een stap naar achteren, deed haar handen op haar rug en boog. Hij wachtte totdat ze zich zou omdraaien, maar ze bleef gewoon staan en keek naar hem, knipperend met haar mooie wimpers. Hij schudde zijn hoofd en maakte zijn gesp los. Hij deed zijn broek uit en gooide hem op de bank. Daarna volgden zijn overhemd en zijn onderhemd. Hij stond in zijn boxershort en zette zijn handen in de zij.

'Klaar is Kees,' zei hij.

Ze handelde zo snel dat hij niet eens kon reageren. Haar kleine vingers grepen de rand van zijn boxer en gaven er een stevige ruk aan. Een seconde later stond hij naakt, met een gezicht zo rood als een biet.

'Ho...' begon hij, maar ze voerde hem al mee naar de douche, duwde hem onder een van de koppen, stapte naar achteren en draaide de kraan open. Het warme water kletterde op zijn hoofd, en even werd hij verblind. Hij proestte en wreef in zijn ogen. Het volgende moment voelde hij twee zachte handen op zijn borst. Hij haalde zijn handen weg en zijn ogen sperden zich open. Ook zij stond onder de douche en zeepte hem in met een washandje. Geschrokken stelde hij vast dat ze spiernaakt was. Haar borsten glommen van het water dat op haar spatte, en rond haar parmantige donkerbruine tepels vormden zich druppeltjes. Haar taille was zelfs slanker dan hij had vermoed, en haar smalle heupen wiegden heen en weer terwijl haar vingers met de zeep bezig waren.

Hij probeerde zich te concentreren, maar voelde dat hij opgewonden raakte. Zijn handen betastten haar huid, zogenaamd om haar van zich af te houden, maar het gevoel van haar warme gladde huid bezorgde hem koude rillingen over zijn rug. Het volgende moment voelde hij het washandje tussen zijn benen. Hij hapte naar lucht, staand met zijn handen in zijn zij, terwijl ze geen centimeter onbenut liet. Ze glimlachte nu zijn lid zich in volle glorie oprichtte, en maakte een waarderend, klakkend geluid met haar lippen. Daarna stapte ze onder de douche vandaan, draaide de kraan dicht en wees naar de opgevouwen kimono.

'Nu u aankleden. Wij uw vrienden gaan ontmoeten.'

68.50 +0.02   76.13 +1.02   74.23 +0.95   101.01 -1.63   70.65 +0
89.22 +1.01   97.12 -0.00   85.23 +0.65   71.01 +1.34   88.13 +0

Gelukkig hadden het getrippel door donkere gangen, de krappe kimono en andermans slippers een voorspelbare uitwerking op Malcolms libido. Tegen de tijd dat zijn behulpzame gids hem onder aan een met ruig tapijt beklede wenteltrap door een deuropening wenkte, was hij bijna droog en weer volkomen ontspannen. Nog een laatste rukje aan de kimono om ervoor te zorgen dat alle vitale delen bedekt waren, en hij duwde het gordijn opzij.

Het eerste wat hem opviel aan de halfronde loungeachtige kamer was dat die veel schoner en chiquer leek dan de rest van het bouwvallige pand: een stuk of zes Japanse lantaarns aan het plafond hulden de kamer in een warme gloed; met leren meubels en bamboetafels, en een vloer die kamerbreed was bekleed met royale oosterse tapijten, alle in een andere tint rood, was het vertrek mooi ingericht. Het rook hier licht naar parfum, maar van ergens van boven waaide een koele bries naar binnen, en op de achtergrond hoorde hij zachte Aziatische muziek.

Carney en Bill waren niet moeilijk te vinden, want ze waren de enige andere blanken in de kamer. Behalve de twee Amerikaanse handelaren zaten er verspreid over de lounge nog drie groepjes Japanse mannen, allen gekleed in dezelfde kimono en stoffen slippers. Er waren geen vrouwen, zelfs geen serveersters, en Malcolm vroeg zich af of de speelse douchescène die hem zo-even was opgedrongen het enige vertier was dat je hier mocht verwachten. Hij hoopte maar van wel. Niet dat hij preuts was, maar een echte Japanner was hij ook niet. Hij had zijn teen nog niet in de 'waterhandel' gedompeld.

Carney zag hem, glimlachte en wenkte. Zijn kimono viel even open en onthulde zo de licht gelige huid van zijn borstkas. Malcolm haastte zich naar waar Carney zat, een kring van drie leren banken die rond een van de kleine bamboetafels stonden. Malcolm zag helemaal geen drankjes staan, en dat verraste hem. Hij geloofde niet dat hij Carney ooit had gezien zonder dat er alcohol in zijn buurt was.

'Je ziet eruit als een godvergeten samoerai,' gekscheerde Bill, en hij greep naar de zoom van de kimono van Malcolm, die zich nu op de lege bank liet zakken. 'Je hebt bijna net zo veel haar op je benen als ik.'

87.23	+0.96	99.013	-1.63	70.65	+0.12	85.12	+0.92	87.23
84.21	+0.45	74.01	+1.34	76.13	+1.02	74.23	+0.95	71.0

Malcolm moest lachen. Onder de dunne kimono oogde Bill als een beer, met de dikke donkere krullen die bijna elke centimeter van zijn huid bedekten. Carney legde zijn blote voeten op het tafeltje en sloeg zijn armen over elkaar.

'Laat die knul met rust. Hij heeft een zware week achter de rug met het opruimen van die klerezooi van Leeson.'

Carneys verholen sympathie deed Malcolm goed. Op een kort gesprek twee dagen geleden na had hij weinig kans gehad om Carneys mening te horen over wat er gebeurd was. Carney had het te druk gehad; hij had Malcolm alleen maar uitgenodigd om naar Tokyo te komen en hem een vluchtnummer en een hotel doorgegeven. Het adres van het vreemde etablissement buiten Kabukichô was als een boodschap achtergelaten op de voicemail van het hotel – nogmaals: geen verklaring, alleen een straatnaam en een nummer. Carney hield duidelijk niet van koetjes en kalfjes.

'Weten jullie zeker dat jullie nog wel met mij willen optrekken?' vroeg Malcolm terwijl hij gemakkelijk ging zitten. 'Volgens mij breng ik alleen maar ongeluk. In elf maanden tijd heb ik al twee bedrijven naar de knoppen geholpen.'

'Laten we dan maar hopen dat het daarbij blijft,' sprak Carney, waarmee hij Malcolm overrompelde. Hij wachtte even in de veronderstelling dat Carney hier verder op door zou gaan, maar die wendde zijn blik af en keek de halfronde kamer in, waar nog een gordijn hing. Het was gemaakt van rode en zwarte zijde, met een paar prachtige groene draken erop.

'In Osaka ben ik uitgegroeid tot een heuse paria,' ging Malcolm verder terwijl hij Carney nog steeds aankeek. 'Vóór de val van Leeson wilde iedereen in mijn kont kruipen om maar te proberen in een goed blaadje te komen bij de ster in Singapore. Nu doet iedereen alsof ze van meet af aan al wisten dat hij slecht nieuws betekende. En mij mijden ze als de pest.'

Bill gniffelde luidruchtig, waarbij zijn borstkas oprees van de inspanning. 'Arme jongen. Je moest er op de harde manier achter komen. Niemand hier is je vriend. Wanneer puntje bij paaltje komt, zijn we allemaal klootzakken. Als we zouden denken dat je lever vol informatie zat over de Nikkei, zouden we je opensnijden.'

Carney rolde met zijn ogen. 'Luister maar niet naar Bill. Het zit hem dwars dat hij zich, net als iedereen, heeft vergist in Leeson. Ik was de enige die hem echt doorzag.'

Bill haalde zijn schouders op, maar was het niet oneens met Carney, die ondertussen nog altijd naar het gordijn keek. Malcolm kon Carneys gezicht maar half zien, maar diens blik was begerig, alsof er iets groots stond te gebeuren. Het klonk zelfs door in zijn zachte stem, waarin gewoonlijk weinig emotie te bespeuren viel.

'Wat er met Leeson gebeurde, was de traditionele ondergang van een gokker. Verliezen probeerde hij goed te maken door hoger in te zetten, waarop hij weer verloor en opnieuw hoger inzette, enzovoorts. Malcolm, Regel Vier van Carney...'

'O nee, hè,' kwam Bill tussenbeide, maar met een wuivend gebaar bracht Carney hem tot zwijgen.'

'Regel Vier van Carney,' herhaalde hij. 'Je loopt met een granaat een kamer in, en in het allergunstigste geval loop je weer naar buiten met die granaat nog steeds in je hand. In het allerergste geval ontploft de granaat en blaas je jezelf op.'

'En de moraal van dit verhaal?' vroeg Bill trekkend aan zijn baard.

'Zorg dat jij niet de vent met die granaat bent?' opperde Malcolm.

Carney grijnsde. 'Nee, waag de gok niet als je niet kunt winnen.'

Zijn ogen stonden vreemd, schichtig. Zijn pupillen leken iets te klein en zijn dunne lippen vormden zich tot een schuine glimlach. Plotseling kreeg Malcolm het gevoel dat Carney onder invloed verkeerde, maar hopelijk was dat iets al te overdreven gedacht. Het was al na middernacht, en hij had geen flauw benul wat Carney en Bill de hele avond hadden uitgevreten. Misschien was Carney gewoon moe of dronken.

'Malcolm,' zei Carney, zijn gedachten onderbrekend. 'Bill en ik beginnen maandagmorgen ons eigen hedgefund. We hebben driehonderdvijftig miljoen dollar bijeengebracht van particuliere investeerders. We hebben hier in Tokyo een kantoor ingericht en al zes nieuwe handelaren binnengehaald, onder wie jouw vriend Akari. We zouden graag zien dat jij nummer zeven wordt.'

Malcolm kreeg het gevoel alsof hij boven de bank zweefde. Dit

| 87.23 | +0.96 | 99.013 | -1.63 | 70.65 | +0.12 | 85.12 | +0.92 | 87.23 |
| 84.21 | +0.45 | 74.01 | +1.34 | 76.13 | +1.02 | 74.23 | +0.95 | 71.0 |

was precies waar hij op had gehoopt. Maar Carney was nog niet uitgepraat; het zou nog veel mooier worden.

'Om te beginnen betalen we je anderhalve ton,' zei hij, en hij draaide zich opnieuw naar het zijden gordijn. Het bewoog, als door een briesje. Er was iets gaande, daarachter. 'Plus tien procent van de winst die je inbrengt. Je zult prop trader zijn, je eigen baas. Je zult je alleen tegenover mij hoeven te verantwoorden.'

Anderhalve ton. Dat was bijna het drievoudige van wat hij bij Barings had verdiend! Hij was pas drieëntwintig. Dit was de kans van zijn leven. Te vergelijken met Wall Street in de jaren tachtig. Hij werd prop trader en zou zijn eigen beslissingen nemen, zijn eigen transacties afsluiten. Hij ging rechtstreeks voor Carney werken. Met alle glitter en glamour die daarbij hoorde.

'Ik zou maar snel met je antwoord komen,' kwam Bill weer tussenbeide. 'Want dit feestje kan elk moment losbarsten.'

Het zijden gordijn ging aan één kant opzij. Een rij Japanse vrouwen trad binnen, de een na de ander. Lang, kort, slank, weelderig. De borsten groot en hangend, klein en parmantig. De benen lang en lenig, dik en gespierd. Ze waren stuk voor stuk jong en bezaten allemaal een zekere schoonheid. En ze waren allemaal poedelnaakt.

Malcolms adem stokte in zijn keel. De meisjes stelden zich naast elkaar op, met de handen achter hun rug en hun ogen neergeslagen. Een Japanse man met een wijkende haargrens en een dik plastic brilletje op zijn neus ging voor hen staan. Hij had een draadloze microfoon in zijn hand en terwijl hij langs de meisjes liep, sprak hij in afgebeten Japans. Namen, leeftijden, lichamelijke details, bloedgroep.

Malcolm voelde een lichte walging door zijn lijf trekken. Het leek wel een veemarkt, zo stuitend en barbaars was het. Hij keek toe hoe een Japanse man aan een tafeltje achter hem een naam schreeuwde, waarop het betreffende meisje snel op hem afliep. Ze plofte bij hem op schoot. Onmiddellijk gingen zijn handen naar haar borsten. Het volgende moment kusten ze elkaar en greep zij hem in zijn kruis. Een andere man riep ook een naam, en een ander meisje haastte zich naar zijn tafeltje. Malcolm wendde zich weer tot Carney en Bill. De laatste zat breeduit te glimlachen.

68.50 +0.02   76.13 +1.02   74.23 +0.95   101.01 -1.63   70.65 +0
89.22 +1.01   97.12 -0.00   85.23 +0.65   71.01 +1.34   88.13 +0

Op Carneys gezicht prijkte een wezenloze blik.
'Wijs maar gewoon,' zei hij. 'Welke je maar wilt. Mocht je privacy willen, dan zijn er beneden ook kamers. Elk met een eigen thema. Bubbelbaden. Een onderzoektafel. Een kerker. Je mag ze vastbinden, in rubber kleden of in het rokje van een middelbare scholiere. Wat je maar wilt. Malcolm, kom je voor mij werken?'
Malcolm slikte. Ondanks zijn weerzin voelde hij dat hij weer opgewonden raakte. Maar met dit gevoel kwam ook een golf van schaamte over hem. Hij keek naar de meisjes. Een van hen ving zijn blik. Ze was lang. Ze had een bruine tint van de zon, witte vlekken rond haar stevige borsten en een donkere driehoek tussen haar benen. Hij knipperde moeizaam met zijn ogen. Nee, dit was niets voor hem.
'Ja,' antwoordde hij eindelijk. 'Ik wil voor je werken. Maar ik moet er nu vandoor. Ik moet ergens heen.'
Een beetje onvast kwam hij overeind. Bill keek hem aan alsof hij gestoord was.
'Shit, Malcolm, je weet niet wat je mist! Voor een gaijin is dit een van de moeilijkste zeeptenten om binnen te komen. Deze meiden zijn de beste. Honderd procent professioneel...'
'Ik moet ervandoor,' herhaalde Malcolm, en hij keek Carney aan. 'Ik zal er zijn, waar je maar wilt, maandagochtend.'
Carney keek hem aan. Zijn pupillen zwommen in zeeën van zilverachtig blauw. Zijn zelfgenoegzame lachje oogde heel even wat krampachtig en leek vervolgens boven zijn kin tot rust te komen.
'Prima. Maandagochtend. Maar Malcolm...'
Hij zweeg even en zijn blik gleed terug naar de rij naakte jonge vrouwen.
'Stel me nooit meer teleur.'
Malcolm wist niet of hij nu een grapje maakte of bloedserieus was.

16

Tokyo

Malcolms hart bonkte zo hevig dat het voelde alsof het elk moment kon exploderen. Zijn spieren brandden terwijl hij in het donker voortrende. De kille nevel sloeg tegen zijn gezicht, achter hem spatte het water van de diepe plassen omhoog en doorweekte zijn broekspijpen en leren schoenen. Het briesje voelde lekker. De oceaanwind trok aan zijn losse overhemd, floot langs zijn oren en overstemde het geraas van voorbijrijdende auto's, de dronken stemmen van Japanse kantoorslaven en bovenal de waarschuwingen in zijn hoofd, de stemmen die hij uit alle macht probeerde te onderdrukken.

Malcolm sloeg een hoek om, en nog een, en versnelde zijn pas. Deze straten waren iets drukker, en hij moest een beetje vaart minderen om de vele mannen te ontwijken die in drommen op zoek waren naar vertier. De Nigeriaanse klantenlokkers klampten hem aan, maar hij verkeerde in een football-trance. Er zouden vier van deze jongens nodig zijn om hem uit zijn strakke tempo te kunnen halen. Hij sloeg een smalle steeg in, ontweek de man van middelbare leeftijd die midden op het trottoir in een beneveld coma lag, zijn jasje open, zijn das scheef. Vervolgens keek hij voor zich uit en constateerde dat de gebouwen aan weerskanten hem bekend voorkwamen. Een warm gevoel trok door zijn lichaam, en opeens wist hij waar hij was. En waarom hij zich hier bevond.

Hij liep naar het derde gebouw aan zijn rechterhand en trok de deur open. Hij zag de rode fluwelen muren en het dikke tapijt. Een nerveuze spanning trok door hem heen. Hij probeerde de spiegel, links, te negeren, wetend dat als hij zichzelf zag, hij met de staart tussen de benen weer zou aftaaien naar zijn hotel, zijn kamerdeur op slot zou doen en tot maandagochtend in bed zou blijven.

Achter de balie voor de zwaaideuren zag hij weer dezelfde oudere dame. Verrast keek ze op en vouwde haar verzorgde handen. Haar zwaar opgemaakte ogen stonden bezorgd. Malcolm hoorde hier helemaal niet te zijn. Hij was een gaijin, een buitenlander, en ook al herkende ze hem misschien van zijn vorige bezoek, zonder Carney en de anderen was hij hier niet welkom. Hij was een vreemde, op een plek waar helemaal geen vreemden hoorden te zijn.

Ze stond half op van haar stoel en maakte een lichte buiging.

'Sorry. Niet vanavond. Alleen Japans. Tot volgende keer.'

Hij schudde zijn hoofd en kwam een paar stappen dichterbij. Hij probeerde zo klein en onderdanig mogelijk over te komen en boog zelf ook eventjes.

'*Sumimasen.* Duizendmaal sorry. Ik ben op zoek naar Sayo. Ik ben een vriend van haar.'

Het was een leugen, maar het feit dat hij zo dicht bij haar was, maakte hem vastberaden. Zijn lichaam leek te vonken.

De vrouw tuitte haar lippen en kneep haar ogen iets toe. Daarna draaide ze zich om en verdween haastig door de zwaaideuren. Hij hoorde het geklink van glazen, het gelach van mannen en vrouwen en de geluiden van drinkweddenschappen en geveinsd geflirt. Hoewel de geparfumeerde lucht ongeveer hetzelfde rook, was de Sakura Hostess Bar in niets te vergelijken met de plek waar hij zo-even Carney en Bill had achtergelaten. Dit hier was een exotische kick, een plek waar erotische gedachten hand in hand gingen met puur zakendoen. Een plek waar je je cliënten heen troonde om ze op hun gemak te stellen en ze prachtige fantasieën te laten dromen. Fantasieën die waarschijnlijk nooit uit zouden komen.

In de andere plek, de 'zeeptent', ging het niet om erotiek, maar om pure lust. Dat was een vleesmarkt, een plek waar vrouwen de mannen dienden, zolang die maar wilden, en konden, betalen. Het was de onderkant van een cultuur waarin de mannen de baas waren en de vrouwen voor eeuwig onderdanig. Geen bordeel in westerse zin, want in een bordeel hadden de vrouwen tenminste

87.23 +0.96   99.013 -1.63   70.65 +0.12   85.12 +0.92   87.23
84.21 +0.45   74.01 +1.34   76.13 +1.02   74.23 +0.95   71.0

nog een beetje zeggenschap over zichzelf. In een bordeel bepaalden de vrouwen de show, boden ze zich aan volgens bepaalde voorwaarden. In een zeeptent hadden de vrouwen niets aan te bieden, ze werden gewoon genómen. Daar werd niet gedroomd.
Hij verstijfde even nu de deuren weer openzwaaiden. De mama-san verscheen als eerste. Druk en boos kwebbelde ze in het Japans en wees ondertussen naar Malcolm. Reikhalzend keek hij over haar schouder.
Sayo was nog altijd net zo mooi als hij zich haar herinnerde. Haar haar was strak bijeengebonden met twee elkaar kruisende ivoren eetstokjes. Het bovenste knoopje van haar koningsblauwe japon zat los en onthulde een driehoekig stukje porseleinen huid. De sierlijke streken van blauwe make-up gaven haar amandelvormige ogen bijna iets katachtigs. Ze liep langs de mama-san, zag Malcolm en bleef staan. Heel even sperden haar ogen zich open, en werden weer amandeltjes.
Snel kwam ze even dicht bij hem staan en fluisterde zacht zodat alleen hij het kon horen.
'Je mag hier helemaal niet komen. Vanavond is niet voor gaijin.'
Malcolm kon een grijns niet onderdrukken. Ze had hem dus niet vergeten. En dat na bijna elf maanden. Hij vermoedde weliswaar dat maar weinig Amerikanen deze club bezochten, maar toch.
'Ik weet het, het spijt me. Ik ben naar Tokyo verhuisd en ik wilde je gewoon even zien.'
Ze schudde haar hoofd. De mama-san sloeg hen gade vanachter haar balie. Haar gezicht was als een streng masker. Opnieuw schudde Sayo haar hoofd.
'Jij nu gaan. Dit geen goed moment.'
Hij voelde zijn glimlach vervagen, en zijn handen bungelden slap langs zijn zij. Hij probeerde haar in de ogen te kijken, maar ze ontweek zijn blik. Hij reikte naar haar hand, maar bedacht zich. Ten slotte knikte hij.
'Ik wilde je geen problemen bezorgen.'
Hij deed een stap naar achteren, in de richting van de deur, maar bleef vervolgens staan. Hij moest iets zeggen, moest het tenminste nog één keer proberen.

'Ik wilde gewoon even wat met je gaan drinken. Meer niet. Eén drankje. Daarna zal ik je nooit meer lastigvallen.'
Ze keek even achterom naar de mama-san, en schudde wederom haar hoofd. Haar gezicht leek zich iets te ontspannen en haar stem klonk zelfs nog zachter.
'Ik kan niet, het spijt me. Ik werk hier. Voor mijn vader.'
Maar Malcolm was vastberaden. Misschien verbeeldde hij het zich, maar hij voelde iets, wie weet een vonkje. Hij moest het vuur zien aan te wakkeren, moest haar aan het lachen zien te krijgen, heel even maar, en zij moest hem op z'n minst een kans geven.
'Oké, ik begrijp het. Jij moet aan het werk, en ik moet ervandoor. Dus ga ik er nu vandoor. Ik loop nu naar de straat op de hoek en daar ga ik op het trottoir zitten. Als je zin hebt om me na sluitingstijd even gedag te zeggen, hoef je bij de deur alleen maar links af te slaan. Als je me liever wilt mijden, me nooit meer wilt zien, ga je rechtsaf. Linksaf – *hidari* – voor de gekke gaijin. Rechtsaf – *migi*? – voor nóóit meer gaijin. Oké?'
Hij maakte een paar buiginkjes en liep naar de deur. Terwijl hij de deur opentrok, keek hij met stille hoop nog even achterom. Met haar hoofd iets schuin keek ze hem na. Heel even vonden hun blikken elkaar, en ze glimlachte.
Ze glimlachte.

Het was vier uur in de ochtend toen ze hem ten slotte aantrof op de plek die hij had gezegd, zittend op het trottoir op de hoek van de straat, met opgetrokken knieën naast een berg lege drankverpakkingen en omvergeworpen melkkratten. Hij zag haar pas toen ze pal voor hem stond. Haar blik zweefde ergens tussen geamuseerdheid, verbazing en medelijden in. Ze had haar koningsblauwe japon verruild voor een zwarte coltrui, een leren jasje met bonten kraag en designerjeans. Niet langer de exotische, ingetogen hostess, maar het soort meisje dat je met een cosmopolitan in de hand in de meest trendy bars van Manhattan aantrof. Haar lange haar golfde langs haar jukbeenderen en omkranste haar grijns.
'Eén drankje dan,' zei ze terwijl hij moeizaam overeind krabbelde. 'Daarna moet ik naar huis. En jij moet ander trottoir zoeken om te slapen.'

87.23 +0.96   99.013 -1.63   70.65 +0.12   85.12 +0.92   87.23
84.21 +0.45   74.01 +1.34   76.13 +1.02   74.23 +0.95   71.0

Ze vonden een plek twee straten verderop, net ver genoeg van de hostessbar om haar op haar gemak te stellen maar ook weer niet zo ver dat ze zich bezorgd hoefde te maken over het feit dat ze in haar eentje op stap ging met een gaijin die ze nog maar twee keer had gezien. Het was een noedelzaakje, geen bar, maar ze serveerden er wel warme sake in houten kopjes. Wat Malcolm betrof kon het niet beter: dicht naar elkaar toe gebogen aan het kleine houten tafeltje bij het raam waar ze de dronken kantoorslaven voorbij konden zien strompelen en waar de zwarte nacht langzaam veranderde in zachtgrijs terwijl de uren verstreken en de vroege ochtend naderde.

Sayo was het meest aan het woord, deels omdat hij ervan genoot hoe haar lippen bewogen als ze sprak, en ook omdat hij zo veel mogelijk over haar te weten wilde komen. Ze vertelde dat ze was opgegroeid in een klein dorpje in de buurt van Kyoto, dat haar moeder overleed toen ze nog klein was, dat haar vader haar naar Tokyo had gebracht. Over meneer Yamamoto, die eerst een kleine goktent in Ikibara had en nu eigenaar was van de hostessbar. Dat ze van een piepkleine gehuurde eenkamerwoning in de armste wijk van de stad naar een driekamerappartement in Shibuya waren verhuisd, pal naast de universiteit waar ze overdag colleges modeontwerpen volgde. Dat ze haar werk in de club haatte, maar het als haar plicht zag om haar vader te helpen. Ze sprak met geen woord over de yakuza, of over wat het betekende om een vader te hebben die zich inliet met de 'waterhandel'. En hij wilde ook niet aandringen, wilde liever niet het bewijs horen van wat hij al had vermoed.

Pas toen de sake bijna op was, de zon al boven de stripclubs, massagesalons en hostessbars in de straat verscheen, vroeg ze eindelijk wat hij voor de kost deed. Hij zocht naar een eenvoudige uitleg, dacht aan alle lessen die hij had geleerd, over derivaten en arbitrage, over laag inkopen en hoog verkopen. Hij dacht aan Joe Jett en zijn kruitvat van driehonderdvijftig miljoen, aan Nick Leeson en zijn bom van één komma drie miljard, aan Dean Carney en Bill, surfend op de Nikkei alsof ze op Hawaï waren. Hij zag zichzelf weer in dat benauwde kamertje terwijl hij de auditoren van de Bank of England probeerde duidelijk te maken waarom hij niet in dezelfde Singaporese cel behoorde als die zevenentwintigjarige knaap die de Barings Bank naar de afgrond had geloodst. Ten slotte haalde hij zijn schouders op.

'Om je de waarheid te zeggen,' antwoordde hij, 'weet ik eigenlijk niet wat ik doe.'

Er verscheen een rimpeltje boven haar ogen. Daarna gaf ze een klopje op zijn hand. 'Volgens mij ben jij een cowboy.'

Hij grijnsde.

Misschien lag het allemaal niet zo gecompliceerd.

17

Tokyo, heden

De eerste auto was een Porsche, zo'n mooie gestroomlijnde cabriolet, duur en patserig, met zwartleren interieur en racestrepen langs de zijkanten, en een spoiler zo gigantisch en zwaar dat hij leek ontworpen om de spaceshuttle bij lancering juist aan de grond te houden.

De volgende auto was een Rolls, goudkleurig op de enorme zilveren grill na, met rookglazen ramen die zo donker waren dat ze de wagen waarschijnlijk tot een gevaar op de weg maakten. Achter de Rolls bevonden zich twee Mercedessen, de duurste modellen, zo uit de showroom gereden, van heel ver weg in heel korte tijd hierheen geïmporteerd. De vijfde auto was de mooiste van allemaal: een Ferrari, lichtblauw, met verticale achterlichten en zonder kentekenplaat.

De auto's kwamen een voor een langs de stoeprand tot stilstand, alsof alles van tevoren zo was gecoördineerd. In zekere zin was dit ook niet ver bezijden de waarheid; dit was een eeuwenoud ritueel, dat terugvoerde naar het tijdperk van de samoerai. De techniek was veranderd, gemoderniseerd – paarden en koetsen hadden plaatsgemaakt voor constructies van glasvezel en staal – maar zoals bij alles in Japan lag er duizend jaar traditie in besloten, en als een gaijin zouden mijn meelijkwekkende pogingen om het te begrijpen me nauwelijks verder helpen.

Ik zag het portier van de Porsche openzwaaien. Een Japanse man van in de zestig, met golvend grijs haar, stapte uit. Hij droeg een duur donker pak en liep met de stijve tred van iemand van immense statuur en importantie. Hij kon zo doorgaan voor de alge-

68.50 +0.02   76.13 +1.02   74.23 +0.95   101.01 -1.63   70.65 +0
89.22 +1.01   97.12 -0.00   85.23 +0.65   71.01 +1.34   88.13 +0

meen directeur van een grote Japanse onderneming of voor een politicus die op weg was naar een fondsenwerver. Hij liep via de voorkant van de sportwagen naar de passagierskant en opende het portier.

Een verbluffend mooie blondine nam zijn hand om haar evenwicht te behouden en stapte soepel uit de Porsche. Ze droeg een glanzende, met lovertjes versierde avondjapon, die slechts met moeite haar duidelijk opgewaardeerde borstpartij in toom wist te houden. Haar benen waren bloot, evenals haar schouders, en haar haar viel als een waterval van platinablonde lokken langs haar nek. Ze torende hoog boven de man uit, die haar nu van de auto naar het trottoir leidde. Vervolgens nam ze zijn arm, waarna ze samen de treden naar de ingang van een drie verdiepingen tellend gebouw bestegen. Twee Japanse uitsmijters in krijtstreeppak en met hoge Elvisachtige kuiven leidden hen binnen.

Daarna kwam de Rolls. De bestuurder was een Japanner van ergens in de veertig, met een ouderwets snorretje en een pak van Armani. De vrouw oogde Europees, met bruin haar dat hoog getoupeerd was. Haar avondjurk was als een schitterend kunstwerk: een knap staaltje naaiwerk dat de dunste stroken stof bij elkaar hield. Ze was minstens een meter vijfentachtig lang, met benen die zo lang waren dat ze bewust haar pas moest inhouden om haar besnorde escorte bij het betreden van de trap naar het gebouw niet ver achter zich te laten.

De twee Mercedessen zetten gelijktijdig hun opzichtige lading af: de twee mannen, beiden Japans, beiden van middelbare leeftijd en beiden gekleed in een duur pak, paradeerden met hun adembenemende passagiers van de auto naar het gebouw. Een van de dames was blank, met kort blond haar en een rugdecolleté dat bijna tot de rondingen van haar hoge hartvormige achterste reikte. De andere vrouw was een Aziatische, maar geen Japanse: een Koreaanse engel, slank, elegant en met haar vijftien centimeter hoge hakken van Manolo Blahnik een ranke lange verschijning.

Ik was de straat al bijna overgestoken toen het portier van de Ferrari openzwaaide. Verrast door de leeftijd van de Japanse bestuurder, die nu het trottoir op stapte, hield ik even de pas in. Hij kon niet veel ouder zijn geweest dan ik. Zijn haar was blond, zijn colbert was van fluweel en hij droeg een leren broek. Hij was duidelijk een beroemdheid, want de mensen op het trottoir achter mij begonnen te wijzen en te fluisteren. Voordat hij de passagierskant van de auto had bereikt, vloog het portier al open, en een donkerharige vrouw, gekleed in een zilverkleurige minirok, sprong naar buiten. Haar gezicht vertoonde Scandinavische trekken en haar ogen waren indringend blauw. Haar glimlach leek regelrecht uit een commercial te komen: een tikkeltje te breed, met fonkelend witte tanden.

Ze wachtte niet tot de hippe jonge Japanner haar de trap op kon chaperonneren; ze nam twee treden tegelijk, en hij moest joggen om haar bij te houden. Ternauwernood wisten de Elvis-portiers een stap opzij te doen, waarna de vrouw met de jongeman in het fluwelen colbert in haar kielzog rakelings langs hen het gebouw in beende.

De toeschouwers verspreidden zich, en ik stak verder de straat over. Met een wijde boog liep ik om de Ferrari heen naar de ingang van het gebouw. Terwijl ik op de twee uitsmijters afliep, stelden ze zich naast elkaar op om de doorgang te blokkeren. Een van hen hield zijn beide handen omhoog en zwaaide heen en weer. Ik was niet welkom. Ze hoefden niet te weten wie ik was of waarom ik daar was. Ik had een blank gezicht en ik droeg geen haute couture of hoge hakken.

'Ik heb dit adres van John Malcolm,' zei ik, en met tegenzin liet de uitsmijter zijn handen zakken. Hij keek zijn collega aan, knikte en stapte opzij. Al buigend hield de ander de deur voor me open.

Ik had de toverspreuk gebruikt.

De zitplek was weggestopt in een hoek op de tweede verdieping, afgescheiden van de rest van de club door een rood fluwelen koord en bewaakt door weer een andere Japanse Elvis in een opvallend *zoot suit*. De knul leek een jaar of veertien, hoewel hij zeker ouder moest zijn, en keek naar me op een manier die me absoluut niet aanstond. Zijn donkere ogen straalden niets dan argwaan uit, en zijn mondhoeken waren vol afkeer omlaag gekruld. Ik was de enige blanke in het gebouw en, te oordelen naar de manier waarop ik door de oudere manager naar het privé-vertrek was begeleid, duidelijk een vip. Maar ik was geen Japanner, ik

68.50	+0.02	76.13	+1.02	74.23	+0.95	101.01	-1.63	70.65	+0
89.22	+1.01	97.12	-0.00	85.23	+0.65	71.01	+1.34	88.13	+(

was geen vaste klant, en ik was zeker John Malcolm niet. Ik was gewoon een andere gaijin die op Malcolms goede naam parasiteerde. En nu bevond ik me in het binnenste van een van de parels van de 'waterhandel' in Tokyo.

De term 'waterhandel', of *Mizu Shobai*, kent zowel een letterlijke als een figuurlijke geschiedenis, die geen van beide echt behulpzaam zijn bij het duiden van de moderne evolutie van 's werelds grootste seksindustrie. Het gerucht gaat dat eeuwen geleden avonturiers de waterwegen van het eiland bevoeren om waren te kopen en te verkopen. Vrouwen, die zichzelf wilden bevrijden van de enorme armoede van die tijd, hingen bij diverse aanlegplaatsen langs de rivieren lantaarns op om zo hun beschikbaarheid duidelijk te maken. Naarmate dit rudimentaire systeem van prostitutie zich ontwikkelde en het zijn weinige legale en morele lasteraars vóór probeerde te blijven – en ondertussen regelrecht in de handen van de yakuza viel, die het tot een multimiljoenen business maakten – kon het dankzij het 'drijvende' karakter van de branche met bijna alle lagen van de Japanse samenleving samensmelten. Van het hoogste erotische verlangen tot de laagste, meest basale perversie, de 'waterhandel' had voor iedereen wel iets te bieden.

Ik deed mijn best de jongeman bij het koord te negeren, vlijde me comfortabel op een leren bank en nipte van een glas champagne. De kleine bank, weinig meer dan een *love seat*, stond strak tegen een marmeren wand. Een bijpassende marmeren tafel stond tussen de bank en een paar beklede stoelen. Verspreid over de tweede verdieping bevonden zich zes van dit soort privé-vertrekken, en op de andere verdiepingen vermoedelijk nog meer. Ik had geen kans gehad om veel meer van het gebouw te zien, want ik was door de oudere manager meteen een stalen lift in gewerkt en rechtstreeks naar mijn plaats gebracht. De champagne was zonder rekening en zonder prijsvermelding voor mijn neus gezet. Maar ik wist dat het in een tent als deze niet de champagne was waarvoor je betaalde.

Al ruim voordat ik haar zag, voelde ik haar komst; eerst door de manier waarop de knaap bij het koord verstijfde, zijn armen strak langs zijn zij vielen en zijn wangen als vanzelf rood kleurden.

87.23 +0.96   99.013 -1.63   70.65 +0.12   85.12 +0.92   87.23
84.21 +0.45   74.01 +1.34   76.13 +1.02   74.23 +0.95   71.0

Daarna door hoe er in mijn hoek van de verdieping opeens een stilte viel, een bijna tastbare rust die neerdaalde op de weinige andere vaste klanten, Japanse mannen die door hun eigen uitsmijters en kraal van fluwelen koorden aan het zicht werden onttrokken. Vervolgens het geklikklak van haar hoge hakken op de marmeren vloer, het zangerige van haar stem terwijl ze tegen iemand iets zei in het Japans, de muzikale uithalen van haar lach, hoog naar de twee sprankelende kristallen kroonluchters aan het plafond.

Ze kwam in zicht, een visioen van donker haar en een albasten huid. Van zo dichtbij leek haar zilverkleurige minirokje zelfs nog kleiner; het bedekte amper de bovenzijde van haar dijbenen. Onder haar lichtblauwe haltertop was een reepje van haar platte buik te zien, en even werd ik gebiologeerd door een diamanten buikketting die vlak boven haar heupen haar afgetrainde lijf omringde. Het volgende moment was ze binnen het fluwelen koord, en terwijl ze langs me glipte, wierp de jonge uitsmijter me een nijdige blik toe. Ze negeerde de twee beklede stoelen, plofte meteen neer op de bank en kruiste haar lange benen als de poten van een sprinkhaan. Ze veegde een lok haar uit haar ogen, glimlachte en doorboorde me bijna met die blauwe kijkers van haar.

'Malcolm had gelijk. Je ziet er inderdaad uit als een schrijver.'

Dat kwam natuurlijk door mijn bril, of misschien doordat ik hier had geleefd op een dieet van rijst en rauwe vis. Malcolms beschrijving van mijn persoontje was dan misschien behoorlijk treffend geweest, zijn beschrijving van haar was helemaal in de roos: een godin van de catwalk, met ravenzwart haar, benen van hier tot Tokyo en een glimlach die je spontaan aan het janken bracht. Dat ze de afgelopen drie jaar als hostess in een van de vooraanstaande clubs in Tokyo had gewerkt maakte haar verschijning des te meer intimiderend: ze was een professional, de crème de la crème binnen haar wereldje, hoewel ik nog altijd geen idee had wat voor wereldje dat was. Daarom had ik ook Malcolm om deze kennismaking verzocht; ik wilde deze wereld proberen te begrijpen, omdat Malcolms verhaal – en dat van iedere Amerikaan die hier werkte – op belangrijke manieren met deze 'waterhandel' was verweven.

'Tracy Hall,' zei ze terwijl ze in mijn hand kneep. Haar huid voelde koel aan, en haar parfum was overweldigend. Ze had geen accent, maar haar medeklinkers werden met iets te veel lucht over haar lippen gelanceerd. Je moest sterk in je schoenen staan wilde je haar recht in de ogen kijken. Ze was echt mooi, het type vrouw dat in New York of LA volkomen onbereikbaar was.

'Je oogt Europees,' zei ik. 'Maar zeker weten doe ik dat niet.'

'Ik kom oorspronkelijk uit IJsland. Op mijn twaalfde verhuisden mijn ouders naar LA. Toen ik op het punt stond naar de universiteit te gaan besloot ik toch maar een gooi te doen naar modellenwerk. Mijn eerste modeshow was hier in Tokyo. Ik ben nooit meer weggegaan.'

Ze was iets gaan verzitten zodat haar blote been nu de rug van mijn vrije hand raakte. Vloeiend en koel klopte haar pols zacht tegen me aan. Haar glimlach was onveranderd, en haar lange wimpers trilden zacht als het ritme van de vleugels van een vlinder. Ze zat met me te flirten, en zelfs met wat ik wist en waar ik was, ging ik toch voor de bijl. Zo goed was ze.

'Dat verbaast me niet,' zei ik. 'Ik heb de Ferrari voor de deur zien staan. Je hebt het vast prima naar je zin hier.'

Haar glimlach verflauwde.

'O, mijn *douhan*. Ach, hij is niet zo'n kwaaie als de tabloids beweren.'

Haar douhan, een term vol betekenis, een titel gebouwd op strenge principes en rituelen die nog steeds een zeer vage realiteit symboliseerden. Er was geen directe vertaling voor, en buiten het Aziatische halfrond bestond het begrip in elk geval niet. Eenvoudig gezegd was een douhan een vaste, verkozen klant die betaalde voor het voorrecht om een hostess mee uit eten te nemen, waarna hij haar op haar werk afzette. Naarmate de verhouding tussen hostess en douhan hechter werd, gaf de douhan haar buitensporige, dure geschenken: bontjassen, diamanten, zelfs de lease van een luxeappartement. In ruil voor dit alles werd hij haar speciale en soms enige klant. Een echte douhan verwachtte geen seksuele diensten in ruil voor zijn vrijgevigheid. Maar er deden vele verhalen de ronde over douhans en hostesses die er samen, in voor- en tegenspoed, vandoor gingen.

'Hij is zanger,' weidde Tracy uit. 'Volgens mij is zijn laatste cd

| 87.23 | +0.96 | 99.013 | -1.63 | 70.65 | +0.12 | 85.12 | +0.92 | 87.23 |
| 84.21 | +0.45 | 74.01 | +1.34 | 76.13 | +1.02 | 74.23 | +0.95 | 71.0 |

platina geworden. Hij komt hier al bijna een jaar. Hij heeft dit voor me gekocht.'

Haar vingers gleden over de buikketting met diamanten. Ik deed mijn best er niet met grote ogen naar te staren.

'En hij verwacht daar echt niets voor terug?' vroeg ik, maar ik had al meteen spijt van mijn vraag, of althans de implicatie ervan. Maar ze leek het niet erg te vinden.

'Ik weet dat het lastig te begrijpen is, maar Japanse mannen zijn anders dan Amerikaanse mannen. Als het hem om de seks ging, kon hij zo naar een zeeptent stappen en voor de allerbeste meid betalen om haar lichaam als een spons te gebruiken. Of een van de miljoen welzijnsbezorgers – *deriheru* – bellen die maar wat graag aan huis komen om aan al zijn behoeften te voldoen.'

Van een van Malcolms maatjes had ik die term al eens gehoord. Welzijnsbezorgers die als een pizzakoerier bij je aan huis kwamen, waren in wezen net zoiets als westerse escortservices, alleen boden de meisjes doorgaans veel meer geraffineerde fantasieën aan. Ze behoorden gewoon tot een van de vele mogelijkheden om de geile Japanse man te bevredigen. In zeeptenten zeepten vrouwen de op een rubberen mat liggende klanten eerst in om hen daarna te gerieven. In de modieuze 'massageclubs' voorzagen vrouwen in kostuum hun clientèle van een massage met allerlei extra's. Een gezondheidsmassage was in feite een peepshow met *glory holes* tussen de cabines, voor extra diensten. En dan had je de meer bizarre gelegenheden: imageclubs, die er moesten uitzien als een ziekenhuis, een middelbare school, een metro, enzovoorts, en de No Pan Kissa-koffieshops met transparante vloeren, waar de serveersters geen ondergoed droegen en de klanten een verdieping lager onder hun rok konden koekeloeren.

Daar had Tracy een goed argument. Met alles wat de welgestelde Japanse man ter beschikking stond, zou hij bij een hostess als zij niet per se op zoek zijn naar seks. Maar naar wat dan wel? Wat was haar rol in deze door rollen geobsedeerde maatschappij?

'Hier draait het niet om de seks,' ging ze verder. Ze pakte mijn champagne uit mijn hand en zette het glas aan haar helderrode lippen. 'Net zomin als die Ferrari buiten me alleen maar van A naar B brengt. Het geflirt hier binnen is een spel met duidelijke regels en specifieke rollen voor alle deelnemers. Ik ben een hostess. Een mooie snuisterij in een juwelenkistje, glanzend, aanlokkelijk en verleidelijk, maar eentje die je nooit echt kunt bezitten. Hij is mijn douhan. Hij mag me mee uit nemen en met me showen, hij mag toezien hoe ik fonkel, en in mijn gloed zal hij zich als een koning voelen. Maar aan het eind van de dag moet hij me weer terugleggen in mijn kistje. En weet je, hij zou niet anders willen. Hij doet net alsof hij elke avond probeert me mee naar zijn huis te tronen, maar als ik dat ooit zou doen, als ik me ooit aan hem zou overgeven, zou het spel eindigen. En zou mijn douhan een andere hostess gaan zoeken om mee te spelen.'

Voorzichtig zette ze mijn champagneglas terug op de marmeren tafel. Ze was uitermate welbespraakt, maar misschien ook wel een beetje naïef. Ze wilde zichzelf zien als een snuisterij, een sieraad, een kostbare schat, een gelijke in een erotisch spel. Maar het feit dat de meeste meisjes hier buitenlands waren, had een reden: in de afgelopen paar jaar was er een enorme toestroom van Europese en zelfs Amerikaanse meiden geweest die kwamen werken voor de beste hostessclubs in heel Tokyo. In zekere zin was ze gewoon een zoveelste fetisj, het tegenovergestelde van het stereotiepe onderworpen Japanse meisje, dat alles zou doen wat een man maar vroeg. Zij vormde een uitdaging, een verovering – of was ik gewoon te Amerikaans om het te doorgronden? Te veel als Malcolm, en paste ik mijn eigen denktrant toe op een milieu dat zo buitenaards was als maar kon op deze aarde?

'En de Amerikanen die hier komen,' vroeg ik, overstappend op het onderwerp waar ik eigenlijk voor was gekomen, 'spelen die dit spel ook?'

Ze lachte. 'Het merendeel van de gaijin die hier komen begrijpt het niet. Ze zijn heel beleefd, beleefder zelfs dan de Japanners, maar worden meestal in een apart vertrek gestopt. De Japanners negeren hen gewoon, doen alsof ze er niet eens zijn. Wij sturen de slechtste meiden naar binnen om hen te vermaken, nieuwe meiden uit Polen of Oekraïne, die hier sowieso niet behoren te zijn en die uiteindelijk in Kabukichô zullen belanden om vanachter een glory hole mannen te pijpen.'

Ze schudde haar hoofd. 'Amerikanen snappen gewoon niet wat

87.23 +0.96   99.013 -1.63   70.65 +0.12   85.12 +0.92   87.23
84.21 +0.45   74.01   +1.34   76.13 +1.02   74.23 +0.95   71.0

hier aan de hand is. Ze denken dat het zoiets is als een stripclub thuis in de States. Ze begrijpen de band niet die wij met onze Japanse klanten opbouwen.'
Ze keek omhoog. Ik volgde haar blik en zag nu een tweede man bij de fluwelen koorden staan. Hij was in gesprek met de jonge Elvis. Deze man was anders dan de andere uitsmijters die ik had gezien: iets ouder en een flink stuk ruiger. Hij had kortgeknipt haar en een breed gezicht, met knobbelige oren en donkere priemogen. In plaats van een krijtstreeppak droeg hij een leren jack en een donkere spijkerbroek. Hij wierp een blik op mij en praatte verder met de jongeman. Ik voelde hoe het haar in mijn nek overeind ging staan, maar waarom wist ik niet.
'Toen Malcolm pas in Tokyo was, kwam hij hier altijd,' vervolgde Tracy. Ook zij keek naar de tweede man, maar het was mij niet duidelijk of ze hem kende. 'Dean Carney nam ze allemaal mee – Carney's Boys – één keer per week. Ze kregen een privé-kamer achterin. Onze beste meisjes werden gestuurd om hen te vermaken. Niemand van ons begreep waarom ze zo'n goede behandeling kregen. De meeste gaijin werden namelijk als stront behandeld. Maar deze groep kreeg altijd een vip-behandeling. Carney had duidelijk connecties.'
Nu ze zijn naam noemde, veranderde haar toon. Van bijna iedereen die ik naar de beruchte handelaar had gevraagd, had ik vergelijkbare reacties gekregen. Zijn reputatie leek universeel te zijn.
'Malcolm leek zich hier altijd op zijn gemak te voelen,' zei Tracy. 'Hij gedroeg zich niet als een doorsnee gaijin of als een Japanse klant. Hij behandelde ons als vrienden. Iedereen mocht hem.'
'En Carney?' vroeg ik, terwijl ik nog steeds naar de man met het leren jack keek. Opnieuw keek hij weer even mijn kant op en haalde een hand door zijn haar. Met die beweging schoof zijn mouw iets omhoog, en ik ving een glimp op van een bonte tatoeage, die van zijn pols naar zijn onderarm liep.
'Carney?' zei Tracy, de eerste letter als een dikke 'k' lancerend. 'Die gedroeg zich hier veel meer als een echte Japanner. Voorzover ik weet was hij de enige Amerikaan die een douhan werd. Een meisje dat Victoria heette, echt heel knap, uit Australië. Lang, pla-

tinablond, en een lijf waar ik een moord voor zou doen. Hij kocht steeds de belachelijkste cadeaus voor haar. Horloges van Cartier, schoenen van Gucci. Een diamanten halsketting die eruitzag alsof hij zwaarder woog dan zij. Eigenlijk waren we allemaal stikjaloers.'

Ik had een droge mond gekregen. Ik kon mijn ogen maar niet van die nog altijd zichtbare tatoeage afhouden, de manier waarop hij rond de pols van de man kronkelde. Net op het moment dat ik besloot dat het tijd was geworden om terug naar mijn Amerikaanse hotel te gaan, bedacht ik dat ik toch echt eerst wilde horen wat Tracy te zeggen had. Ergens voelde ik dat het belangrijk was. Als ze niets te zeggen had, zou Malcolm me niet naar haar toe hebben gestuurd.

'We waren allemaal een beetje jaloers,' herhaalde ze, 'tot Victoria op een dag niet op haar werk verscheen.'

Ik keek haar weer aan. Haar glimlach was verdwenen. Haar blik was ernstig.

'We probeerden haar mobieltje, maar ze nam niet op. Toen een paar meisjes naar haar appartement gingen, waar Carney steeds voor had betaald, hing er een briefje op de deur waarop stond dat ze terug naar Australië was gegaan. Geen adres, geen telefoonnummer.'

'Je kon haar niet opzoeken?' vroeg ik.

'We wisten haar echte naam niet. Niemand hier gebruikt zijn of haar eigen naam. Dus we konden haar niet bereiken, ze was gewoon verdwenen. Daarna kwam Carney hier niet meer. Ik kan me ook niet herinneren hem ooit nog gezien te hebben.'

Ik wist even niet wat ze hiermee bedoelde. Nog meer geruchten zoals Malcolm die had opgevangen? Het vampirisme, de drugsverslaving, moord? Of was het nog iets meer, iets gefundeerds?

'Malcolm kwam in de paar maanden daarna nog wel eens langs, om de meiden met wie hij bevriend was geraakt even gedag te zeggen. Ik was altijd blij om hem te zien, maar ik was ook bang.'

'Bang?' vroeg ik. Het viel me op dat de man met de tatoeage nu mijn kant op keek – niet naar mij, maar naar Tracy, naar de geconcentreerde manier waarop ze praatte. Maakte hij zich zorgen over wat ze mij zou kunnen vertellen? Of deed ik nu gewoon iets

87.23 +0.96   99.013 -1.63   70.65 +0.12   85.12 +0.92   87.23
84.21 +0.45   74.01   +1.34   76.13 +1.02   74.23 +0.95   71.0

te dramatisch? Want wie was ik in godsnaam nu helemaal? Gewoon een Amerikaan, een gaijin. Ik was irrelevant. Toch voelde ik mijn hart bonken in mijn borstkas.

'Niet voor mezelf, maar bang voor Malcolm,' zei Tracy. 'Ik geloof niet dat hij het ooit echt heeft begrepen.'

Ik dwong mijn hart tot rust te komen. Nog een minuutje en ik zou hier weg zijn, terug naar de veilige beschutting van het hotel. Misschien was de 'waterhandel' niet echt weggelegd voor mensen als ik. Misschien sneed JAPANESE ONLY toch meer hout dan ik me had gerealiseerd.

'Wat begreep Malcolm niet?' vroeg ik terwijl ik me weer omdraaide naar de hostess en haar glanzende blauwe ogen.

'Dat Dean Carney Malcolms douhan was.'

18

Tokyo

Drie voor vijf in de ochtend.
De felle ochtendzon breekt door een dik, laag wolkendek heen. Oranje silhouetten dartelen over glooiende, groene heuvels. Een reep asfalt kronkelt zich een weg naar de horizon. Tweebaans, pas geasfalteerd en met een gele lijn die de reep haarscherp in tweeën splijt. Negenenzestig kilometer maagdelijk asfalt dat twee dorpjes met elkaar verbindt waarvan de namen alleen door Japanners zijn uit te spreken, laat staan dat ze op een kaart te vinden zijn.
Zeven van de machtigste superbikes ter wereld staan in een rij achter een stalen slagboom opgesteld, pal naast een automatische cilindrische tolpoort: twee felrode Ducati 916's, een lichtblauwe Yamaha R7, drie Kawasaki Ninja's en een pikzwarte Honda RC45. Met daarop, in racehouding, zes Amerikaanse jongens in leren motorpakken en met zwarte helmen met getinte plexiglazen vizieren op het hoofd. De motoren staan zo dicht op elkaar dat de leren kniestukken elkaar bijna raken terwijl gehandschoende handen zenuwachtig aan de gashendels draaien.
Een geladen moment, bevroren in de tijd.
Een klik van de voetversnelling en de slagboom zwaait omhoog. De motoren schieten naar voren, gierend rubber, achterpartijen zwaaien verwoed heen en weer als de kinetische kracht via de met leer omhulde pols en de gashendel naar het motorblok en het asfalt wordt overgebracht, een lesje fysica in de taal van glasvezel en staal. Eén gevaarlijke seconde lang staan de motorrijders nog dicht opeengepakt, daarna vallen ze een voor een terug tot een gecoördineerde rij, als een bontgekleurde slangendans, vooroverge-

87.23   +0.96   99.013 -1.63   70.65 +0.12   85.12 +0.92   87.23
84.21   +0.45   74.01   +1.34   76.13 +1.02   74.23 +0.95   71.0

bogen over hun sturen, voortrazend met honderdzestig kilometer per uur, een knie tegen het asfalt in elke bocht, de zwarte helmen glinsterend in de zon, die geleidelijk aan hoger aan de hemel klimt terwijl de ochtend plaatsmaakt voor de dag.

Als de hekkensluiter van de rij drukte Malcolm zijn bovenbenen stevig tegen de flanken van zijn geliefde motor. Zijn hart dreunde in harmonie met de juichkreten van de Ducati en de adrenalinestoten die door zijn aderen joegen. Pal voor hem boog Akari zich over de tank van zijn Yamaha, onhandig en slungelig, maar minder belachelijk dan Malcolm zou hebben verwacht. Of het nu wedijver was of oprechte interesse, de knaap van half-Japanse afkomst had zich net zo hartstochtelijk op deze hobby gestort als de anderen.

Malcolm schuinde af in een flauwe bocht, trok de motor weer recht en ving een glimp op van de twee rijders voor Akari. Beiden waren een stuk kleiner dan Malcolms eerste collega, ongeveer van zijn eigen lengte. Zelfs onder de leren motorpakken tekende de bonkige lichaamsbouw van de twee ex-sportmannen zich af. Trent Glowfield en Derrick Heap waren net als hij football-spelers geweest, de eerste voor Harvard en de tweede voor Columbia. Heap was na een periode als assistent-handelaar op de handelsafdeling bij Salomon Brothers op Wall Street in Tokyo beland en Glowfield was overgestapt van Lehman in Hongkong. Onder hun twee glimmende zwarte helmen gingen min of meer dezelfde bruine ragebollen schuil: bij Glowfield begon het bovenop al aardig uit te dunnen, en Heap kamde zijn haar naar voren om de littekens van jeugdpuisten te maskeren, die zich als spinnenwebjes over zijn voorhoofd uitstrekten.

Malcolm stuurde de volgende bocht in, de knie naar buiten gestoken, en hij hoorde het gesis van leer op asfalt. Hij kon nog net de motor van Steve Townsend onderscheiden die vóór Glowfield reed. Townie was de beste van het clubje, afgezien van Carney, en stuurde zijn Ducati met een gemak dat Malcolm al meteen jaloers maakte. Dat Townsend bovendien een gediplomeerd genie was, een voormalig biochemisch wonderkind dat nog voor zijn twintigste aan twee proteïnen zijn naam had gegeven, een meter tachtig lang en eeuwig gebruind, met een paar groene ogen die een legendarische reputatie genoten onder de dames die bepaalde *hotspots* in Roppongi frequenteerden, maakte het er allemaal niet gemakkelijker op. Het enige wat het weer een beetje goedmaakte, was dat Townsend twee maanden voor zijn afstuderen aan MIT de universiteit de rug had toegekeerd. Dus ook al waren zijn argumenten nog zo goed, een eenvoudig 'wat weet jij nou, *college dropout?*' was genoeg om hem af te serveren.

Malcolm drukte zijn ellebogen tegen de warme glasvezeltank van zijn motor en stuurde de machine over een stukje natte gravel. Het was gebruikelijk dat de particuliere wegen in dit deel buiten de stad zo goed onderhouden waren. Daniel Suter, op de motor rechts voor Townie, had op dit deel van de route 'het vooronderzoek' gedaan en contact opgenomen met de familie die deze weg bezat om zo de voorbereidingen voor deze vroege ochtendrit te kunnen treffen. Het fenomeen 'particuliere weg', vaak de enige weg die twee plattelandsdorpen met elkaar verbond, kwam op Malcolm als typisch buitenlands over, maar Suter woonde hier al langer dan de meesten van hen en reed al bijna zes jaar op zijn motor door deze groene heuvels. Na aan Yale en vervolgens aan de Harvard Business School te zijn afgestudeerd, had Suter voor diverse Japanse handelsfirma's gewerkt, recentelijk nog voor JP Morgans vestiging in Tokyo voordat Carney hem daar had weggesnaaid. Van het groepje huurlingen was hij de hoogst opgeleide en naast Akari de enige die perfect Japans sprak, wat vaak een amusante bron van verwarring voor de autochtonen was aangezien Suter de grootste gaijin van het stel leek: platinablonde haren, grote blauwe ogen, een lange rechte neus en een rood vlassig baardje onder zijn dunne lippen. De baard maakte hem ouder en wijzer dan zijn achtentwintig jaar, maar de manier waarop zijn Honda aan het wegdek kleefde en hij de machine bijna plat de bochten in smeet, was allesbehalve bedaagd. Deze klootzak wist wat motorrijden was.

Sterker nog, Suter was bijna net zo snel als Carney. Zelfs vanaf zijn eigen positie helemaal achteraan zag Malcolm hoe dicht de twee motorrijders elkaar naderden: Suters voorwiel en Carneys achterwiel werden nog slechts door een dun reepje blauw daglicht van elkaar gescheiden. Zoals bij alles was ook deze ochtendrit een

| 87.23 | +0.96 | 99.013 | -1.63 | 70.65 | +0.12 | 85.12 | +0.92 | 87.23 |
| 84.21 | +0.45 | 74.01 | +1.34 | 76.13 | +1.02 | 74.23 | +0.95 | 71.0 |

machorituee!, een test van vaardigheid en durf, die voortvloeide uit een bijna cultachtige behoefte om Carney te imponeren: risico's aanvaarden, er helemaal in opgaan, de kick die het gaf. Risico's nemen, dat was het mechanisme waarmee geld kon worden verdiend. Riscio's het hoofd bieden en de aangeboren angsten overwinnen, dat was de graadmeter van hoe ver ze konden gaan, wat voor spelers ze konden zijn. Of het nu een ochtendrit op de motor was, een bezoekje aan een hostessbar of een zeeptent, een handelsdag op de Nikkei, een spontane football-wedstrijd tegen een andere groep handelaren uit Tokyo, het waren allemaal tests. Met Carney die de boel voortdurend in de gaten hield.

Maar toch, zes maanden nadat hij zijn nieuwe leven in Tokyo was begonnen, stelde Malcolm zich tevreden met zijn positie achter aan de rij van avonturiers terwijl ze door het Japanse landschap slingerden. Hij wist dat hij het gas alleen maar even hoefde open te draaien om de meesten te kunnen passeren, maar hij had nog niet het gevoel dat het moment was gekomen om toe te slaan. Niet dat hij tevréden was, maar alles was zo snel gegaan dat hij voorlopig liever even rustig aan deed en de tijd nam. Aan een hoop dingen moest hij flink wennen. De nieuwe motor was slechts één voorbeeld van zijn nieuwe leven in Tokyo. Zijn appartement in Hakari met een huur van tienduizend dollar per maand – marmeren vloeren, verwarmde badkamertegels, twee slaapkamers, een cirkelvormige woonkamer en een kunstmatige waterval langs een van de keukenmuren – was een tweede, voorzichtige stap. Hij had nog zo veel van Carney te leren, van Sayo, van de andere avonturiers, van Tokyo zelf.

Zeven uur in de ochtend.

ASSOCIATED STRATEGIC CAPITAL, LLC. stond er in blokletters op de matglazen dubbele deuren op de bovenste verdieping van het Bank of Japan-gebouw midden in het financiële hart van Tokyo. Zes jongemannen schaarden zich om de marmeren vergadertafel in de ruime ronde kamer. Ze noemden zich simpel ASC, of 'de ASC-crew'. Maar iedereen in Tokyo kende ze als Carney's Boys.

Daniel Suter was met zijn achtentwintig jaar de oudste van het clubje en met zijn business-degree van Harvard en zijn goede ken-

68.50	+0.02	76.13	+1.02	74.23	+0.95	101.01	-1.63	70.65 +0
89.22	+1.01	97.12	-0.00	85.23	+0.65	71.01	+1.34	88.13 +0

nis van het Japans degene met de beste opleiding. Steve Townsend, zevenentwintig, was de slimste, een technisch genie dat sneller kon rekenen dan een rekenmeisje achter een computer. Trent Glowfield en Derrick Heap, beiden zesentwintig, waren van nature een paar rouwdouwers van wie je zeker wist dat ze in gevaarlijke situaties snel zouden toeslaan, zonder dat het begrip 'angst' daarbij een rol van betekenis speelde. Akari, ook zesentwintig, was terzake kundig, sarcastisch en eeuwig in zijn sas; hij leek bij Carney een vertrouwenspositie in te nemen, misschien omdat hij al het langst voor de man had gewerkt. En Malcolm was met zijn vierentwintig jaar de benjamin van het stel. Zijn persoonlijkheid en rol moesten nog worden ingevuld.

Een halfjaar lang waren ze hier elke ochtend rond de marmeren tafel bijeengekomen, twee uur voordat de handelsdag weer zou beginnen en gekleed in hun informele tenues: witte overhemden, donkere pantalons. Carney en Bill slenterden meestal rond halfacht binnen. De eerste week verscheen Carney 's ochtends voor het ochtendoverleg in een gestreept jasje voor op de beursvloer, als een soort pervers eerbetoon aan Nick Leeson, wiens foto in Londen en Tokyo nog steeds de tabloids vulde. Daarna had hij de streep verruild voor een donker Armani-pak, zonder das, en het overhemd tot halverwege losgeknoopt. Bills garderobe, daarentegen, kon op zijn aardigst slechts omschreven worden als *élégance du clochard*.

Soms begon Carney de vergadering met nieuws uit de financiële markten. Op andere dagen liet hij de jongens aan het woord. Aanvankelijk verliepen de bijeenkomsten chaotisch, spuide iedereen tegelijk ideeën. Zoals Carney, voordat ASC zijn deuren opende, tijdens hun korte tweedaagse oriëntatie had uitgelegd, draaide het bij een hedgefund slechts om één ding: winst. Geen deal ging te ver, geen positie was te gek. ASC kon zich op eenvoudige aandelen zoals effecten en obligaties richten, index-futures verhandelen, of *commodities* zoals de yen, edelmetalen, varkensvlees of zelfs jus d'orange. Of ze konden op exotischer posities jagen: onroerend goed, zeldzame kunst, IPO's. Er hoefde aan niemand verantwoording te worden afgelegd, geen formulieren te worden ingevuld of toestemming te worden aangevraagd. De enige echte beperkingen

87.23 +0.96   99.013 -1.63   70.65 +0.12   85.12 +0.92   87.23
84.21 +0.45   74.01   +1.34   76.13 +1.02   74.23 +0.95   71.0

waren de kas van driehonderdvijftig miljoen dollar en Regel Eén van Carney: stap nooit in als je weet dat je vóór het eind van de beursdag niet meer kunt uitstappen. Het schiep veel ruimte voor creativiteit, en met de prestatiegerichte sfeer die Carney had weten te scheppen, raakten op sommige ochtenden de gemoederen rond de vergadertafel dan ook tamelijk verhit. Dit was niet langer een prop trader met zijn tovenaar en een paar assistentjes. Dit waren inmiddels acht beurshandelaren die allemaal de vinger om de trekker hadden. Acht potentiële topspelers. En stilzwijgend wisten Carney's Boys stuk voor stuk dat degene die de grootste deal maakte er het meest van zou profiteren, zowel financieel op korte, als politiek op lange termijn.

Tot dusver was Steve Townsend in termen van winstgevende ideeën het productiefst geweest. Van de twaalf plannen die hij het afgelopen halfjaar had gepresenteerd, waren er drie door Carney en Bill goedgekeurd: een arbitrageschema met Indonesische staatsobligaties, dat ASC nu al drie miljoen dollar had opgeleverd; een shortsell-positie in een textielfirma uit Singapore en schromelijk overgewaardeerd, zoals Townsend terecht had vastgesteld, en die ASC nog eens een miljoen had opgeleverd; en ten slotte een 'vluggertje' met een Zuid-Koreaanse keten van ijzerwaren, die naar Vietnam wilde uitbreiden. Townsend had flink van zijn succes geprofiteerd en na de Zuid-Koreaanse positie met een winst van vier miljoen dollar te hebben verkocht, had hij zichzelf een plek naast Carney aan de marmeren tafel toegeëigend, vanwaar hij met de gebruinde armen voor de borst gevouwen en met een superieure blik in zijn felgroene ogen de anderen aankeek.

Suter had in de eerste paar maanden twee winstgevende ideeën ter tafel gebracht, allebei een vervolg op projecten uit zijn tijd bij JP Morgan, complexe arbitragetransacties rondom enkele converteerbare Japanse obligaties die de eerste in hun soort waren. Geen van beide posities had een verpletterende winst opgeleverd, maar bij elkaar waren ze toch nog goed geweest voor zeven miljoen dollar.

Als duo hadden Glowfield en Heap de ochtendvergaderingen vooral benut om de ideeën van de anderen af te kraken. Iedereen was dan ook verrast, Carney misschien wel het meest, toen de twee boezemvrienden een plan onthulden voor een valutatransactie tussen de yen en de Amerikaanse dollar. Het leverde ASC bijna vijf miljoen op, wat de vele ochtenden weer goedmaakte waarop de twee rouwdouwers met een duidelijke kater op het werk waren verschenen, nog steeds gehuld in dezelfde kleren als waarin ze de vorige avond hadden rondgelopen. Allebei waren ze regelmatige klanten van de plaatselijke stripclubs annex bordelen waar voornamelijk Oost-Europese vrouwen werkzaam waren, en de anderen waren er dan ook bijna heilig van overtuigd dat ze het idee hadden opgedaan bij een Russische prostituee die ze hadden gedeeld. Maar niemand durfde de twee linebackers erop aan te spreken om zo achter de waarheid te komen. Eigenlijk maakte het helemaal niet uit waar dat idee vandaan was gekomen. Zolang het de firma maar geld had opgebracht.

Malcolm begon zich af te vragen of Akari en hij ook wat meer tijd in stripclubs hadden moeten doorbrengen. Hun eigen zoektochten naar nieuwe wegen die naar winst moesten leiden, waren tot dusver vruchteloos geweest. De twee ex-assistenten uit Osaka waren van arren moede teruggevallen op hun oude, geroutineerde vaardigheden en hadden het grootste deel van de tijd Nikkei-futures verhandeld op de beurs van Osaka. Hun werkplek was nog steeds dezelfde als die bij Kidder Peabody: twee terminals in twee hokjes naast elkaar, stoelen met zwenkwieltjes waarmee ze over het tapijt op de gangen konden racen als Carney en Bill er niet waren, en plastic intercoms naast de telefoons die ze nauwelijks gebruikten.

Als gewone handelaren in derivaten voor een in Tokyo gevestigd hedgefund van driehonderdvijftig miljoen hoefde je je nergens voor te schamen, en samen met Akari had hij al vanaf de eerste dag voor een gestage stroom aan inkomsten gezorgd. Niet dat ze Carneys veertig miljoen winst per jaar zouden evenaren, maar ze deden het heus niet slecht en haalden misschien wel tussen de drie en acht miljoen binnen. In termen van de winsthiërarchie stonden ze daarmee net onder Townsend en boven de meeste anderen. Maar er school geen creativiteit in en dus hadden ze in dat opzicht niets nieuws bijgedragen, en zou Carney niet onder de indruk zijn. Totdat ze zelf met iets nieuws kwamen, zouden ze ge-

87.23 +0.96 99.013 -1.63 70.65 +0.12 85.12 +0.92 87.23
84.21 +0.45 74.01 +1.34   76.13 +1.02 74.23 +0.95 71.0

wone bureaupikken blijven: vervangbaar, kloonbaar, net als al die honderden handelaren die zich uit de naad werkten voor de beleggingsmaatschappijen in het financiële hart van Tokyo. In dit gebouw zaten waarschijnlijk nog zo'n vijftig handelaren net als zij, verspreid over verschillende verdiepingen en gebogen over hun computerschermen, in kantoortjes als de hunne.

De groeiende druk om eindelijk zelf eens met een idee voor de dag te komen ging zo'n beetje hand in hand met het tempo waarin zijn levensstijl werd opgewaardeerd. Terwijl hij zijn nieuwe Ducati door het landschap stuurde en door de metalige geur van zijn helm heen de bedauwde ochtendlucht proefde, peilden zijn gedachten mogelijke arbitrageschema's met edelmetalen en Amerikaanse staatsobligaties. Zodra hij 's avonds zijn weelderige appartement weer betrad, zette hij zich meteen achter zijn computer, logde in, en ploos de tientallen financiële dagbladen uit alle delen van de wereld uit, zoekend naar dat ene kleine toeval waar nog niemand zijn oog op had laten vallen, dat piepkleine verschil in prijs, omvang of waarde dat misschien een snelle winst kon opleveren. Zelfs als hij met Sayo was en ze hand in hand over een markt liepen, of wanneer hij de geur van haar huid opsnoof terwijl ze naast hem op de futon in zijn slaapkamer lag, doorliep zijn brein koortsachtig de kleine onderlinge verschillen – Japanse schoonheid versus gaijin – zoekend naar culturele aanwijzingen die mogelijk arbitragekansen opleverden.

Hij had genoeg zelfvertrouwen om ervan uit te gaan dat die kans zich vroeg of laat wel zou aandienen. Maar voorlopig verkocht McDonald's op Twelfth Street nog steeds hamburgers voor één dollar en die andere, op Seventeenth Street, voor één dollar tien, en kon hij zelf geen kant op, leek hij met zijn voeten aan het asfalt gekleefd terwijl iedereen om hem heen af en aan rende met zakken vol goedkoop vlees.

Maar gelukkig stond hij er niet alleen voor. Hij had Akari om hem op te beuren, hoewel de spelletjes backgammon 's avonds inmiddels waren veranderd in bijna stilzwijgende duels, en Akari net zo getergd leek door hun gebrek aan creativiteit als Malcolm. Zijn spel was bijna mechanisch geworden. Weliswaar versloeg hij Malcolm nog altijd met hetzelfde gemak maar de lol van de over-

68.50	+0.02	76.13	+1.02	74.23	+0.95	101.01	-1.63	70.65 +0
89.22	+1.01	97.12	-0.00	85.23	+0.65	71.01	+1.34	88.13 +0

winning was eraf. Al meer dan twee weken had hij Malcolm niet meer gewezen op de dertigduizend dollar schuld die hij had opgelopen. Malcolm begon zich af te vragen of de druk voor de slungelige knaap niet te hoog werd. Maar misschien lag het probleem wel heel ergens anders. Hoewel Akari slechts twee verdiepingen lager woonde, wist hij maar weinig van het sociale leven van zijn kameraad, en afgezien van de backgammonduels had hij Akari, buiten de gewone werkuren om, al meer dan twee maanden niet meer gezien.

Des te verbaasder was hij dus toen Akari op een maandagochtend iets na achten opeens een metalen koffertje van onder zijn stoel te voorschijn trok en vastberaden naar het hoofdeinde van de marmeren tafel liep.

Glowfield was net bezig met een verhaal over een triootje met twee Thaise hoertjes en een verborgen videocamera, dat nogal vervelend was afgelopen – iets met een derde hoertje dat zomaar was binnengelopen, de camera had gevonden en stennis had getrapt – toen Carney hem met een handgebaar afkapte. Akari had nog niets gezegd, maar friemelde inmiddels aan de sloten van zijn koffertje. Malcolm zag dat Akari's vingers beefden terwijl ze aan het glimmende chroom rukten. Ten slotte sprong het koffertje open, en Akari trok er een stapel verslagen uit die hij vervolgens uitdeelde.

Akari nam het woord en Malcolm merkte dat zijn vriend zijn blik meed. 'Drie weken geleden,' begon hij, 'werd ik benaderd door een contact bij Japan One met een interessant voorstel. Na uitgebreid onderzoek ben ik tot de conclusie gekomen dat dit een kans biedt voor een snelle, gigantische winst, met heel weinig risico.'

Carney leunde al achterover in zijn stoel en tikte met zijn vingers tegen zijn lippen terwijl hij het A4'tje bestudeerde. Malcolm pakte zijn eigen velletje en zijn blik gleed over de getallenrijen. Pas na een moment wist hij wat deze cijfers voorstelden. Japan One was een van Japans grootste banken. Dankzij een extreem groot pakket van niet-afgeloste leningen balanceerde de bank nu op de rand van de afgrond. Al meer dan een maand had hij erover in de kranten gelezen, maar hij had geen idee hoe Akari contact had weten te

| 87.23 | +0.96 | 99.013 | -1.63 | 70.65 | +0.12 | 85.12 | +0.92 | 87.23 |
| 84.21 | +0.45 | 74.01 | +1.34 | 76.13 | +1.02 | 74.23 | +0.95 | 71.0 |

leggen, en bovenal, waarom Akari hem daar niets over had verteld. Zelfs al had Akari het liefst in zijn eentje met het idee aan de slag gewild, hij had het best kunnen vertellen. Hij zou zijn kameraad alleen maar hebben aangemoedigd, hem misschien wel hebben geholpen met het speurwerk.

'Dit zijn uitstaande leningen, een totaalpakket ter waarde van honderd miljoen dollar. De meeste met vastgoed als onderpand en met een geschatte waarde van bij elkaar zo'n vijftig miljoen dollar. Vanwege de voortdurende ellende bij Japan One – jullie hebben de krantenkoppen vast wel gezien – zijn er geen serieuze pogingen ondernomen om die leningen te innen of de onderpanden te executeren en te liquideren om aan de financiële verplichtingen te kunnen voldoen.'

Malcolm keek op van zijn cijferlijstjes en keek naar Carney. Van diens gezicht viel nog weinig af te lezen, maar zijn vingers tikten nog steeds tegen zijn lippen, en bovendien steeds sneller. Geen twijfel mogelijk, dit waren indrukwekkende cijfers. Vijftig miljoen dollar aan onderpanden van slechte leningen. Zelfs als daarvan maar een fractie kon worden overgenomen en geliquideerd, leverde het nog altijd een gigantische som op.

Vervolgens kwam Akari met de echte klapper.

'Japan One is bereid ons dit pakket van uitstaande leningen voor tien miljoen dollar te verkopen.'

Carneys vingers verstijfden. Hij knipperde even en zijn kille blauwe ogen keken Akari aan. Ook de anderen aan tafel keken tegelijkertijd op. Malcolm voelde een frons op zijn voorhoofd verschijnen. Japan One wilde honderd miljoen dollar aan uitstaande leningen voor tien miljoen van de hand doen? Met een vastgoedonderpand van naar schatting vijftig miljoen? Het leek volkomen absurd.

Townsend was de eerste die zijn mond opendeed. Als rekenwonder had hij het hoofdrekensommetje al gemaakt.

'Zelfs als we maar een klein deel van die leningen kunnen terugwinnen, zullen we flink scoren.'

'Man,' viel Suter hem bij, 'als we die vastgoedonderpanden kunnen verkopen, verdienen we onze investering vijf keer terug.'

Malcolm wreef over zijn kin. Hij kon er niet bij met zijn verstand. Honderd miljoen aan uitstaande leningen te koop voor tien miljoen? Er zat een luchtje aan. Of voelde hij zich gewoon een beetje verraden omdat Akari het voor hem had verzwegen? Was hij gewoon jaloers? Hij probeerde het wat objectiever te bekijken, maar de cijfers leken volkomen belachelijk.

'Waarom worden deze leningen voor tien cent per dollar aangeboden?' vroeg hij ten slotte.

Akari haalde zijn schouders op. 'Japan One beleeft nu zware tijden met de crediteuren. Ze willen gewoon zo snel mogelijk van deze nachtmerrie af. En als ze die Japanse bedrijven gaan aanpakken, levert het ze alleen maar een slechte reputatie op. Ze verkopen de boel liever aan een stel gaijin.'

Malcolm schudde zijn hoofd. Nog steeds kon hij er geen chocola van maken.

'Wordt je reputatie niet nóg slechter als je honderd miljoen aan leningen voor tien miljoen van de hand doet? En je een stel Amerikanen het vuile werk laat opknappen?'

'Nee,' was Akari's antwoord, en Malcolm merkte dat zijn vriend geïrriteerd begon te raken. 'Zo denken Japanners niet. Een Japanse bank die een Japans bedrijf executeert, zoiets is bijna ongehoord. Maar Amerikanen worden toch al gezien als barbaren en cowboys. Wij kunnen wegkomen met dingen die voor Japanners onmogelijk zijn.'

Malcolm wilde net iets zeggen, maar Carney boog zich naar voren in zijn stoel en plaatste zijn vingertoppen tegen elkaar.

'Jongens, Regel Vijf van Carney: denk niet te veel door. Lijkt het op een eend en kwaakt het als een eend, dan ís het een eend. Volgens mij is dit interessant genoeg om erachteraan te gaan. Akari, regel een afspraak met jouw contact bij Japan One. Hanteer wat extra *due diligence*. Als je hulp nodig hebt, kan Malcolm je wel helpen. Volgens mij is het wel goed voor hem om even van de Nikkei weg te zijn.'

Voor Malcolm voelden de woorden als een klap in het gezicht. Zwijgend keek hij naar Akari, die zijn koffertje weer dichtdeed, en naar de anderen, die nu opstonden. Hij was nu de enige die nog niets nieuws had ingebracht. En ten overstaan van de anderen had Carney hem laten voelen dat hij hem in de gaten hield; dat hij al-

| 87.23 | +0.96 | 99.013 | -1.63 | 70.65 | +0.12 | 85.12 | +0.92 | 87.23 |
| 84.21 | +0.45 | 74.01 | +1.34 | 76.13 | +1.02 | 74.23 | +0.95 | 71.0 |

les en iedereen altijd maar in de gaten hield, verdomme.

Een voor een verlieten ze de vergaderkamer, eerst Carney, daarna Bill. Malcolm wachtte totdat Akari en hij de enige twee in de kamer waren voordat hij zijn mond opendeed.

'Gefeliciteerd,' zei hij terwijl Akari zich naar de deur begaf.

'Goeie vondst.'

Akari knikte. Malcolm wachtte even. Misschien dat Akari nog iets zou zeggen, zijn verontschuldigingen zou aanbieden vanwege zijn stilzwijgen, of zou uitleggen waarom hij zijn hulp niet had ingeroepen. ASC was prestatiegericht, maar ze waren ook vrienden. Voor Akari moest het duidelijk zijn geweest dat Malcolm hem zijn succes niet zou hebben misgund.

Maar het was duidelijk dat Akari zo zijn motieven had. Hij hield zijn koffertje stevig tegen zich aan, alsof het ding vol diamanten zat, en liep naar de deur. Malcolm volgde een paar stappen achter hem.

'Nou, als je mijn hulp nog nodig hebt...'

'Ik denk dat ik het wel alleen afkan,' antwoordde Akari terwijl hij door de deur verdween.

Malcolm keek hem na en voelde zich dubbel verraden. Hij had geen idee wat zijn vriend bezielde. Misschien was Akari jaloers vanwege de tijd die hij met Sayo doorbracht. Of misschien had het inderdaad gewoon te maken met de prestatiegerichte cultuur van ASC. Toch, het gevoel dat er iets achter zat wat veel dieper ging, bleef aan hem knagen.

Maar hij had geen tijd om over deze vraag te piekeren, want de beurzen konden elk moment openen. Hij moest Nikkei-futures verhandelen, of hij het nu leuk vond of niet.

19

Kyoto

Malcolm sloot zijn ogen en liet de koele avondbries zijn wangen strelen. De lucht was bezwangerd van een geurenmelange: pas gemaaid gras, hars, rozen en, overheersend, wierook, in zo'n hoeveelheid gebrand dat het kruidige aroma op zijn keel sloeg en hij moest hoesten. Hij voelde Sayo's hand op zijn onderrug, haar heup tegen zijn dijbeen en haar hoofd rustend op zijn schouder. Hij kroop nog wat dichter tegen haar aan zodat ook haar lichaamswarmte bijdroeg aan de warmte die via zijn blote voetzolen naar boven trok. Een uur geleden was de zon ondergegaan, maar nog steeds klampte het eeuwenoude hout onder zijn voeten zich vast aan de herinnering van een dag die zich met zacht zonlicht had gevuld. Een rustige dag op een van de rustigste plekken op aarde. Een plek die speciaal bedoeld was om je te helpen je gedachten op een rijtje te zetten.

Hij deed zijn ogen weer open en tuurde over de hoge houten reling. Tien meter beneden hen kon hij nog steeds het keurig verzorgde, golvende gazon onderscheiden. Links zag hij de rotstuin en het bloemperk, dat van de voet van de grote tempel tot de open plek in het midden van het openbare park liep en dat inmiddels was afgedekt voor de nacht. Vervolgens werd zijn aandacht getrokken door de zachte gloed aan de rand van de open plek, waar de lange wierookstokjes stoïcijns uit een met grind gevulde ton omhoogstaken. Een massa van geurende gloeiende as, als symbool voor de gebeden van een duizendtal bezoekers van deze heilige, vredige plek.

Hij probeerde te raden welk beetje as het restant kon zijn van

| 87.23 | +0.96 | 99.013 | -1.63 | 70.65 | +0.12 | 85.12 | +0.92 | 87.23 |
| 84.21 | +0.45 | 74.01 | +1.34 | 76.13 | +1.02 | 74.23 | +0.95 | 71.0 |

het wierookstokje dat Sayo en hij enkele uren geleden, toen ze bij het heiligdom waren aangekomen, hadden aangestoken. Hij had het smeulende stokje in het grind geplaatst terwijl Sayo een boeddhistisch gebed prevelde, iets wat ze na afloop had geprobeerd te vertalen. Een gebed voor eeuwige liefde, had hij uiteindelijk geconcludeerd, en de gedachte deed zijn borst zwellen. En dat gevoel was hem bijgebleven toen ze hem daarna was voorgegaan naar het diepste van de tempel zelf, en vervolgens via de hoge houten trap omhoog naar het plankier dat over het terrein uitkeek. Terwijl de avond viel, hadden ze nagenoeg in stilte bij de reling gestaan en gekeken naar de kalme stroom toeristen die zich door de rotstuin begaven, de groepjes middelbare scholieren in hun matrozenpakjes, de jonge ouders die hun kleintjes mee op hun rug sjouwden, de stelletjes zoals zij, die altijd linea recta op de wierook af leken te stevenen om met een opflakkerende lucifervlam en een pluimpje welriekende rook het moment te bezegelen.

Het was Sayo's idee geweest om de Chionen-tempel in Kyoto te bezoeken, en aanvankelijk had Malcolm zich ertegen verzet. Zelfs met de ultrasnelle trein duurde de reis drie uur, en in de afgelopen twee weken was zijn vrije tijd steeds kostbaarder geworden. Vanaf het moment dat Akari zich overijld op die deal van uitstaande leningen had gestort, had Malcolm in zijn eentje Nikkei-futures moeten verhandelen. Nog steeds verbolgen over wat hij als verraad van Akari had ervaren, had hij zich met een bijna obsessieve razernij op de Nikkei geworpen. Ook hij had de inzetten verhoogd en de omvang van zijn posities naar een welhaast beangstigend niveau getild. Op sommige dagen leek hij de geest van Nick Leeson weer op te roepen en verhandelde hij zo veel Nikkei dat het zelfs de hele beurs beïnvloedde. Hij had zich zelfs niet gerealiseerd hoezeer, totdat Carney hem op een middag op zijn kamer ontbood.

'Gefeliciteerd,' had Carney gezegd, en Malcolm had hem verbijsterd aangekeken.

'Waarmee?'

Carney had een balansrekening omhooggehouden die zwart zag van de Nikkei-bedragen.

'Vanaf dit moment ben jij de grootste derivatenhandelaar in Tokyo.'

68.50	+0.02	76.13	+1.02	74.23	+0.95	101.01	-1.63	70.65	+0
89.22	+1.01	97.12	-0.00	85.23	+0.65	71.01	+1.34	88.13	+0

Malcolm was bijna onderuitgegaan. Hij had niet zeker geweten of Carney nu ingenomen was geweest met zijn prestaties of niet. Maar het was een aardige gedachte: op zijn vierentwintigste was hij de grootste speler op de Nikkei. Hij verdiende wel geen geld als water, zoals Carney deed, maar hij trok in heel Tokyo wel de aandacht naar zich toe. In deze cowboybusiness was hij hard op weg de beste revolverheld te worden.

Toch veranderde dit nog niets aan het feit dat hij bij ASC nog steeds de enige was die niet met iets nieuws op de proppen was gekomen. Hij had helemaal geen nieuwe winstmogelijkheden aangeboord. En zolang dat nog niet het geval was, zou hij altijd onder aan de ASC-ladder blijven staan.

Maar nu hij hier blootsvoets op het balkon van de aloude boeddhistentempel stond, naast Sayo, leek dat probleem erg onbeduidend. In korte tijd was hij toch een heel eind gekomen; hij was goed op weg naar de verwezenlijking van zijn Amerikaanse droom. Een prachtig appartement, geld op de bank, zijn eigen motor. En Sayo. Hij streek door haar zijdeachtige haar, tot aan het warme driehoekje huid onder in haar nek. De zachtheid herinnerde hem aan de eerste keer dat ze hadden gevreeën. In een hartvormige badkuip, nota bene, in een liefdeshotel buiten Roppongi waar je per uur betaalde. Zijn appartement was namelijk nog niet ingericht, dus had Sayo hem meegetroond naar het etablissement en hem uitgelegd dat liefdeshotels net zozeer deel uitmaakten van de Japanse cultuur als sushi en samoerai. Malcolm had met zijn creditcard voor zes uur vooruitbetaald, waarna ze samen uit een brochure die aan de balie vastgeniet was de kamer hadden uitgekozen. De kamer was min of meer wat Malcolm had verwacht: grof tapijt, spiegelwanden, fluwelen bedlakens, satijnen gordijnen en een verhoogd bad van plexiglas, dat tot de rand gevuld was met roze bubbels. Staand in de kamer, die vooral bedoeld was voor middelbare schoolmeisjes om hun maagdelijkheid te verliezen, had Malcolm zich een beetje onbeholpen gevoeld, maar Sayo had hem op zijn gemak gesteld, een vinger tegen zijn lippen gelegd en was vervolgens langzaam aan de knoopjes van zijn overhemd begonnen.

De spiegels aan het plafond waren hem nog niet opgevallen, tot-

87.23 +0.96   99.013 -1.63   70.65 +0.12   85.12 +0.92   87.23
84.21 +0.45   74.01 +1.34   76.13 +1.02   74.23 +0.95   71.0

dat hij plat op zijn rug in de badkuip lag, met haar dijen schrijlings boven op hem en haar lichaam zo naar achteren gebogen dat hij over haar platte zongebruinde buik de uitstekende hoeken van haar smalle ribbenkast kon zien. Haar borsten waren stevig en rond, de tepels donker en hard in zijn handpalmen. De roze bubbels spetterden tegen zijn gezicht, smaakten bitter op zijn lippen, prikten in zijn ogen, maar het kon hem niet schelen. Zijn handen tastten haar schuimige huid af terwijl ze boven op hem kronkelde. Het traditionele onderworpen Japanse meisje had plaatsgemaakt voor een woest dier, met pezige spieren die zich onder haar huid aanspanden en samentrokken, vingers die in zijn borst klauwden en krabden, en ogen die zo ver wegdraaiden dat hij alleen nog het wit zag. Toen ze klaar waren, waren de meeste roze bubbels verdwenen en was het bad nog maar halfvol. Het tapijt was drijfnat, en Malcolm kon zich alleen maar afvragen hoeveel het zou kosten om de kamer weer op orde te brengen.

Dicht tegen haar aan leunend op het balkon van de tempel grinnikte hij om de herinnering, maar meteen daarop voelde hij schaamte. Dit was een heilige plek, en hoewel hij weinig van Sayo's religie af wist, ging hij ervan uit dat alle religies toch wel zo'n beetje dezelfde opvattingen hadden over hartvormige baden en spiegelplafonds. Aan de andere kant leek de stenen boeddha aan de voet van de tempel te grijnzen als een vent die zijn portie hartvormige badkuipen wel had gehad.

'Ben je nu ontspannen?' vroeg Sayo, de stilte doorbrekend. Haar stem was bijna een fluistering, maar weergalmde in zijn oren. Voorzover hij kon zien, waren ze nog de enige bezoekers hier. De middelbare scholieren en de blije gezinnetjes waren allemaal naar huis. Over een uur zouden Malcolm en Sayo weer de trein terug naar Tokyo nemen. De ultrasnelle trein, een ruimteschip op een magnetisch spoor, was als een microkosmos van de Japanse cultuur. Futuristisch, ongelofelijk efficiënt en volgepakt met kantoorslaven, verdiept in hun pornostrips, en gedienstige jonge stewardessen, die lopend door het smalle gangpad hun best deden grijpgrage handen te ontwijken.

'Ik ben ontspannen,' antwoordde Malcolm. Het gros van hun gesprekken bleef beperkt tot eenvoudige zinnetjes en begrippen;

de taalbarrière was zowel frustrerend als intrigerend, want het dwong hen beiden om hun woorden met zorg te kiezen en van zo veel mogelijk betekenis te voorzien.

'Maar ik ben nog steeds een beetje verbijsterd,' voegde Malcolm eraan toe. 'Akari is mijn vriend. Waarom zou hij me niet hebben verteld waar hij mee bezig was?'

De afgelopen weken had hij Akari alleen in het voorbijgaan gezien. Het was gedaan met de avondlijke backgammonspelletjes of de borrels in een naburige bar. Hij vermoedde dat Akari het druk had met zijn deal, en zelf werd Malcolm natuurlijk ook volkomen opgeslokt door de Nikkei, maar toch had hij wel iets van contact verwacht. Misschien geen verontschuldiging, maar dan toch op z'n minst de erkenning dat hun vriendschap meer waard was dan bonuspunten van Dean Carney.

'Dat is een typisch Amerikaanse vraag,' reageerde Sayo. 'Jullie moeten elkaar altijd zo nodig alles vertellen wat jullie denken. Ik ben blij. Ik ben verdrietig. Ik ga hier. Ik kom daar.'

Hij glimlachte. 'Nou, ik hoef jou anders niet te vertellen wat ik denk. Jij weet wel wat ik denk.'

Hij boog zich vorover en kuste haar. Ze kuste hem terug, maar duwde hem vervolgens van zich af tegen de warme houten wand. Ze streek met haar vingers langs de reling voor hen en keek hem toen aan. Uit haar ogen straalde iets nieuws, iets wat hij nog niet eerder bij haar had gezien. Bezorgdheid.

'Malcolm, veel dingen beter met rust laten. Veel dingen die eenvoudig lijken, zijn helemaal niet... eenvoudig. Vooral niet hier, in Japan, vooral niet wanneer het om geld gaat.'

Malcolm trok zijn wenkbrauwen op. Nog nooit had Sayo met hem over zijn werk gepraat. Hij wist niet zeker of hij het haar ooit helemaal had uitgelegd. Akari had ze een paar maal ontmoet en ze was een keer mee geweest naar een cocktailparty op kantoor. Maar hij probeerde zijn leven met Sayo doorgaans gescheiden te houden van zijn leven bij ASC. Eerlijk gezegd vond hij het maar niets hoe andere buitenlanders naar haar keken. In de straten van Roppongi kookte hij vaak bijna van woede als hij de begerige blikken zag of in het voorbijgaan opmerkingen opving van andere gaijin. Hij had genoeg verhalen aangehoord om te weten hoe de

```
87.23  +0.96    99.013  -1.63   70.65  +0.12   85.12  +0.92   87.23
84.21  +0.45    74.01   +1.34   76.13  +1.02   74.23  +0.95   71.0
```

meeste expats over Japanse meisjes dachten. Hij walgde ervan en schaamde zich wanneer hij dacht aan de vele keren dat hijzelf mee had gelachen om de grapjes ten koste van de vele maîtresses die de handelaren in Osaka en Tokyo erop na hielden.

'Geld is altijd eenvoudig,' reageerde Malcolm. 'Je hebt het, of je hebt het niet. Je kunt het verdienen, of je kunt dat niet.'

'Sommige dingen die je bij dat bedrijf doet om je geld te verdienen, kunnen... gevaarlijk zijn.'

Ze wendde haar blik af, alsof ze al te veel had gezegd. Malcolm staarde haar aan. Waar had ze het in vredesnaam over? Wat wist zij over wat ze bij ASC deden? Hij had haar zelfs nog nooit uitgelegd hoe het in z'n werk ging bij de Nikkei, en hij geloofde niet dat ze er op eigen houtje achter was gekomen.

'Sayo, ik verhandel derivaten bij een hedgefund. Wat is daar zo gevaarlijk aan?'

Ze keek hem weer aan. Haar ogen waren vochtig. 'Je moet op je hoede zijn, Malcolm. Dit is Wall Street niet.'

Malcolm liet haar los en vouwde zijn armen voor zijn borst.

'Hoe kom je hierbij?'

'Luister gewoon naar me. Dingen gaan hier anders. Regels zijn anders. Jij bent Amerikaan, jij kunt dat niet weten.'

Er bekroop hem een gedachte, en hij voelde zijn spieren verstijven. Hij dacht terug aan de avond dat hij Sayo voor het eerst had gezien. Hoe Carney hem had gevolgd tot in de hal. Carney had de Sakura Hostess Bar al tal van keren bezocht; hij was een gaijin-vip. Hij kende Sayo's vader natuurlijk. 'Heeft je vader je soms iets verteld?' fluisterde hij.

Ze gaf niet meteen antwoord. Even later nam ze zijn handen in de hare. 'Jij belooft mij, je houdt je ogen goed open. Jij steeds voorzichtig zijn. En jij kiest juiste moment om weg te lopen.'

Malcolm knipperde met zijn ogen. Het klonk als een van de Regels van Carney. Ja, misschien had haar vader haar inderdaad iets verteld. Of misschien was ze gewoon overdreven bezorgd. Hij betwijfelde of ze echt wist waar ze over praatte. Er waren tientallen Amerikaanse ondernemingen in Tokyo, en honderden jonge Amerikanen die rijk wilden worden in de derivatenhandel. Het grootste gevaar dat hij zich kon indenken, was dat hij zijn baan zou verliezen omdat hij niet genoeg van zichzelf wist in te brengen. Of misschien was dat het op een na grootste gevaar; misschien was het grootste gevaar wel dat hij de boel verknalde, dat het de onderneming geld kostte. Eerlijk gezegd was hij er nog steeds niet achter waar hun driehonderd miljoen dollar aan kapitaal vandaan kwam. Hij had slechts één van hun cliënten ontmoet: meneer Kawaki, dezelfde zakenman die Carney en Bill had vergezeld naar de hostessbar, die avond dat hij Sayo had ontmoet. Hij had aangenomen dat het meeste geld uit vergelijkbare hoek was gekomen – van vroegere cliënten uit de tijd dat Carney nog voor Kidder Peabody werkte. Nu hij Sayo's bezorgde gezicht zag, vroeg hij zich af of een deel van dat geld uit iets minder plezante bronnen afkomstig was. Hij schudde de gedachte van zich af. Het was niet zijn taak om te bepalen waar het geld vandaan kwam – zijn taak was manieren uit te vogelen om dat geld te laten groeien.

Hij trok Sayo's handen naar zijn mond en sloeg zijn armen om haar smalle schouders.

'Dat beloof ik. Ik zal precies weten wanneer ik moet weglopen.'

Ze knikte en legde haar hoofd tegen zijn borst. Hij wilde haar het liefst met zijn hele lichaam opslokken, haar warmte diep vanbinnen voelen en die voor altijd vasthouden. Precies op tijd weglopen. Dat leek op Regel Eén van Carney, die alles met je exit point te maken had. Koos je dat moment te vroeg, dan zou je daar altijd spijt van hebben. Was je te laat, dan liep je het risico alles te verliezen.

Malcolm zou weglopen zodra hij het allemaal had, elk beetje ervan, zijn hele Amerikaanse droom. Dan zou hij weglopen en nooit meer omkijken.

20

New York, heden

Het hart van de stad, drie straten ten noorden van de rivier, vlak om de hoek van Ground Zero.
Een ruim hoekkantoor, diep weggestopt in het penthouse op de vierenvijftigste verdieping van een wolkenkrabber van glas en staal. Het was een van de nieuwere gebouwen in dit stadsdeel, destijds waarschijnlijk gefinancierd met Japans geld toen de bomen nog de hemel in groeiden, maar voltooid met geld van een Amerikaanse roofridder. Geen Wall Street, maar met alle vierenvijftig verdiepingen propvol beleggings- en advocatenkantoren had dat net zo goed wel zo kunnen zijn. Het penthouse was een catacombe van gelijksoortige glazen hokjes, onderling verbonden door gangen met dunne vloerbedekking en van bovenaf belicht met gele tl-balken. Het was er bezaaid met computerterminals, een tot leven gewekte IBM-reclamespot, en vooral opmerkelijk vanwege de bijna volledig afwezige snoeren en draden. De lucht zinderde van de constante datastroom, draadloos doorgegeven, gecodeerd, lekkend door de glazen ramen en weerkaatsend tegen de gepleisterde muren.
Net als de werkplekken was ook het hoekkantoor een glazen kooi, maar dan wel voorzien van jaloezieën. Ze zaten dicht en de crèmekleurige lamellen glommen zacht in het licht dat binnenstroomde door de twee royale ramen, die uitzicht boden op het drukke kruispunt beneden. Midden tussen de ramen stond een enorm mahoniehouten bureau, met daarachter een leren stoel met hoge leuning. In de stoel zat een jongeman met rood krullend haar en een dikke bril met plastic montuur. Hij droeg een das, maar

geen pak; een donkere pantalon, maar zonder riem. Zijn overhemd was wit, maar in het binnenvallende licht leek het eerder roze. Misschien kwam het gewoon door de lichtwerking van zijn haar.

Van achter zijn dikke brillenglazen keek hij me bedachtzaam aan terwijl hij op een halve kalkoensandwich kauwde. Groene stukjes sla kleefden aan zijn onderlip, op hun plek gehouden door kloddertjes verfijnde mayonaise. Zelf had ik ook een kalkoensandwich, maar ik was te nerveus om echt honger te hebben. In Japan werd ik binnen het clubje buitenlandse avonturiers gezien als een pottenkijker, onschadelijk, min of meer een curiositeit. Hier in New York was ik eerder een lastpost.

Ik legde mijn sandwich terug op mijn bordje op een van de hoeken van het enorme bureau en ik zag dat hij naar een augurk reikte. Of die er speciaal ter ere van mij lagen of dat ze deel uitmaakten van een of ander bizar ritueel dat ik nog moest ontsluieren, wist ik niet, maar hij maakte er drie even hoge torentjes van op het gladde keramische presenteerblaadje. 'Er bestaan veel misvattingen over wat we hier doen,' sprak hij ten slotte, de stilte doorbrekend terwijl hij een augurk van een van de torentjes plukte.

Hij glimlachte, en ik glimlachte terug. Hij had een licht Brooklyn-accent, getemperd door vier jaar Harvard en nog eens drie aan Wharton. Ik had mijn speurwerk gedaan en ik wist nu net zo veel over Richard Coop als ieder ander die de beschikking had over een laptop en twaalf uur voor de boeg had in een vliegtuig dat zich een weg van Narita naar JFK zwoegde. Ik wist dat hij als beste van zijn jaar was afgestudeerd, dat hij eerst drie jaar voor Merrill Lynch had gewerkt, getrouwd was, vier kinderen had en op Long Island in een villa zo groot als het Grand Central Station woonde. Bovendien wist ik hoeveel hij waard was. Of eigenlijk wat de kranten dachten dat hij waard was, want niemand wist het echt precies.

'Soms schilderen de kranten ons af als de schurken. Maar in veel opzichten is de waarheid precies tegengesteld. Natuurlijk, het gaat ons om de winst, zoals bij elk ander *mutual fund* of elke andere beleggingsmaatschappij. Maar heel vaak doen we ook dingen die goed zijn voor de macro-economie en die mensen een hoop geld besparen.'

87.23 +0.96 99.013 -1.63 70.65 +0.12 85.12 +0.92 87.23
84.21 +0.45 74.01 +1.34   76.13 +1.02 74.23 +0.95 71.0

Hij beet het topje van zijn augurk en kauwde. Een apart figuur, dat was wel duidelijk. Ik vroeg me af hoe ik hem in woorden kon vatten en me tegelijkertijd aan de afspraak kon houden die we voorafgaand aan het interview hadden gemaakt. Als schrijver hoorde ik vooral de details te onthouden om een zo levendig mogelijk portret te kunnen schilderen, alsof mijn pen de lens van een tv-camera was. Maar vandaag diende ik de details juist te vergeten, het beeld te versluieren en de punt van mijn pen af te stompen. Want in werkelijkheid heet hij helemaal geen Richard Coop, en hij heeft zelfs geen rood haar. Het waren noodzakelijke verzinsels, net als de locatie van zijn kantoor en de Ivy League-universiteit die hij had bezocht. Hij zou me te woord staan, maar onder de strenge voorwaarde dat niet één van zijn collega's hem zou kunnen identificeren, en in zijn wereld was de geringste aanwijzing al voldoende om de bloedhonden aan het snuffelen te krijgen. Hij had te veel te verliezen en niets te winnen, zoals hij me tijdens ons eerste telefoongesprek had uitgelegd. Net als zo veel anderen had hij me alleen maar binnengelaten als een gebaar naar John Malcolm.

Richard Coop, inmiddels achtendertig jaar, was de directeur en oprichter van een hedgefund dat een paar miljard dollar in beheer had, een bescheiden monster in een wereld van reuzen.

Particuliere hedgefunds als dat van Coop streefden de beleggingsmaatschappijen en de fondsen van investeringsbanken in razend tempo voorbij, wat gezien het gesloten karakter van hedgefunds tot veel argwaan leidde. Het feit dat jonge figuren als Coop alsmaar rijker werden terwijl de economie maar bleef inzakken, hielp ook niet echt. Door de bank genomen rekenden hedgefunds een jaarlijkse provisie van één à anderhalf procent plus twintig procent van de winst. Dit betekende dat Coop in een goed jaar een provisie opstreek van rond de honderd miljoen dollar.

'Wat de mensen niet begrijpen,' ging Coop verder, terwijl hij ter benadrukking even met zijn augurk zwaaide, 'is dat we in niets verschillen van elke andere beleggingsvorm. Die geslotenheid waar we zo bekend om staan, is zelfs niet eens onze eigen keus geweest. Voor een particulier fonds dat zich richt op rijke cliënten is het wettelijk verboden om te adverteren. We mogen beneden zelfs ons naambordje niet eens ophangen.'

Ik vond het al vreemd dat de firma die de gehele bovenste verdieping van deze wolkenkrabber bezette beneden in de lobby niet eens op de namenlijst van de hier gevestigde bedrijven vermeld stond. Ik wist bovendien dat, hoewel hedgefunds bij hun beleggingen bijna vrij spel hadden, ze aan strenge regels waren gebonden waar het de acquisitie betrof.

'Maar zelfs al is die geslotenheid opgelegd...' begon ik, maar met een handgebaar kapte Coop me af.

'Kijk, daar komt dus al die mediadrukte vandaan. Eén grote misvatting. Zij denken dat wij zaken geheimhouden, omdat we dat zelf willen, omdat we er een negatieve, destructieve agenda op na houden. Ze zien bijvoorbeeld Enron ineenstorten, en een aantal figuren wijst vervolgens met de vinger naar die duivelse hedgefunds. Wat ze niet begrijpen, is dat Enron makkelijk nog zo'n vijf jaar had kunnen doorgaan en miljoenen dollars uit de zakken van nietsvermoedende beleggers had kunnen kloppen. Als er geen hedgefunds waren geweest die aan de bel hadden getrokken, zouden we nu met tientallen Enrons opgescheept zitten.'

Ik leunde achterover in mijn stoel. Op zich had hij een punt. Wanneer er in de krant over een hedgefund werd bericht, had het steevast te maken met een plan dat verkeerd had uitgepakt of het faillissement van een of ander bedrijf. Of met *shortselling*, het lenen van aandelen om die te verkopen, waarop het aandeel hopelijk zou zakken, en er winst kon worden geboekt. Veel hedgefunds maakten gebruik van deze techniek, vooral in volatiele tijden, waardoor ze winst maakten omdat anderen verlies leden.

'Maar het ligt toch niet altijd zo voor de hand?' zei ik. 'Ik bedoel, soms jagen shortsellers op bedrijven die even iets in de min zitten om ze daarna de nek om te draaien. Daar hebben hedgefunds toch hun slechte reputatie aan te danken?'

'Je roept geen "brand" in een bioscoop die niet in de fik staat. Als we willen "shorten", verdienen we geld door ons te richten op bedrijven die er slechter aan toe zijn dan ze doen voorkomen. In feite opereren we als een tak van de beurscommissie. Want kijk, overal barst het van de frauduleuze bedrijven. Hier in de VS is een enorme samenzwering aan de gang om dit allemaal onder het tapijt te vegen, om al die andere Enrons uit het zicht te houden. Die

87.23 +0.96   99.013 -1.63   70.65 +0.12   85.12 +0.92   87.23
84.21 +0.45   74.01   +1.34   76.13 +1.02   74.23 +0.95   71.0

samenzwering is gigantisch, met regeringsfunctionarissen die graag hoge koersen willen vanwege hun herverkiezing, makelaardijen en banken die profiteren van hogere aandelenprijzen en de gewetenlozen binnen corporate Amerika die gigantisch profiteren van de overspannen beurzen. Je zou zelfs financiële dagbladen als *The Wall Street Journal* daartoe kunnen rekenen, met hun opmerkingen dat het dalende beleggersvertrouwen na fraudeonthullingen slecht is voor de markt en slecht voor de advertentieopbrengsten.'

Hij nam weer een hap van zijn kalkoensandwich. In gedachten probeerde ik hem, champagne drinkend, op zijn jacht in de Middellandse Zee voor me te zien. Maar in werkelijkheid was hij een ander type miljonair. Te veel Brooklyn.

'Shorten is maar één hedgefund-tactiek,' wierp ik tegen. 'Omdat er geen regels zijn, kun je gewoon alles doen wat je wilt.'

'We zijn heel flexibel, ja. We hoeven onze cliënten niet telkens om toestemming te vragen zodra we iets willen ondernemen. De ene dag kopen we misschien yens, de volgende dag verhandelen we goud op de Europese markt. Ik zou al ons geld zo op honkbalplaatjes kunnen zetten, als me dat een goede belegging lijkt.'

Ik dacht terug aan Malcolms zoektocht naar nieuwe winstvormen om bij Carney ter tafel te brengen, en ik vroeg me af wat er zou zijn gebeurd als hij op het kantoor in Tokyo met een doos Hank Aaron-*rookiecards* was verschenen. Ik realiseerde me dat het in veel opzichten juist deze vrijheid, deze flexibiliteit was die hedgefunds als dat van Carney zo'n gevaarlijk imago verschafte. Niet alleen bij de bedrijven waarop werd gejaagd of de beleggers die hun in de weg zaten, maar bij de handelaren zelf. Niet alleen hoefde er geen verantwoording te worden afgelegd, er werden ook geen vragen gesteld. Want vaak was het volkomen onduidelijk wie de cliënten waren of waar het geld vandaan kwam. Net als bij Nick Leeson leken alle hedgefunds voor Mr. X te werken.

'Dus pas aan het eind van het jaar, als jullie de optelsom maken, communiceren jullie met degenen wier geld jullie beleggen?'

Coop had zijn sandwich inmiddels op. Hij zette zijn bril af en wreef met een mouw de glazen schoon. Altijd maar bezig, geen moment stilzitten. Net als zijn fonds. Misschien werkte ik op zijn

68.50 +0.02   76.13 +1.02   74.23 +0.95   101.01 -1.63   70.65 +0
89.22 +1.01   97.12 -0.00   85.23 +0.65   71.01 +1.34   88.13 +(

zenuwen, symboliseerde ik de media die zijn branche op de huid zaten, of de regulators die zijn uitzinnige jacht op winst aan banden probeerden te leggen.

'Kijk, elk hedgefund rapporteert weer anders, maar dat is wel waar het aan het eind van het jaar allemaal om draait. Het eindsaldo. Winst, dat is het enige waar het ons om gaat. En dat geldt ook voor onze cliënten.'

'En die cliënten?' vroeg ik, eindelijk aanbeland bij de vraag waarvoor ik per slot van rekening naar New York was afgereisd. 'Wat voor beleggers zijn dat eigenlijk? Waar komt hun geld vandaan?'

Hij zette zijn bril op en fronste.

'Waar dat geld vandaan komt? Overal vandaan. Van particuliere beleggers hier in New York, soms uit het buitenland.'

Zijn hand reikte weer naar de augurken.

'Maar je hanteert natuurlijk een ondergrens...'

'Natuurlijk. Eén miljoen aan beleggingen, met een nettowaarde van ten minste vijf.'

'Eén miljoen dus. En het maakt niet uit waar dat geld vandaan komt?' herhaalde ik.

Hij kapte me af met een handgebaar.

'Nou, dus wel, namelijk in de zin dat er juridische procedures zijn, formulieren die je moet invullen. Maar het is eigenlijk niet mijn werk om uit te zoeken waar die miljoenen vandaan komen,' antwoordde hij. Hij klonk inmiddels honderd procent Brooklyn en nul procent miljonair. 'Mijn taak is om van die één miljoen dollar tien miljoen te maken. En degenen die met mij in zee gaan, kan het maar weinig schelen hoe ik dat precies doe. Zolang ik het maar doe.'

21

Tokyo

'Zo hoort hij er echt niet uit te zien, hoor,' probeerde Malcolm nog uit te leggen, maar Sayo staarde slechts onthutst voor zich uit, wat op zich wel begrijpelijk was. Zelfs van een afstandje was Bill een behoorlijk angstaanjagende kerstman: zijn donkere baard plakte van de witte verf, zijn verwarde haardos ging schuil onder een veel te grote rode fluwelen hoed en zijn dikke lijf stulpte bijna uit het gehuurde kerstmannenpak. Hij hing lui achterover in een sleevormige troon, de benen gespreid en de armen over elkaar geslagen op zijn uitpuilende buik. Zijn troon werd omringd door een enorme stapel kerstcadeaus die stuk voor stuk bont waren verpakt – met rode strikken, pakpapier met een opdruk van sneeuwvlokken, kronkelende twijgtakjes. Boven op het dichtstbijzijnde pakje stond een halflege champagnefles, die Bill afwezig betastte met zijn rechterhand terwijl hij de rij Japanse kinderen gadesloeg, die voorzichtig een halve kring rond het podium vormden.

'Hij lijkt wel dronken,' merkte Sayo op.

'Dat ís hij vermoedelijk ook,' zei Malcolm. Ze stonden net achter de deur naar de banketzaal, een meter of twintig van het podium af. Ze waren te laat gearriveerd voor deze liefdadigheidsavond, en Malcolm vroeg zich af of de andere handelaren van ASC hun opwachting al hadden gemaakt en al weer vertrokken waren. De zaal werd hoofdzakelijk bevolkt door gaijin-handelaren van de diverse beleggingsfirma's in Tokyo, van wie hij er veel herkende, maar hij zag geen enkele collega van ASC. Hij speurde de menigte nog eens af, en zijn blik gleed langs de tafeltjes aan de andere kant van de zaal naar de dansvloer, een enorme marmeren plaat die van

| 68.50 | +0.02 | 76.13 | +1.02 | 74.23 | +0.95 | 101.01 | -1.63 | 70.65 | +0 |
| 89.22 | +1.01 | 97.12 | -0.00 | 85.23 | +0.65 | 71.01 | +1.34 | 88.13 | +(|

boven verlicht werd door een spiegelbol en een zwevende gele spotlight. Nog meer buitenlanders en een paar Japanners, vooral vrouwen in schitterende avondjaponnen en nauwsluitende zwarte jurken. Vriendinnen, maîtresses, echtgenotes – en te midden van dit allegaartje waarschijnlijk aardig wat dure prostituees. Carney had deze avond omschreven als een evenement 'om te zien en gezien te worden', wat inhield dat iedereen binnen de handelsgemeenschap die zijn gewicht in winst waard was, het niet in zijn hoofd zou halen om zich hier zonder iets moois aan zijn arm te vertonen. Voor de topspelers van de handelsscene was zelfs liefdadigheid een vorm van concurrentie.

Malcolm haakte zijn arm door die van Sayo en ging haar voor door de menigte. Hij voelde de blikken terwijl hij glimlachend en knikkend voortschreed. Hij droeg een zwarte smoking met een wit maathemd, maar hij wist dat de jaloerse blikken niets met zijn kleermaker te maken hadden.

Hij keek even naar Sayo en vergaapte zich aan haar alsof hij haar nu voor het eerst zag. Haar haar zat strak naar achteren, waardoor haar hoge jukbeenderen en gloeiende amandelvormige ogen goed uitkwamen. Het decolleté van haar fluweelachtige zwarte jurk was zo diep dat het zelfs een blik op het reepje gebruinde huid van haar middenrif gunde. Haar slanke benen, aan het oog onttrokken door de glanzende stof, leken zo zelfs nog langer, en vanachter een split, die beneden bij de sluitbandjes van haar designschoenen met hoge hakken begon, waren even haar kuiten te zien. Met haar schoonheid trok ze alle aandacht weg van het podium. Ze deed alsof ze het niet zag en hield haar blik gericht op Malcolm, met een geamuseerde halve glimlach om haar mond.

'En die boom. Wat een ding!'

Malcolm knikte. Achter Bills troon verrees een enorme, zeven, misschien wel tien meter hoge boom, die bijna tot het plafond van de grote zaal reikte. Het gevaarte hing vol kristallen, glazen en goudkleurige ballen; zo veel versieringen die glinsterden in het licht van de felle podiumlampen dat Malcolms ogen begonnen te tranen en hij zich moest omdraaien.

'Gewoon eng. Hij lijkt zelfs groter dan de kerstboom bij het Rockefeller Center.'

87.23 +0.96   99.013 -1.63   70.65 +0.12   85.12 +0.92   87.23
84.21 +0.45   74.01 +1.34   76.13 +1.02   74.23 +0.95   71.0

Ze zette grote ogen op. 'Rokkenveller?'
'Ja,' zei Malcolm. 'Zoiets. Eng groot. Ik vraag me af hoe ze hem binnen hebben gekregen.'
De banketzaal, een ruimte van ruim vijftienhonderd vierkante meter, bevond zich op de tweede verdieping van het New Otanihotel en had veel weg van een atelier, met gordijnen langs de wanden en een hoog gewelfd plafond. Malcolm vroeg zich af of Carney deze plek zelf had uitgekozen. Of had de liefdadigheidsinstelling de details misschien geregeld? Hij wist niet precies om welke instelling het ging: op de uitnodiging had iets gestaan over ongeneeslijke zieke kinderen, maar over de ziekte zelf was in het Japans geschreven, en hij had vergeten Sayo te vragen het voor hem te vertalen. De uitnodiging was afkomstig van Carney, dus Malcolm had verder niet de moeite genomen om vragen te stellen. Hij was gewoon een smoking gaan kopen en had met een cheque betaald. Het pak kostte meer geld dan zijn moeder in een maand verdiende, en dat voor een liefdadig doel dat hij niet kon benoemen en anders waarschijnlijk toch niet zou begrijpen.
'Moet je die kinderen zien. Ik weet niet of ze nu banger zijn voor de boom of voor Bill.'
Ze waren inmiddels voldoende genaderd om de gezichten van de kinderen te kunnen zien: bleek, hun ogen wijdopen, hun lippen angstig samengeperst. Het waren er een stuk of twaalf en ze gingen in een wijde boog om Bill heen staan terwijl hij hen met een mollige hand wenkte. Kennelijk wilde hij er eentje naar voren halen om op zijn knie te laten zitten. Maar de kinderen verroerden zich niet. Malcolm zag hun ouders achter hen staan, en ze probeerden hun kroost naar voren te duwen, maar Bill vormde een te bedreigende aanblik. Ten slotte haalde hij maar zijn schouders op, nam de fles champagne ter hand en zette hem aan zijn mond.
De band barstte los en vulde de zaal met keiharde jazz. Het kostte Malcolm even om het vier man tellende ensemble te spotten; ze zaten opeengepakt op een verhoogd platform achter de dansvloer: twee saxofonisten, een drummer en een basgitarist.
'Zij erg goed,' zei Sayo nauwelijks verstaanbaar boven de muziek uit. Zoals iedereen in dit land was ze een jazzliefhebber. Op woensdagavonden nam ze Malcolm graag mee naar haar favorie-

te underground jazzbar, een rokerig hol net buiten Ginza, waar alle serveersters haar naam kenden, en de barkeeper hun net zo lang Kirin-bier en sake voorzette tot ze nauwelijks nog op hun benen konden staan. Malcolm vond het heerlijk om te zien hoe Sayo's wangen opgloeiden zodra de muziek losbrandde, zoals haar huid begon te kleuren met de kick van de rollende drums en de duellerende saxofoons.

Ze bereikten het podium en keken toe hoe de kinderen door hun beduusde ouders terug de menigte in werden geleid. Bill was nog in de weer met zijn champagnefles en kreeg Malcolm en Sayo pas in de gaten nu hij de laatste druppels achteroversloeg en met een dikke fluwelen mouw zijn mond afveegde. Hij grijnsde, klopte op zijn knie en keek Sayo doordringend aan. 'Spring jij maar even bij de kerstman op de knie om hem een kusje te geven.'

Malcolm voelde de woede in zich oplaaien, maar beheerste zich. Bill gedroeg zich gewoon zoals Bill zich altijd gedroeg.

'Hallo, Bill. Sorry dat we zo laat zijn. Ik had nog wat werk af te maken.'

Het was eerste kerstdag, en Malcolm had de afgelopen negen uur geheel in zijn eentje op kantoor doorgebracht. De anderen hadden vrijaf genomen, hoewel de Japanners deze feestdag helemaal niet vierden en het merendeel van hen sinds hun kindertijd niet meer een kerk vanbinnen had gezien. Akari was even binnengewipt en had een dik uur onrustig op zijn werkplek rondgestommeld. Malcolm had nog geprobeerd een gesprekje aan te knopen, maar Akari had hem afgepoeierd. Hij zou een stuk kwader zijn geweest op zijn voormalige beste vriend als hij niet de vertrokken blik op diens lange gezicht had gezien, hoe de ogen diep in hun donkere kassen waren gezonken. Hij zag eruit alsof hij in geen dagen had geslapen. Malcolm vroeg zich af of het iets met de leningdeal te maken had, maar hij wist dat zijn vriend hem er niets over zou hebben verteld. Akari was vastbesloten om het project voor zichzelf te houden.

Nou, hij had zijn eigen geheimpje, eentje dat zich de afgelopen dagen voor kerst had ontvouwd. Iets wat hij al een tijdje had onderzocht, begon eindelijk veelbelovend te klinken. Iets wat zo opwindend was dat als Sayo niet had gebeld en hem niet had gestoord, hij deze avond helemaal zou zijn vergeten.

87.23   +0.96   99.013 -1.63   70.65 +0.12   85.12 +0.92   87.23
84.21   +0.45   74.01   +1.34   76.13 +1.02   74.23 +0.95   71.0

'En neem vooral wat te drinken,' maande Bill. 'Carney scharrelt hier ook ergens rond.'
Bill verhief zich van de troon en zwaaide naar een serveerster die net in de buurt liep. Nu pas zag Malcolm dat de serveersters allemaal als elfjes gekleed waren, tenminste, dat was het idee. In werkelijkheid oogden ze meer als strippers in een Vegas-show met Kerstmis als thema. Kleine groene jongensshorts, korte groene topjes, veel bloot en ranke rondingen.
De serveerster reikte Malcolm een paar champagneglazen aan, waarna hij op Sayo toostte. Het volgende moment voelde hij een hand op zijn schouder.
'De laatste helpertjes van de kerstman.' Het was Carney. Hij kneep Malcolm in de schouder en gaf Sayo op z'n Europees een kus op één wang. 'Akari en Townie zijn net weg, de laatsten van ons. We begonnen al te denken dat je niet op kwam dagen.'
Carney glimlachte, en zijn ogen leken blauwe speldenknopjes. Hij oogde blij en opgewekt, en Malcolm vermoedde dat hij de hele avond flink in de weer was geweest met alle gasten. De liefdadigheidsavond van ASC had een aantal van de grootste spelers binnen de bedrijfstak aangetrokken, en iedereen kende Dean Carney. De meeste mensen in de zaal waren gekomen om zich gewoon dicht in de buurt van de tophandelaar te kunnen ophouden, in de hoop dat iets van zijn magische glans op hen zou afstralen. Het hedgefund van Carney was klein, maar zijn geloofwaardigheid groeide in rap tempo. Carney's Boys waren hard op weg om tot de elite van de scene rond de Tokyose beurs uit te groeien.
'Nee, de kans om Bill als tomaat verkleed te zien zou ik van m'n leven niet willen missen,' reageerde Malcolm. Hij was gespannen en wilde Carney het liefst meteen vertellen over zijn vondst, maar dit was niet het geschikte moment noch de geschikte plaats. Toch kon het eigenlijk niet wachten.
Carney keek om naar zijn met overwicht kampende zakenpartner. 'Die knopen van zijn kostuum zien eruit alsof ze elk moment los kunnen knallen en iemand kunnen doden.'
'Dean,' onderbrak Malcolm hem, niet bij machte zich langer in te houden. 'Ik hoopte Bill en jou een momentje te kunnen weglokken om ergens rustig te praten.'

'Tuurlijk,' zei Carney verrast. Het viel Malcolm op dat Sayo de blik van zijn baas meed, en hij zag dat haar mondhoeken hingen. Meestal had hij moeite haar gelaatsuitdrukking te lezen, maar nu zag hij duidelijk dat ze Carney niet mocht. Ze begreep het natuurlijk niet. Carney was weliswaar machtig en intimiderend, maar hij was ook Malcolms mentor, met eenzelfde achtergrond als hij, en hij had hem alles gegeven wat hij nu bezat.

Behendig liet Carney een sleutel van een hotelkamer in Malcolms colbertzakje glijden.

'De presidentiële suite. We zien je daar over tien minuten. O, en Malcolm...'

Hij knipoogde naar Sayo terwijl hij alweer in de menigte opging. 'Mijn zegen heb je absoluut.'

De suite telde zes kamers, met hoge plafonds, weelderige oosterse tapijten, antiek meubilair van roodhout, rijkversierde wanden en twee kristallen kroonluchters, die net zo glinsterden als de versieringen in de kerstboom tien verdiepingen lager. Carney en Bill wachtten hem al op, zittend op twee slaapbanken in laat-Engelse gotische stijl onder een breed venster met weids uitzicht. Buiten zag Malcolm het in licht badende ijzeren geraamte van de Tokyotoren, een kleinere kopie van de Eiffeltoren, maar dan met betere verlichting en tegen een achtergrond van hoogbouw en verhoogde snelwegen.

'Kom binnen, neem een hap,' nodigde Carney hem uit en hij wenkte Malcolm naar een derde slaapbank tegenover hen. Tussen de Romeinse banken stond een lage salontafel, met daarop drie grote zilveren dienbladen met diverse soorten sushi.

Hij liet zich op de lege slaapbank zakken. De vreemde vorm ervan gaf hem een wat ongemakkelijk gevoel. Hij wist niet of hij nu geacht werd languit te gaan liggen, zoals Bill deed, of rechtop te gaan zitten, zoals Carney. Hij vond uiteindelijk een middenweg: met één been languit op het stugge materiaal, maar zijn bovenlichaam hield hij rechtop.

'Ik weet dat je je dame daar beneden niet al te lang alleen wilt laten met die beesten,' begon Carney, 'dus waarom brand je niet meteen los?'

87.23 +0.96   99.013 -1.63   70.65 +0.12   85.12 +0.92   87.23
84.21 +0.45   74.01   +1.34   76.13 +1.02   74.23 +0.95   71.0

Hij zag Sayo voor zich waar hij haar had achtergelaten: kletsend met een ouder echtpaar van het Amerikaanse consulaat. Bij het verlaten van de zaal had hij minstens één groepje handelaren zien staan die hun aandacht op Sayo hadden gericht. Het was duidelijk dat als hij straks weer beneden kwam, zij door hen zou worden belaagd, wedijverend met elkaar om de kans haar te schaken. Iets afpakken van een van Carney's Boys zou voor een handelaar bij een van de banken in de binnenstad als een trotse heldendaad gelden.

'Het heeft te maken met een *trackerfund*,' begon Malcolm terwijl hij van Carney naar Bill keek. Hij had zich voorgenomen om het helemaal uit te leggen, ook al wist hij wel dat zijn bazen het razendsnel zouden oppikken. Hoewel, Bill op dit moment misschien niet. Was hij eerder misschien nog niet dronken, nu was hij de drempel in elk geval ruim gepasseerd. Hij had nog steeds zijn kerstmannenpak aan, waarbij zijn hoed over zijn linkeroor zakte en zijn baard witte vlekken achterliet op de voorkant van zijn rode shirt. Zijn blik was glazig maar toch nog scherp, en Malcolm bedacht zich dat zelfs een dronken Bill vermoedelijk nog een van de weinige genieën in het vak was.

'We weten allemaal hoe een trackerfund werkt,' ging Malcolm verder. 'Het lijkt op een beleggingsmaatschappij, maar dan gekoppeld aan een index, zoals de Dow Jones of de Nikkei. Meestal bevat een trackerfund een klein aantal aandelen uit elke stock in de index, zodat het exact de voortgang van de index nabootst. Stijgt de Dow met tien procent, dan stijgt de Dow-tracker tien procent mee. Eigenlijk biedt het een middel om te investeren in een index zonder zelf elke stock te kopen.'

'Geef die man verdomme een stukje octopus,' zei Bill, hij pakte een sushihapje van het blad en wierp het naar Malcolm, die net op tijd kon wegduiken. Het opgerolde stukje rauwe vis stuiterde over het tapijt. 'Bedankt voor deze economieles, Jersey Boy. Dus ze gaan een Nikkei-tracker lanceren?'

'Geen lancering, en niet de Nikkei,' zei Malcolm. 'De Hang Seng.'

De Hang Seng was de beursindex van Hongkong. Veel meer hoefde hij niet uit te leggen, want Bill en Carney wisten echt alles over het Hang Seng-trackerfund. Ze wisten dat de regering van

68.50 +0.02   76.13 +1.02   74.23 +0.95   101.01 -1.63   70.65 +0
89.22 +1.01   97.12 -0.00   85.23 +0.65   71.01   +1.34   88.13 +(

Hongkong dit fonds net een jaar geleden in het leven had geroepen om de Hang Seng-index te volgen – eigenlijk min of meer per ongeluk doordat ze over de hele linie tien procent van hun eigen markt opkochten om de zwakke economie op te krikken. In het besef dat regeringen niet geacht werden hun eigen economieën te bezitten hadden ze de aandelenpakketten in een fonds ondergebracht en ze opnieuw op de beurs aangeboden; zo hadden ze een van de grootste trackerfunds ter wereld gecreëerd.

Carney onderbrak hem voordat Bill hem weer met een stukje shushi kon bekogelen.

'De regering van Hongkong beheert het fonds met de hulp van Amerikaanse beleggingsadviseurs,' merkte Carney op. 'Zij zorgen ervoor dat het precies gelijke tred houdt met de Hang Seng-index.'

'Nou,' onderbrak Malcolm hem, 'over een paar weken krijgen ze een behoorlijke kluif voor hun kiezen.'

Carney leunde inmiddels achterover en staarde naar de kroonluchter. Zijn smalle vingers trommelden op de gelige huid boven zijn boord.

'Pacific Century Cyberworks,' vervolgde Malcolm.

De drie woorden weerkaatsten door de suite. Carneys gezicht leek zowaar kleur te krijgen, en Malcolm wist dat de radertjes in zijn hoofd op volle toeren draaiden. Uiteraard wist hij van Pacific Century Cyberworks – jezus, iedereen in Azië had wel gehoord van dit opstartende internetbedrijf. Het was het geesteskind van Richard Li, met zijn vijfendertig jaar een van de rijkste en beruchtste personen van China. PCC was begonnen als een kleine zoekmachine op internet, net zoiets als Yahoo, en was uitgegroeid tot een van de meest toonaangevende *contentproviders* op het halfrond. Als gevolg daarvan was zijn waarde gestegen van bijna nul tot iets in de orde van vijfendertig miljard dollar, waardoor het een van de meest waardevolle ondernemingen in heel Azië was geworden.

'Pacific Century Cyberworks,' herhaalde Bill luid kauwend op een hap zeewier. 'Buiten het feit dat het genoeg waard is om jouw hele thuisstaat op te kopen: wat weten we van Pacific Century Cyberworks?'

Malcolm glimlachte. 'Nou, dat het nog niet in de Hang Seng-index voorkomt.'

87.23 +0.96   99.013 -1.63   70.65 +0.12   85.12 +0.92   87.23
84.21 +0.45   74.01 +1.34   76.13 +1.02   74.23 +0.95   71.0

Carney knikte, duidelijk tevreden. Malcolm voelde zich gesterkt door zijn goedkeuring en ging door.
'Maar met ingang van vrijdag over een week gaat daar verandering in komen. Pacific Century Cyberworks zal dan aan de Hang Seng-index worden toegevoegd. Ze gaan fuseren met Hong Kong Telecom. En dat brengt de managers van het trackerfund in een lastige positie.'
'Ze moeten ervoor zorgen dat het trackerfund precies de Hang Seng volgt,' nam Bill over terwijl hij naar voren schoof op zijn bank. 'Dus als je een bedrijf van vijfendertig miljard dollar aan de index toevoegt, zal zijn waarde ongeveer zeven procent van je trackerfund uitmaken.'
De bedragen vlogen nu snel over tafel. In de afgelopen dagen had Malcolm dit wel tien keer doorgenomen, en hij wist dat dit iets groots was; groot genoeg om een feestje te onderbreken, groot genoeg om zowel Carney als Bill net zo opgewonden te krijgen als hij zich nu voelde.
'Vrijdag over een week,' zei hij, en hij deed zijn best zijn stem niet te verheffen, 'moet het trackerfund voor tweehonderdvijfentwintig miljoen dollar aan Pacific Century Cyberworks kopen.'
Zijn maag kwam in opstand. Als het trackerfund volgende week vrijdag zo veel belang in Pacific Century Cyberworks ging kopen, zouden de aandelen van het bedrijf omhoogschieten. Als ASC in een vroeg stadium een grote lange positie innam, zouden ze een fortuin maken. Dat was pas makkelijk geld verdienen!
'Als wij hiervan weten...' begon Carney.
'Dan gaat iedereen kopen,' maakte Malcolm de zin af. 'De definitieve bevestiging kwam vanmorgen uit Hongkong. Dus ja, morgenochtend zal de aandelenprijs buitensporig stijgen. Maar wij kunnen het gros van de anderen nog steeds vóór zijn. En het kan zelfs nog een slag beter. We kunnen de details van de deal uitpuzzelen, erachter komen welke partij er namens het trackerfund een belang in Pacific Century Cyberworks gaat kopen, en misschien zelfs wanneer en hoeveel precies.'
De regering van Hongkong zou de aankoop en de verkoop niet zelf doen. Ze zouden hun orders plaatsen via een van de grote investeringsbanken in Hongkong. Welke bank precies, dat zou een

streng bewaakt geheim zijn. En de meeste handelaren in Tokyo zou het eigenlijk worst zijn. Morgenochtend zouden ze als gekken inkopen, wetend dat Pacific Century Cyberworks, ongeacht wie de order gaf, een hoge vlucht zou nemen. Maar Malcolm wilde één stap verder gaan. Hij wilde het grondig aanpakken.

'Dus dit is mijn plan,' legde hij uit, en hij liet zijn handen op zijn knieën rusten. 'Morgenochtend vroeg plaatsen we meteen een kooporder voor tien miljoen aan Pacific Century Cyberworks-aandelen. Intussen stap ik op het vliegtuig en begeef me linea recta naar de bron: Hongkong. Ik maak afspraken met iedereen. Zodra ik uiteindelijk alle details van de deal ken, verzwaren we onze positie. En daarna verdienen we een smak geld.'

Hij leunde achterover en wachtte. Het kostte hem moeite om de energie die door zijn lijf stroomde in bedwang te houden. Hij wist dat dit iets groots was, misschien niet zo groot als Akari's leningenpakket, maar beslist groot genoeg om hogerop te komen op de ASC-ladder. Hij hoopte maar dat het groot genoeg was om zelfs Carney te imponeren.

Ten slotte kwam Carney overeind en kruiste zijn handen achter zijn rug.

'Heel goed, Malcolm. Regel het maar. Sla je slag in Hongkong en laat niets aan het toeval over.'

Malcolm grijnsde. Hij had groen licht gekregen en was op weg naar Hongkong! Hij zou winst gaan maken voor zijn bedrijf – vette winst, verdomme!

Maar eerst moest hij zich ontfermen over Sayo, haar redden van de gaijin en haar over zijn aanstaande trip vertellen. Hij wist niet hoe ze hierop zou reageren, maar hoopte dat ze het zou begrijpen. Dit soort kansen deed zich niet vaak voor. En deze leek een eeuwigheid in beslag te hebben genomen.

'Ik zal mijn best doen,' zei Malcolm terwijl hij van zijn bank overeind kwam.

'Daar hebben we je voor ingehuurd,' reageerde Carney.

Malcolm wist net de deur te halen voordat Bill een andere sushihap door de lucht slingerde, die hem pal in de rug raakte.

'Veel plezier in Hongkong. Mocht iemand voor problemen zorgen, zeg dan maar dat de kerstman je gestuurd heeft.'

87.23 +0.96   99.013 -1.63   70.65 +0.12   85.12 +0.92   87.23
84.21 +0.45   74.01 +1.34   76.13 +1.02   74.23 +0.95   71.0

Sayo wachtte met haar kritiek totdat ze terug waren in Malcolms appartement. Hij wist wat er ging komen. Het was de manier waarop ze naast hem had gezeten tijdens de slingerende taxirit naar zijn huis: heup tegen heup, schouder aan schouder, maar niet lekker tegen hem aan leunend, met haar hoofd tegen het raam en haar armen strak over elkaar geslagen voor haar borst. Hij wist niet of ze nu kwaad was of gewoon bezorgd, maar hoe dan ook, dat er narigheid op komst was, was wel duidelijk.

Hij volgde haar de woonkamer in en keek toe terwijl ze zich op de leren bank liet ploffen en aan de sluithaakjes van haar hoge hakken begon te frunniken.

'Het is mijn werk. Ik moet gaan. Het is maar voor een paar dagen.'

Ze schopte een schoen uit en masseerde haar hiel.

'Het staat me niet aan. Je zegt dat je Nikkei verhandelt. Jij werkt aan een bureau. Jij handelt in aandelen. Waarom moet je dan naar Hongkong?'

Hij ging naast haar zitten en probeerde haar schouders te masseren. Ze rukte zich los en begon met beide handen aan de andere schoen. Toen het metalen haakje onder haar lange vingernagels verboog, vloekte ze in het Japans. Hij liet zich niet kennen, nam haar bij de schouders en draaide haar naar zich toe.

'Het is ingewikkeld. Maar niets om je zorgen over te maken. Ik moet gewoon even op onderzoek uit, even met wat mensen praten. Het gaat over geld.'

Geschrokken stelde hij vast dat haar ogen vochtig werden. Hij begreep haar echt niet, maar het deed hem pijn haar zo te zien. In de afgelopen paar maanden was ze naast zijn werk voor hem het belangrijkste op aarde geworden.

'Ik vertel jou al eerder. Er zijn dingen die jij niet begrijpt. Alles is hier anders...'

Hij raakte haar wang aan. 'Ik weet het. Ik ben een gekke gaijin. Een stomme, harige witte aap met een grote neus.'

Hij maakte een apengeluid. Ze moest wel glimlachen, of ze nu wilde of niet.

'Malcolm...'

'Ik moet gaan. Ik wíl ook gaan. Het is een eer dat Dean me dit

| 68.50 | +0.02 | 76.13 | +1.02 | 74.23 | +0.95 | 101.01 | -1.63 | 70.65 | +0 |
| 89.22 | +1.01 | 97.12 | -0.00 | 85.23 | +0.65 | 71.01 | +1.34 | 88.13 | +(|

laat doen. Hij vertrouwt me, hij denkt dat ik het kan, en ik moet mezelf bewijzen, Sayo.'

Haar glimlach verflauwde. Hij had geen idee waarom ze zo deed, en opnieuw dacht hij na over haar vader. Maar wat kon de eigenaar van een hostessbar te maken hebben met de wereld van de haute finance? Sayo deed gewoon overdreven dramatisch. Hij ging naar Hongkong om uit te zoeken hoe ze geld konden verdienen aan het Hang Seng-trackerfund. Wat was daar zo gevaarlijk aan?

'Het staat me gewoon niet aan,' herhaalde Sayo. 'En híj staat me ook niet aan.'

Malcolm liet haar kin los en wreef in zijn ogen. Hij wist wie ze bedoelde. Plotseling voelde hij zich doodmoe. Hij had de laatste tijd zo hard gewerkt, op zoek naar manieren om een goede indruk te maken op Carney. En nu hij er een had gevonden, een grote kans, ging Sayo het hem moeilijk maken. Het irriteerde hem.

'Hoezo, daar heb je toch eigenlijk geen reden toe, of wel soms? Ik bedoel, hij is uiterst beleefd tegen je. En voor mij is hij heel goed geweest. Hij heeft me hiernaartoe gehaald. Zonder hem zou ik jou zelfs nooit hebben ontmoet. Wat is er dan, Sayo? Staat zijn manier van praten je soms niet aan? Of hoe hij naar jou kijkt?'

Sayo schudde haar hoofd, een gordijn van sluik zwart haar.

'Nee, wat me niet aanstaat, is hoe hij naar jóú kijkt.'

Dat kwam totaal onverwachts. Hij zocht naar een antwoord. Barst maar. Ze begreep er gewoon niets van. Carney was zijn baas. Sterker nog: hij was zijn mentor. Carney was de beste handelaar die hij ooit was tegengekomen, en Carney ging hem zijn Amerikaanse droom bezorgen. Maar hij bezat de tijd noch de taalvaardigheid om dat aan Sayo uit te leggen.

Voorlopig moest hij wat slaap zien te pakken. Morgenochtend reisde hij af naar Hongkong.

22

Hongkong

Nathan Road, twee straten verwijderd van de haven van Hongkong, in het hart van Kowloon. Een dertig verdiepingen tellend hotel dat hoog boven de chique Golden Mile uittorent, een reeks van dure winkels, vijfsterrenrestaurants, luxe hotels en bonkende yuppendisco's. Een plek van immense rijkdom, een plek waar Oost en West elkaar ontmoeten, omringd door overdaad, arrogantie en schaamteloze consumptie. Azië, maar ook weer niet. Een welvarende, kosmopolitische stad als New York of Tokyo, maar met een Chinese inslag. Een multiculturele smeltkroes minus de moedelozen, hongerigen en armen, een stad die stevig verankerd is in de geschiedenis maar herboren met verse valuta en een overweldigende commercie.

Hongkong, Kowloon, de Golden Mile. Vanaf het moment dat Malcolm uit het vliegtuig was gestapt, had hij nauwelijks op adem kunnen komen. Net als in New York of Tokyo was de energie hier ongelofelijk, zelfs nog sneller, nog enerverender. Gewoon méér. Net als Tokyo was Hongkong een moderne stad, vol neonlicht en kronkelige, smalle straatjes, maar met de openluchtmarkten en ogenschijnlijk gevaarlijke achterafsteegjes en de alom aanwezige mensenmassa's had het duidelijk een Chinese inslag. Net als New York was het financiële hart gehuisvest in de kantoorgebouwen die hoog boven de haven uittorenden en waarvan de bovenste verdiepingen werden opgeslokt door een dikke wolkendeken. Het Palace Hotel behoorde waarschijnlijk tot een van de modernere bouwwerken, opgetrokken uit glas en chroom, met een oprijlaan vol Porsches, Mercedessen en hier en daar een Ferrari. Malcolm

68.50	+0.02	76.13	+1.02	74.23	+0.95	101.01	-1.63	70.65	+0
89.22	+1.01	97.12	-0.00	85.23	+0.65	71.01	+1.34	88.13	+●

glipte langs het groepje bij de receptiebalie en liep meteen door naar de rij liften achter in de lobby. Pas toen de deuren zachtjes achter hem dichtgleden, merkte hij dat de hele lift van glas was, ontworpen om via de externe ruggengraat van het hotel naar boven te zweven. Door het dikke glas staarde hij opnieuw ademloos naar de stad die zich aan zijn voeten uitstrekte, een origami-kunstwerk dat door onzichtbare handen langzaam werd ontvouwen terwijl hij naar de wolken zoefde.

Het uitzicht vanuit deze glazen capsule was overweldigend, een tot leven gewekt schilderij van Salvador Dalí. Langs de Golden Mile begonnen de lichten al te fonkelen nu de schemering plaatsmaakte voor de avond, en de haven baadde in de neongloed van de reclameborden en alomtegenwoordige discotheken vlakbij. Kowloon was een schizofrene fantasie met een Aziatisch thema, het Hongkong van de ansichtkaarten en reisgidsen. Opgroeiend in New Jersey had hij nooit kunnen dromen dat hij deze stad ooit nog eens zou bezoeken, laat staan in een glazen lift zou belanden die hem naar een riante party ergens hoog in de wolken van Hongkong zou brengen.

Terwijl de lift de bovenste verdieping naderde, gleden zijn gedachten onwillekeurig naar Sayo en hoe bezorgd ze had toegekeken toen hij twee dagen geleden zo haastig zijn kleine reistas vulde. Hij had haar graag mee willen nemen, al was het maar om dit uitzicht vanuit de glazen lift met haar te kunnen delen. Misschien zou ze begrijpen dat voor iemand met een achtergrond als de zijne dit een unieke kans was, zou ze beseffen dat haar achterdocht jegens Carney ongegrond was, dat zijn werk meer was dan achter een bureautje getallen intoetsen, dat zakendoen in Azië alles te maken had met zoeken naar kansen, het doorgronden van absurde situaties en inzetten op dingen waar alleen jij voor kon gaan, gewoon omdat jij iedereen een stap voor was. Of negenentwintig verdiepingen hoger zat, verloren in een zee van wolken.

Hij dacht terug aan de afgelopen twee dagen, een wirwar van afspraken, lunches, telefoongesprekken, onderonsjes. Met behulp van Carney en zijn eigen connecties had hij met bijna alle belangrijke spelers in de handelswereld van Hongkong kunnen spreken: Merrill, Goldman, Morgan, de Deutsche Bank. De grote bazen,

| 87.23 | +0.96 | 99.013 | -1.63 | 70.65 | +0.12 | 85.12 | +0.92 | 87.23 |
| 84.21 | +0.45 | 74.01 | +1.34 | 76.13 | +1.02 | 74.23 | +0.95 | 71.0 |

groot genoeg om zo'n deal aan te kunnen. Maar tot dusver stond hij met lege handen. Hij voelde zich ontmoedigd en een beetje verward. Het was niet niks: tweehonderdvijfentwintig miljoen aan aandelen die op de open markt zouden worden gekocht, en hij was ervan uitgegaan dat de koopopdracht gemakkelijker te traceren zou zijn. Maar tot dusver had niemand met wie hij had gesproken, bekend achter de verkoop te zitten, en had niemand ook maar een idee wie er wel achter deze deal zat.

In Tokyo, en waar dan ook, werden Pacific Century Cyberworks-aandelen als een gek opgekocht, wist hij. Zijn eigen koopopdracht ter waarde van tien miljoen was al uitgevoerd, en Carney had hem daarna al een stuk of tien keer gebeld met de vraag wanneer hij nog meer aandelen zou kopen. Maar Malcolm wilde eerst meer informatie. Hij wilde op z'n minst weten wie degene was die voor de regering van Hongkong opereerde. Eerlijk gezegd begon hij zich af te vragen wat hier nu werkelijk aan de hand was. Dit had een stuk gemakkelijker moeten zijn.

Niet dat hij nu overbezorgd was, want hij had nog één handelaar te gaan, nog één halte op zijn rondje Hongkong. En omdat nog niemand had bekend achter de deal te zitten, was hij er tamelijk zeker van dat hij vanavond beet zou hebben. De laatste handelaar op zijn lijst was tevens een van de grootste, in elk geval groot genoeg om een dergelijke transactie aan te kunnen.

De lift stopte abrupt en de deuren gleden open. Meteen werd hij overspoeld door een golf van geluid: bigbandklanken, klinkende champagneglazen, het getik van naaldhakken op de marmeren vloer en stemmen, honderden stemmen in tientallen verschillende talen, zo leek het. Hij stapte uit de lift, betrad de drukke gang en begaf zich naar een paar wijd openstaande dubbele deuren. Hij liep de zaal in, en een zee van ruimte strekte zich voor hem uit. Ramen tot aan het plafond, verscheidene kroonluchters en, pal in het midden, een enorme ijssculptuur van een man zwaaiend met een honkbalknuppel. De sculptuur was de eerste aanwijzing dat hij op het goede feestje was beland. Hij herkende de gestalte van Ted Williams, de legendarische slagman van de Red Sox, al meteen aan de stand van zijn pet en het formaat van zijn transparante ijsblauwe oren. Vince Meyer, de tophandelaar bij een van de groot-

68.50	+0.02	76.13	+1.02	74.23	+0.95	101.01	-1.63	70.65	+C
89.22	+1.01	97.12	-0.00	85.23	+0.65	71.01	+1.34	88.13	+

ste Amerikaanse banken in Hongkong, groeide op in een klein dorpje, bezocht de universiteit en had ooit wat aan football gedaan, maar het leed geen twijfel dat hij Boston in zijn hart had gesloten.

Malcolm begaf zich tussen de gasten en probeerde zich te oriënteren. Er moesten hier in deze glazen kooi ten minste driehonderd mensen rondlopen. Hij zag vooral veel donkere pakken en dure leren schoenen. De mix van nationaliteiten was hier een stuk gezonder dan op Carneys feestje. Van alle mannen was ten minste de helft Chinees en van de vrouwen was een aardig percentage blank. Het viel hem op dat de meeste handelaren die hij hier zag ouder en verfijnder leken dan hun tegenhangers in Tokyo. Ook de muziek klonk bedaagder. De achtkoppige band speelde ergens ver weg in een hoek van de zaal, slechts versterkt door één enkele speakerbox boven een van de ramen vlakbij.

Hij wist het voetstuk van de ijssculptuur te bereiken en begon de menigte af te speuren, zoekend naar Vince Meyer. Hoewel Meyers jaarlijkse Hongkong-feestje was bedoeld als een onderonsje met collega's en Malcolm ongetwijfeld hier een paar goede contacten kon opdoen, had deze nu slechts één doel. Meyer was het laatste stukje van de puzzel. Malcolm moest deze deal bemachtigen. Als hij met een beetje geluk Meyer genoeg kon melken om in het voordeel te kunnen zijn zodra hij in Tokyo terug was, zou het hem, naast wat hij al zou verdienen, nog eens miljoenen extra opleveren. In het bemachtigen van die informatie moest hij natuurlijk wel de ethische en juridische grenzen in acht nemen. Maar dit was Hongkong en hij zou handelen vanuit Tokyo. Dit was geen Wall Street en hij hoefde niet te vrezen voor een beurscommissie die over zijn schouder meekeek.

Net op het moment dat hij naar de andere kant van de sculptuur wilde lopen, spotten zijn ogen het bekende gezicht. Hij had Meyer ooit eerder ontmoet, in Osaka toen Meyer zijn satellietkantoor bezocht en even in Riko's was neergestreken voor een drankje. Een van de Mikes had hen aan elkaar voorgesteld, waarna American football al snel een gemeenschappelijke interesse bleek, ook al was Meyer een paar jaar ouder en had hij slechts in het juniorenteam van Harvard gespeeld. Hij leek toen best een aardige vent,

87.23 +0.96   99.013 -1.63   70.65 +0.12   85.12 +0.92   87.23
84.21 +0.45   74.01 +1.34   76.13 +1.02   74.23 +0.95   71.0

hoewel wat formeler dan de jongens in Osaka, iets wat Malcolm maar had toegeschreven aan het verschil in leeftijd.

Wat hij, staand bij de ijssculptuur, al meteen herkende, was Meyers *widow's peak*, een anachronistische driehoek van donker haar dat met mousse was verstevigd en zijn hoge, bleke voorhoofd bedekte. Hij was lang, misschien wel twee meter, met brede schouders en hij had een opvallend grote adamsappel. Hij droeg een slechtzittend grijs pak, waarvan het jasje was dichtgeknoopt, en hij had de handen diep in zijn zakken van zijn jasje. Voorovergebogen praatte hij met een vrouw die bijna de helft kleiner was, een geanimeerde dame in een blauwe blouse en met bijna witblond haar en veel te veel make-up. Waarschijnlijk een secretaresse of een receptioniste, in elk geval geen handelaar en zeker geen rekenmeisje.

Snel schoof Malcolm langs de gasten en baande zich een weg langs groepjes handelaren, die op luide toon oreerden over allerlei transacties, van yenkoersen tot olieaandelen. Hij vroeg zich af hoeveel van deze heren die dag aandelen Pacific Century Cyberworks hadden gekocht. Vanwege zijn telefoontjes met Carney wist hij dat het aandeel inmiddels al vijf procent was gestegen, en dat zou zo verder gaan tot vrijdag over een week. Daarna, als de beursdag bijna op zijn eind liep, kon de winst worden geïncasseerd.

Hij overbrugde de laatste meter en belandde vlak achter de kleine vrouw in het blauw. Meyer ving zijn blik, wendde het hoofd even af en keek nogmaals, zich duidelijk afvragend wie deze vent in 's hemelsnaam was. Het was immers al zo lang geleden. Malcolm glimlachte en deed een stap naar voren. De vrouw kwebbelde over een concert dat ze thuis, in de States, had bijgewoond. Ze had een zuidelijk accent. Texaans, misschien Louisiaans.

Malcolm wachtte tot ze was uitgepraat. Daarna reikte hij Meyer terstond de hand. Hij sloeg zo snel mogelijk toe, voordat hij van de zenuwen ging talmen.

'Vince, te gek feest. Die ijssculptuur is echt waanzinnig.'

Meyer keek hem aan. Zijn groene ogen stonden nieuwsgierig. Een glimp van herkenning gleed over zijn gelaat. Maar voordat hij de kans had om te reageren greep de vrouw Malcolms hand.

'Mirriam Roughler. Mirriam met twee r's. Laat feestjes maar aan Vince over, hoor. Hij probeert een beetje los te komen van dat stijve Harvard-gedoe.'

Wat Malcolm betrof waren een ijssculptuur en bigbandmuziek niet echt ver verwijderd van een stijve bedoening, maar hij hield zijn mening voor zich.

'Sorry,' onderbrak Meyer de vrouw, en hij schudde Malcolm de hand. 'Ik moest even nadenken. John Malcolm? Uit Osaka? Je werkt nu hier in Hongkong?'

Als een van de grootste handelaren van de stad wist Meyer natuurlijk donders goed dat hij niet in Hongkong werkte, maar waarschijnlijk was het gewoon beleefdheid.

'Nee, ik zit nu in Tokyo. Ik werk voor Dean Carney.'

Meyers handdruk verslapte en zijn gezicht leek te verstrakken. Een dergelijke reactie had Malcolm niet verwacht. Hij nam aan dat Meyer wel wist wie Carney was. Misschien hadden de twee elkaar ooit ontmoet. Maar dat Carneys naam bij Meyer zo'n venijnige reactie opriep, kwam als een verrassing. Onmiddellijk vroeg hij zich af of hier iets anders aan de hand was. Hij had Carney verteld dat Meyer zijn laatste onderzoeksonderwerp zou zijn, en waarschijnlijk degene achter de deal. Maar Carney had niets gezegd over een gedeeld verleden tussen beiden. Het was Carney die over Meyers feestje was begonnen en die had opgemerkt dat het een goede plek zou zijn om de handelaar aan te spreken.

'Eh,' begon Meyer, maar hij zweeg vervolgens. Ten slotte trok hij zijn hand los en tikte Mirriam Roughler op de frêle blauwe schouder.

'Mirriam, volgens mij is de sculptuur een beetje aan het smelten. Kun jij meneer Chen even gaan zoeken en hem vragen of hij de koelinstallatie een graadje hoger zet?'

Mirriam wierp nog een laatste blik op Malcolm en draaide weg. Nu was hij alleen met de handelaar. Plotseling greep Meyer hem hard bij de pols en trok hem naar een stil hoekje onder een van de ramen, weg van de gasten. Malcolm keek naar de vingers die zijn huid omklemden en hij voelde zijn spieren al samentrekken. Meyer moest het ook hebben gevoeld, want hij liet meteen los en deed een stapje terug.

| 87.23 | +0.96 | 99.013 | -1.63 | 70.65 | +0.12 | 85.12 | +0.92 | 87.23 |
| 84.21 | +0.45 | 74.01 | +1.34 | 76.13 | +1.02 | 74.23 | +0.95 | 71.0 |

'Ja, ja. Op die manier!' siste hij.
Malcolm trok een wenkbrauw op. Zijn wangen begonnen te gloeien. Wat was hier verdomme aan de hand? Meyers reactie had hem van de wijs gebracht. Hij wilde hem uithoren over Pacific Century Cyberworks, maar de reactie – die eigenlijk aan het adres van Carney was gericht – overviel hem.
'Ik heb geen idee wat je bedoelt. Ik ben hier voor het feest!'
'Ja, vast. Ik weet best waarom jij hier bent. Maar Carney weet donders goed dat ik je niets kan vertellen. Dus stap maar weer op je vliegtuig en donder maar fijn op naar Tokyo.'
Het venijn dat van Meyer afstraalde! Malcolm kon het niet geloven. Hij wist dat Carney een zekere reputatie genoot, maar nog nooit had hij iemand zo heftig op de naam zien reageren. God, die Meyer was volkomen abuis. Carney had hem helemaal niet naar Hongkong gestuurd. Het was zijn eigen idee geweest, een zoektocht naar informatie over Pacific Century Cyberworks.
Hij vroeg zich af waarom Carney hem niet voor Meyer had gewaarschuwd. Had Carney deze reactie wel verwacht?
'Nou, fijn je weer eens te hebben gezien, dan maar,' antwoordde hij schouderophalend. Hij was kwaad, maar niet op Meyer. Het stond hem niet aan om aan het kortste eind te moeten trekken. Hij wist niet wat Carney in zijn schild voerde, maar die had hem in elk geval niet het hele verhaal verteld.
Hij draaide zich om om de lift weer op te zoeken, maar Meyer greep hem bij de schouder. De pure razernij op zijn gezicht had opeens plaatsgemaakt voor vermoeide berusting. Bovendien school er angst in zijn ogen.
'Oké, wacht.'
Meyer leek na te denken en beet hard op zijn onderlip. Om een of andere reden groeide de angst in zijn ogen. Hij wilde niet dat Malcolm met lege handen terugkeerde. Die gedachte boezemde hem nog meer angst in dan de juridische gevolgen van het doorspelen van informatie. Malcolm wist dat niet hij, maar Carney degene was voor wie Meyer zo bang was.
Malcolm had het gevoel alsof zijn voeten in de marmeren vloer waren ingemetseld. Waarom was een handelaar in Hongkong zo bang voor Dean Carney? Waarom was een handelaar zo doodsbe-

nauwd om een hedgefund uit Tokyo af te wijzen? Meteen dacht hij aan Sayo en haar waarschuwingen. Misschien zat er toch iets in wat ze had gezegd. Wie weet probeerde haar vader haar het een en ander duidelijk te maken over Carney, dingen die hij zelf liever niet wilde horen.

'Oké,' herhaalde Meyer. 'Het moet maar.'

Daarna boog hij zich naar Malcolm en fluisterde iets in zijn oor. 'Ik heb de bijl niet. En ik weet niet wie hem wel heeft.'

Met deze woorden draaide hij zich om en liep weg. Malcolm staarde hem na.

Plotseling dook Meyer weer tussen de gasten. Met open mond keek Malcolm hem na. *Ik heb de bijl niet. En ik weet niet wie hem wel heeft.* Hij wist onmiddellijk wat Meyer bedoelde. Het was speculantentaal, en absoluut helder. 'Ik heb de bijl niet' betekende dat Meyer niet achter de deal zat, niet de koper van het trackerfund was, niet degene met de opdracht om voor tweehonderdvijfentwintig miljoen dollar aandelen Pacific Century Cyberworks te kopen. Belangrijker nog, het feit dat hij bovendien niet wist wie de bijl wél had, betekende dat er misschien helemaal geen bijl was.

Dat laatste leek onmogelijk. Iemand moest achter de acquisitie zitten. Het trackerfund diende zich daarnaar te gedragen, diende die miljoenen te verdisconteren. Daar speelde de gehele markt op in. In heel Tokyo en elders kocht men aandelen op in de verwachting dat over een week de boel de hemel in zou stijgen. Zelfs Malcolm had voor tien miljoen dollar ingeslagen. En toch had hij heel Hongkong uitgekamd, maar nergens de handelaar kunnen vinden die achter die grote aankoop zat die iedereen verwachtte. En nu vertelde Meyer hem dat er helemaal geen handelaar was, dat die grote aankoop nooit zou plaatsvinden.

Godallejezus, schoot het door zijn hoofd.

Opeens begon het hem te dagen. Misschien kwam er helemaal geen grote aankoop. Misschien had niemand zo'n opdracht gekregen, gewoon omdat het trackerfund helemaal niet van plan was om op aandelen Pacific Century Cyberworks in te zetten, zoals iedereen dacht. Misschien had de regering van Hongkong een andere manier gevonden om aan de behoeften van het trackerfund te kunnen voldoen.

| 87.23 | +0.96 | 99.013 | -1.63 | 70.65 | +0.12 | 85.12 | +0.92 | 87.23 |
| 84.21 | +0.45 | 74.01 | +1.34 | 76.13 | +1.02 | 74.23 | +0.95 | 71.0 |

Wat neerkwam op één persoon: Richard Li, de miljardair uit Hongkong, de oprichter en directeur van Pacific Century Cyberworks. Malcolms gezicht gloeide nu het opeens allemaal heel helder werd. De regering van Hongkong maakte helemaal geen gebruik van een tussenpersoon om aandelen op de open markt te kopen. Ze hadden zelf een deal met Richard Li gemaakt. Li bezat de helft van de aandelen Pacific Century Cyberworks, en daarmee veel meer dan de tweehonderdvijfentwintig miljoen in aandelen. Die aandelen zou hij rechtstreeks aan het trackerfund verkopen.

De handelaren in Tokyo en de rest van de wereld hadden het allemaal mis. Ze kochten aandelen Pacific Century Cyberworks in de veronderstelling dat het trackerfund de eerstkomende vrijdag een gigantische aankoop zou doen, waardoor de koers zou stijgen. Maar in werkelijkheid zou Richard Li juist de aanzet geven voor een gigantische verkoop, waarmee de koers zou dalen.

Ik heb de bijl niet. En ik weet niet wie hem wel heeft. Meyer had hem een enorme hint gegeven. Dit was onbetaalbare informatie – en dat allemaal vanwege Carney, of eigenlijk, Meyers angst voor deze hedgefundhandelaar.

Ondanks zijn opwinding bezorgde deze ontdekking Malcolm een vies gevoel, alsof hij onder de modder zat. Hij draaide zich om en liep tussen de gasten door linea recta naar de lift. Hij haalde pas weer adem toen hij even later in zijn eentje door de lobby naar de uitgang beende.

Met de informatie die hij zojuist had ontrafeld, zou ASC een gigantische winst opstrijken. Die tien miljoen aan aandelen die hij inmiddels al had gekocht, zouden een licht verlies opleveren. Maar met zijn nieuwe kennis, het feit dat de rest van de markt er compleet naast zat, zou hij gigantisch gaan scoren. Pacific Century Cyberworks zou niet door het dak gaan, maar door de grond. Als Meyer hem de waarheid had verteld, en Malcolm het allemaal goed had geanalyseerd, zou hij voor zijn firma miljoenen binnenhalen.

Maar tegen welke prijs? Waarom had Meyer zo heftig op Carneys naam gereageerd? Wat had Malcolm zich op de hals gehaald?

Hij deed zijn best deze vragen te negeren. Hij had nog altijd zijn werk te doen. Research hoorde daarbij. Je kennis gebruiken om zo winst te maken, was de volgende stap.

68.50 +0.02   76.13 +1.02   74.23 +0.95   101.01 -1.63   70.65 +0
89.22 +1.01   97.12 -0.00   85.23 +0.65   71.01 +1.34   88.13 +(

Het gebeurde allemaal heel snel.
Zo snel dat het Malcolm bijna overviel.
De anderen op kantoor deden alsof ze niet keken. De handelaren zaten her en der verspreid op hun plekken, bezig met de gewone, dagelijkse werkzaamheden. Maar hij voelde ieders aandacht, het wachten – net als hij deed – op het grote moment. De paar onderonsjes die plaatsvonden, gingen alleen maar over hun enorme positie, geleid door Malcolms hand en onder toeziend oog van Carney en Bill. Het was de grootste positie die ASC ooit had genomen, meer dan honderd miljoen dollar op één enkele ongewaarborgde gok. Geheel handelend overeenkomstig Malcolms gefundeerde schatting had ASC voor honderd miljoen dollar aandelen Pacific Century Cyberworks geshort. Terwijl men in heel Tokyo en overal ter wereld aandelen opkocht en op een klapper rekende, had hij een gigantische shortpositie genomen. De positie liet zich gemakkelijk realiseren, gezien alle aankopen van de andere banken en hedgefunds. Kreeg hij gelijk, dan sloeg hij een megaslag. Kreeg hij ongelijk... Hij wilde er liever niet aan denken.

De seconden tikten voorbij. Nog tien minuten en de laatste handelsdag voordat de nieuwe Hang Seng zijn intrede zou doen, was voorbij. Telkens als er iemand uit Hongkong aandelen begon te kopen, leek Pacific Century Cyberworks eindelijk op het punt te staan de hemel in te schieten. Maar ze zaten er allemaal naast. Niémand had de bijl.

De seconden tikten voorbij. Nog acht minuten, nog zes, nog vier.

En opeens gebeurde het.

Snel.

De koers van Pacific Century Cyberworks begon te zakken.

Malcolm zag de paniek in de handelskantoren van de stad al voor zich. Hij kon de handelaren bijna horen schreeuwen. 'Verkopen! Verkopen! Verkopen!'

Hij wachtte. De getallen flitsten over zijn scherm. Lager, nog lager. Drie procent. Vijf procent.

Tien procent.

Hij begon op de toetsen te hameren en verzond zijn instructies naar de Hang Seng, waar het aandeel werd verhandeld: coveren, coveren en nog eens coveren.

87.23 +0.96   99.013 -1.63   70.65 +0.12   85.12 +0.92   87.23
84.21 +0.45   74.01 +1.34   76.13 +1.02   74.23 +0.95   71.0

Klaar. Hij was eruit. Niks aan de hand. De positie was gesloten. Hij staarde naar het scherm. Zijn hersens rekenden bijna net zo snel als het aandeel was getuimeld. Daarna leunde hij achterover, en zijn wangen gloeiden. Achter hem steeg een gejuich op en de andere ASC-handelaren riepen hun felicitaties. Hij liet zijn stoel draaien en zag Carney en Bill uit het privé-kantoor komen. Carney had een fles Cristal-champagne in de hand.

'Gefeliciteerd,' sprak Carney. 'Dat was verdomme helemaal top.'

Malcolm keek hem aan, zocht naar wat woorden, maar besloot te zwijgen. Ondanks zijn bedenkingen over hoe hij aan zijn informatie was gekomen, overheerste de euforie. Hij had een megaslag geslagen. Hij had goed gegokt. En de bedragen waren gigantisch.

In nog geen drie minuten had hij zijn firma een winst van iets meer dan twintig miljoen dollar bezorgd.

23

Tokyo

Met een zware plof viel het designerrugzakje in Malcolms schoot. Verrast duwde hij zijn stoel van de terminal weg. Met de handen in de zij keek Carney hem grijnzend aan. Malcolm betastte de rugzak, en zijn vingertoppen gleden over het zachte bruine leer. Ten slotte keek hij erin.

De stapels yens werden door dunne elastiekjes bij elkaar gehouden. Hij zag de coupures en begon te rekenen. Ten slotte keek hij op. Carney grijnsde nog steeds.

'Tien miljoen yen,' sprak deze. 'Ongeveer honderdduizend dollar. Een voorschot op de bonus die je met je Hang Seng-deal hebt verdiend. Maar niet verder vertellen, we houden het onder ons. Je hebt prima gepresteerd, jongeman. Ga zo door en dan zullen die rugzakjes alleen maar groter worden.'

Er waren slechtere manieren om de week te beginnen. Honderdduizend dollar. En hij wist dat dit nog maar een deel van zijn bonus was. Maar toch, het was bijna onwerkelijk om al dat geld zo voor zijn neus te zien. Het effect was bijna sterk genoeg om de zorgen weg te drukken die hij uit Hongkong met zich had meegenomen, zijn gepeins over de intimiderende manier waarop Carneys naam de handelaar had gedwongen informatie prijs te geven. Nog steeds vroeg hij zich af of Carney hem op de een of andere manier had gebruikt, of dat zijn baas op z'n minst had geweten dat hij Meyer zou intimideren. Niet lichamelijk, want ofschoon hij zelf een football-speler was, was hij niet bepaald groot. In dat geval had Carney misschien beter Heap en Glowfield op Meyer af kunnen sturen. Slechts door Carneys naam te laten vallen had hij de

87.23 +0.96   99.013 -1.63   70.65 +0.12   85.12 +0.92   87.23
84.21 +0.45   74.01 +1.34   76.13 +1.02   74.23 +0.95   71.0

handelaar aan het praten gekregen. De gok die hij op basis van deze informatie had gemaakt, was zijn eigen risico geweest, en daar had hij van geprofiteerd omdat hij de uitkomst goed had berekend. Maar de informatie was en bleef enkel te danken aan Carneys naam.

Hoe dan ook, honderdduizend dollar in een leren rugzakje verzachtte een hoop. Op de dag dat Carney hem zijn voorschot in de schoot had geworpen, had hij meteen een nieuwe Ducati gekocht, en ook de grootste breedbeeld-tv die hij kon vinden, een design Japans model dat de gehele muur van zijn woonkamer besloeg. Een week later troonde hij Sayo mee voor een weekendje Bangkok. Ze verbleven in het beste hotel van de stad, met een suite die zelfs nog groter was dan zijn appartement en waarin ze, gekleed in hun kamerjassen, lekker konden loungen, konden genieten van de roomservice of een massage, ja zelfs een bloemetje konden bestellen. Ook al was hij het grootste deel van zijn leven niet bepaald rijk geweest, geld uitgeven leek hem vrij gemakkelijk af te gaan. Hij genoot van het geruststellende gevoel geld te bezitten, in staat te zijn de dingen te kopen die hij begeerde maar waar hij vroeger slechts van kon dromen. Ook kreeg hij meer aandacht, niet alleen van zijn collega's bij ASC, maar ook van de handelaren elders in de stad. Het nieuws over de winst van twintig miljoen bij ASC had het beurswereldje al bereikt.

Zijn naam steeg in aanzien, en het feit dat hij nog maar zo kort in Japan was, kon ook geen kwaad. Dat hij voor Nick Leeson had gewerkt en daarna tot een van Carneys slimste jongetjes was uitgegroeid, bezorgde hem ironisch genoeg een gunstige pr. Hij was op weg een veelbelovende, jonge vechtersbaas te worden en gold waarschijnlijk nog steeds als de grootste Nikkei-handelaar van Tokyo.

Hij leefde royaal, op een plek die er wat dat betrof zijn eigen codes op na hield. En om eerlijk te zijn genoot hij van elke minuut. De paar keer dat hij naar huis had gebeld om zijn moeder te laten weten hoe het met hem ging, was hij niet in staat geweest haar ook maar een beetje duidelijk te maken hoe zijn leven er hier uitzag. In plaats daarvan had hij haar cadeautjes gestuurd: tickets voor een vakantie op de Cariben, wat voor haar onbetaalbaar zou zijn geweest; een plek op de voorste rij van de US Open; een weekend in het duurste casino-resort van Vegas. Ook trakteerde hij haar op dingen die ze nooit voor zichzelf zou kopen en waar ze nu eindelijk eens van kon genieten: een horloge van Cartier, een tas van Louis Vuitton, alles wat zijn aandacht maar trok. Zijn moeder wist niet goed hoe ze op zijn vrijgevigheid moest reageren en vaak leek ze eerder bezorgd dan blij. Voor haar viel het niet te begrijpen wat hij dan precies deed dat zo veel geld opbracht, en ze kon onmogelijk hebben geweten dat dit nog maar het topje van de ijsberg was. Wat Malcolm betrof, kon het alleen maar nog mooier worden.

Maar zijn moeder stond niet alleen in haar bezorgdheid. Kort nadat hij zijn beloning voor de Hongkong-deal had gekregen, had hij gemerkt dat er tussen Sayo en hem een zekere spanning groeide. Hoewel ze inmiddels praktisch bij hem was ingetrokken en ze samen een van de slaapkamers tot atelier hadden omgetoverd zodat Sayo zich in het aquarelleren kon bekwamen, een hobby die ze nog maar pas had ontdekt, was ze steeds kritischer geworden over zijn weelderige turbolifestyle en vooral over de tijd die hij met Carney en zijn bende doorbracht. Telkens weer vroeg hij haar mee, behalve als Carney en Bill hem min of meer sommeerden hen in een van de lokale hostessbars of striptenten te treffen. Maar ze sloeg het altijd af, bleef liever alleen thuis met haar penselen. Het leek verder te gaan dan haar wantrouwen tegen en afkeer van Carney alleen.

Op de laatste avond van januari, na een stille maaltijd bij de gedoofde marmeren haard in zijn royale eetkamer, bracht hij de verslechterende sfeer tussen hen eindelijk ter sprake. Zijn gevoelens voor Sayo waren onveranderd, maar hij kon wel zien dat ze zich nu minder gelukkig bij hem voelde dan eerst. Sterker nog, ze leek zelfs teleurgesteld, en hij haatte de manier waarop ze hem en zijn manier van leven veroordeelde. Niet dat hij voortdurend vreemdging, zoals de meeste avonturiers die hij kende. Hij had haar nog nooit bedrogen, een lapdance zo nu en dan even niet meegerekend, en hij had haar altijd als een koningin behandeld.

'Waarom doe je niet wat meer je best om een deel van mijn wereld te zijn?' vroeg hij terwijl hij haar hielp met afruimen.

87.23 +0.96   99.013 -1.63   70.65 +0.12   85.12 +0.92   87.23
84.21 +0.45   74.01 +1.34   76.13 +1.02   74.23 +0.95   71.0

Netjes vouwde ze een van de tatami placemats op.
'Wij hebben onze wereld, en jij hebt jouw wereld. Ik ben met jou in onze wereld, maar die andere plek is niet voor mij. En ook niet voor jou.'
Met veel kabaal stapelde hij de borden op. Haar mysterieuze manier van praten was weliswaar intrigerend, maar soms vooral irritant.
'Hoe bedoel je?'
'Ik zie wat er met je gebeurt,' antwoordde ze terwijl ze boos naar de keuken liep. 'Je bent aan het veranderen.'
Hij liep haar achterna, met de borden als een rugbybal onder zijn arm.
'Ik ben helemaal niet aan het veranderen. Ik heb het gewoon naar mijn zin. Ik geniet van mijn leven.'
'Je wordt net als hén.' Ze spuugde het laatste woord bijna uit. Ze bereikte het aanrecht, draaide de kraan open en hield een paar vingers in de straal om te voelen of die al warm werd. Boven haar hingen koperen pannen aan het rek, en de reusachtige stalen diepvrieskoelkast aan de andere kant van het kookeiland nam behoorlijk wat ruimte in.
'Dat is niet eerlijk,' reageerde hij. Het voelde als een klap in zijn gezicht. Ze vergeleek hem dus met al die andere buitenlandse avonturiers in Tokyo, degenen tegen wie hij haar altijd probeerde te beschermen, degenen voor wie hij zich schaamde, die elke vrijdag- en zaterdagavond de straten van Roppongi afschuimden. 'Ik kom uit een cultuur waarin je hard werkt en het spel hard wordt gespeeld. En daar zit je gewoon aan vast.'
'Ik heb het niet over cultuur,' verweerde ze zich, struikelend over dat laatste woord. 'Het gaat erom wie je wilt zijn. En jij wilt zoals hun zijn.'
Hij voelde zijn woede opwellen.
'Nou, ik bén een van hen!'
Al meteen had hij spijt van wat hij had gezegd. Ze keek hem woest aan en stormde de keuken uit.
'Nee,' zei ze over haar schouder. 'Als jij een van hen was geweest, stond ik hier niet.'
In zijn eentje ijsbeerde hij over de keukenvloer. Hij wilde haar

achterna, haar vertellen dat ze gelijk had, dat hij het wat kalmer aan zou doen, weer wat meer terug naar zijn oude ik. Maar tegelijkertijd was hij nog steeds kwaad. Waarom veroordeelde ze hem? Omdat hij leuke kleren kocht? Dure restaurants en bars bezocht? Maar hij wist dat het daar niet aan lag. Het was Carney. Altijd weer die Carney. Het was het hedgefund en het geld dat ze verdienden. En de manier waarop.

Hij zuchtte. Kon hij maar met iemand praten, iemand die het begreep. Niet Sayo, of zijn moeder, niet zijn studievrienden die hem allang waren vergeten. Nee, iemand die deel uitmaakte van zijn wereld.

Akari. Hij wreef over zijn onderkaak, en zijn blik gleed als vanzelf naar de deur van de woonkamer. Zelfs hier, vanuit het midden van de keuken, kon hij het opengeslagen backgammonbord op de salontafel zien liggen, met de zwarte en witte keramiekstukken al in slagorde voor een volgende ronde. De ivoren dobbelsteen rustte in het rijkversierde houten bekertje en rustte daar al veel te lang.

In de weken na Hongkong had hij zijn voormalige boezemvriend steeds minder vaak gezien. Of Akari het niet kon verkroppen dat hij zelfs diens vastgoedleningen had weten te overtreffen, of dat hij het gewoon te druk had, was voor hem een raadsel. Hoe dan ook, op zijn werk was hij de slungelige halfbloed nog maar zelden tegen het lijf gelopen en hij vroeg zich af of Akari de afgelopen dagen zelfs wel op kantoor was verschenen.

Hij besloot dat dit het moment was om de dingen weer recht te zetten. Net als in Osaka woonde Akari slechts een paar verdiepingen bij hem vandaan. Hier was geen brandtrap, maar de lift kon er ook prima mee door. Hij had behoefte aan een gesprek, en of Akari het nu doorhad of niet, ook hij had zijn oude vriend weer nodig.

'Oké. Ik kom eraan. Maar ik heb geen onderbroek aan.'

Het was niet echt een begroeting waar Malcolm op had gehoopt, maar wel voldoende om een glimlach op zijn gezicht te toveren. Hij had al bijna vijf minuten op Akari's deur staan kloppen voordat hij geschuifel hoorde. Toen Akari eindelijk opendeed, schrok Malcolm van het gezicht van zijn vriend. Niet omdat het al zo lang geleden was, maar omdat Akari er volkomen haveloos uitzag. Zijn ogen waren twee doffe knikkers en zijn wangen zaten

| 87.23 | +0.96 | 99.013 | -1.63 | 70.65 | +0.12 | 85.12 | +0.92 | 87.23 |
| 84.21 | +0.45 | 74.01 | +1.34 | 76.13 | +1.02 | 74.23 | +0.95 | 71.0 |

onder de verse pukkels. Zijn haar was naar één kant geborsteld, en hij rook alsof hij al een paar dagen niet meer had gedoucht. Hij was gekleed in een spijkerjasje en een trainingsbroek – met of zonder onderbroek, daar kon Malcolm slechts naar gissen – en zijn sneakers zaten onder de modder.

Akari deed een stap opzij en gebaarde Malcolm binnen te komen. Het appartement zag er al niet veel beter uit dan zijn bewoner. Het was een puinhoop. De woonkamer was bezaaid met vieze kleren, vuile borden en wanhopige stapels ongeordende uitdraaien. Vanuit de keuken dreef een stinkende walm hem tegemoet, en de verwarming stond veel te hoog, waardoor de lucht iets bedompts en wazigs kreeg.

'Jezus, Akari. Werk je soms aan een zenuwinzinking of zo?'

Akari lachte, maar het leek geforceerd. Hij liet zich op een tweezitsbank ploffen en plette daarmee een stapel papieren onder zijn trainingsbroek. Hij schopte zijn benen languit en stootte een plastic bordje van de koffietafel.

'Ik werk de laatste tijd de klok rond. Dus, het antwoord is min of meer: ja. Het is hier een gekkenhuis.'

'Zijn het die vastgoedleningen?' vroeg Malcolm. Hij baande zich een weg naar een antieke schommelstoel bij het raam, dat uitkeek op een steegje dat het appartementengebouw scheidde van een kleine supermarkt. Geen geweldig uitzicht, maar wel beter dan in Osaka. Toch schaamde hij zich een beetje en hij dacht aan zijn eigen appartement. Zijn bonus was bijna twee keer zo hoog als die van Akari, misschien wel hoger, en voorzover hij wist had Akari's leningenpakket nog niet gerendeerd. Zodra dat gebeurde, zou de winst waarschijnlijk flink hoog zijn maar op kantoor overheerste de indruk dat het niet echt opschoot.

'Ja. Eh, luister, Malcolm. Ik wil je nog even feliciteren met je Hongkong-deal.'

Malcolm wuifde het weg. Het handgebaar bracht zijn stoel een beetje aan het schommelen.

'Stelt niks voor, hoor. Ik had gewoon mazzel met de cijfers.'

'O nee. Je had het verdomme helemaal door. Jij hebt de hele klotemarkt voor lul gezet. Zó handelen de supersterren, en jij weet dat donders goed.'

Akari leek wat te bazelen. Malcolm vroeg zich af hoeveel zijn vriend de afgelopen weken had geslapen. Hij begon zich serieus zorgen te maken over de jongen.

'Dat pakket aan leningen heeft nog zeker weinig opgeleverd?' Akari gaf geen antwoord. Malcolm boog zich iets naar voren. 'Akari, ik ben je maat. Ik wil je helpen. Ik ga heus niet met de eer strijken. Jezus, we doen gewoon alsof ik hier nooit ben geweest. Vertel me nou maar gewoon wat er verdomme aan de hand is, en wat ik kan doen om je te helpen.'

Akari keek hem aan, liet ten slotte zijn schouders hangen en drukte zijn handpalmen tegen zijn ogen.

'Het wordt niks, Malcolm. Het wordt helemaal niks. Die leningen zullen me geen cent opleveren.'

Malcolm staarde hem aan. Hij had de cijfers zelf gezien. Via Akari had ASC bijna drie maanden geleden de honderd miljoen aan niet-afgeloste leningen van Japan One overgenomen voor het luttele bedrag van tien miljoen. De bijbehorende onderpanden hadden een gezamenlijke waarde van bijna vijftig miljoen dollar. Het leek voor de bakker. Ofwel de uitstaande schulden werden afgelost, of ASC kon de vastgoedonderpanden verkopen en op die manier geld binnenhalen. Het zou een eenvoudige, snelle opbrengst hebben moeten opleveren.

'Ik begrijp het niet. Als ze niet aflossen, dan pakken we verdomme toch gewoon die gebouwen?'

Akari wreef zich nog steeds in de ogen.

'"Dan pakken we verdomme toch gewoon die gebouwen",' snauwde hij. 'We pakken gewoon die gebouwen? Goh, dat ik daar niet aan heb gedacht, zeg!'

'Akari...'

'*Fuck it*, Malcolm. Kom, ik zal het je laten zien. Pak je helm. We gaan een ritje maken.'

Met een dikke honderdtien kilometer per uur raasde de nacht voorbij terwijl Malcolm zijn Ducati over de slingerende tweebaansweg stuurde. Hij hield de ogen strak op de lichtkegel van zijn eigen koplamp gericht en ook op Akari's rood oplichtende remlicht, dat telkens weg accelereerde en vervolgens weer dichter-

| 87.23 | +0.96 | 99.013 | -1.63 | 70.65 | +0.12 | 85.12 | +0.92 | 87.23 |
| 84.21 | +0.45 | 74.01 | +1.34 | 76.13 | +1.02 | 74.23 | +0.95 | 71.0 |

bij kwam. Akari reed geforceerd, met een veel te hoog toerental en met zo veel gooi-en-smijtwerk dat in de bochten elleboog en knie gelijktijdig het asfalt raakten. Malcolm wist dat zijn vriend eigenlijk te moe was om met deze snelheden te rijden, maar hij haalde hem liever niet in om hem te manen wat gas terug te nemen. Zelf had hij al genoeg moeite om zijn eigen motor onder controle te houden. Ducati's waren gebouwd voor snelheid, niet voor nachtelijke ritten, laat staan voor nachtelijke ritten over slechtverlichte wegen en straten waarvan de bochten elkaar in een bijna bizar tempo opvolgden.

Dit deel van Tokyo had hij nog niet eerder gezien. Hij wist zelfs niet eens zeker of ze nog wel in Tokyo waren. Ergens onderweg waren ze een lange verlichte brug overgestoken waarna de verstopte neonstad al snel was overgegaan in een gebied vol laagbouw, met loodsen en kantoorachtige gebouwen. Met elke kilometer begon het hier steeds meer op Osaka te lijken. Net op het moment dat hij zich begon af te vragen of ze wel genoeg benzine hadden om hun eindbestemming te halen, zag hij dat Akari rechtop ging zitten en met een hand naar rechts gebaarde. Hij keek en zag een negen verdiepingen tellend gebouw aan het eind van een rustige schaars verlichte steeg. Het gebouw leek moderner dan de meeste hier en was waarschijnlijk nog geen tien jaar oud. Een ontwerp met een koepel in het midden en vermoedelijk gebouwd met geld dat door Japan One in de gloriedagen was geleend. Inmiddels waren de eigenaren in gebreke, en was de lening in handen van Akari. Kortom, Malcolm ging ervan uit dat dit gebouw nu eigendom was van ASC. Met zijn Ducati stopte hij naast Akari's Yamaha.

Hij zette zijn helm af, legde hem op de duozit van zijn motor en stapte af. Leer piepte even langs het chroom. Hij streek met een hand door zijn haar en wachtte totdat Akari van zijn motor geklommen was. Daarna liepen ze door de steeg.

'Lekker naargeestig hier,' merkte Malcolm op. 'Waar zijn we eigenlijk?'

'Dit heet Odaiba,' antwoordde Akari. 'Tegenwoordig vind je hier voornamelijk loodsen, waarvan meer dan de helft leegstaat. Dit was ooit een goudmijn, een centrum voor telecommunicatie en software. Daarna spatte de zeepbel uit elkaar en plofte de hele boel in elkaar.'

Ze bereikten de treden van de ingang. Malcolm zag dat op de hogere verdiepingen hier en daar licht brandde. Bovendien voelde hij een warme gloed van de onderste verdieping afstralen, ook al zaten de rolgordijnen dicht en was de deur van de ingang raamloos en van dik hout.

'De eigenaar van dit gebouw is ene Nabuko Tokohama. Hij heeft een keten van liefdeshotels. Maar goed, toen hij dit gebouw liet neerzetten, ging zijn bedrijf failliet. Het moest een of andere loods worden. Nu staat Tokohama bij ons voor tien miljoen dollar in het krijt en dit is zijn onderpand. Het is getaxeerd op ongeveer vier miljoen.'

Ze hadden de ingang bereikt. Malcolm dacht even dat hij binnen stemmen hoorde. Japanse stemmen. Het leek wat vreemd, aangezien het gebouw leeg hoorde te zijn. Het was immers een onderpand voor een niet-afgeloste lening. Inmiddels zou het gebouw te koop moeten staan.

'Dan verkopen we die tent toch?' opperde Malcolm. 'Gooi hem op de markt, zorg dat die lening kan worden afgelost.'

'Precies, gewoon op de markt gooien. Alleen, er is een klein probleem.'

Akari boog zich iets naar voren en gaf een ruk aan de deurknop. De deur zwaaide naar buiten toe open, en een flikkerende oranje gloed stroomde de steeg in. Malcolm knipperde even met de ogen en deed een kleine stap naar voren.

'Christus...' fluisterde hij.

De lobby was ruim, rechthoekig en helemaal leeg. Het tapijt was weggehaald en de muren waren zo gebutst en vies dat ze een vaalgele kleur hadden gekregen. De tl-balken waren van het plafond gerukt, maar toch baadde de hele lobby in een kwaadaardig flikkerende oranje gloed. Malcolm had even een moment nodig om de bron te lokaliseren: een grote metalen vuilbak van waaruit de vlammen hoog opflakkerden. Een soort kampvuur, brandend gehouden door een groepje Japanse jongeren, tieners eigenlijk, gekleed in leren motorjacks en gescheurde spijkerbroeken. Eromheen hingen nog meer Japanse tieners in soortgelijke jacks, de ha-

87.23	+0.96	99.013	-1.63	70.65	+0.12	85.12	+0.92	87.23
84.21	+0.45	74.01	+1.34	76.13	+1.02	74.23	+0.95	71.0

ren glad achterovergekamd, de overhemden los en met gouden halskettingen en brede zonnebrillen. Bij elkaar waren het er een stuk of veertig.

'Wat heeft dit verdomme te betekenen?' fluisterde hij tegen Akari terwijl ze vanuit de deuropening toekeken. 'Dit gebouw hoort leeg te staan. En in de hoek brandt verdomme een kampvuur!'

'Klopt,' fluisterde Akari. Het klonk wat moedeloos. 'Dit hier gaat non-stop door. In de weekenden is het nog erger. Dan scheuren ze met hun motoren dwars door de lobby.'

Aanvankelijk leek niemand van de jongeren hen tweeën in de gaten te hebben. Maar opeens werden ze gespot door een knaap bij het vuur. Hij riep iets in het Japans en iedereen werd stil.

'Christus...' herhaalde Malcolm. 'Rennen?'

Akari reageerde niet. Twee jongens maakten zich los van hun groepje en liepen naar de deur. Hun houding was stoer en uitdagend, hun blik vervaarlijk. De ene was lang en dun, met een hoekig gezicht, de andere was klein en stevig, met een lange paardenstaart en een pluizig sikje. Op het moment dat de twee tot ongeveer een meter waren genaderd, zag Malcolm dat de kleinste naar iets in zijn jaszak greep. De hand verscheen weer, en opeens flitste er iets zilverachtigs te voorschijn.

Een vlindermes glinsterde in het licht van de brandende vuilnisbak. Malcolms hart sloeg een tel over en hij keek even opzij naar Akari, die om de een of andere reden helemaal niet bang leek.

De jongen met het mes riep iets in het Japans waarop Akari iets terugriep. De jongen bracht het mes omhoog en zwaaide er wat mee. De lange knaap sloeg zijn dunne armen over elkaar. Malcolm was ervan overtuigd dat ze op het punt stonden om aan reepjes te worden gesneden, maar opeens klonk er een tweede Japanse stem door de lobby. Een diepe, holle stem, toebehorend aan een ouder iemand en waar het gezag vanaf droop. De twee jongens deden een stap opzij en bogen het hoofd.

Vanuit het duister doemden twee Japanners op, die op Malcolm en Akari afliepen. Ze leken ergens tussen de vijfendertig en de veertig. Allebei droegen ze een hawaïhemd. De voorste had een rond gezicht en met zijn omlaag hangende mondhoeken had hij wel iets van een tandbaars. De bovenste knoopjes van zijn over-

| 68.50 | +0.02 | 76.13 | +1.02 | 74.23 | +0.95 | 101.01 | -1.63 | 70.65 | +0 |
| 89.22 | +1.01 | 97.12 | -0.00 | 85.23 | +0.65 | 71.01 | +1.34 | 88.13 | + |

hemd zaten los, en Malcolm zag een kleurrijke tatoeage die helemaal naar zijn keel omhoog kroop. Zijn kompaan achter hem had een vierkante kop en een varkensachtig gelaat. Hij droeg een zonnebril. Zijn tatoeage was zelfs nog opvallender en bedekte elk stukje zichtbare huid.

'Yakuza,' siste Malcolm. Zijn knieën werden week.

'Ja,' antwoordde Akari, kijkend naar de twee naderende figuren. 'Yakuza. Ze hebben de boel gekraakt. Kijk, Japan One zat met een klein probleem. Ze hadden voor honderd miljoen aan uitstaande leningen bij bedrijven die weer in handen van de yakuza waren. Ze konden dus niet innen, en konden de onderpanden niet verkopen omdat de yakuza heel eenvoudig de boel kraakte. En de Japanse politie steekt geen poot uit. Dus wat deed Japan One?'

'Ze verkochten die leningen aan een stel buitenlanders,' raadde Malcolm. 'Laat die gaijin het maar uitzoeken.'

De twee yakuza bleven voor hen staan. De ene deed een stapje naar voren en sloeg de armen over elkaar.

'Tamei kono yaro! Kiero! Kono yaro!'

Malcolm kon de tatoeages zien die over zijn onderarmen kronkelden, maar hij maakte zich meer zorgen over de tweede, die achter hem stond, de man met de varkenskop en de zonnebril, de man die hem vanachter zijn zonnebril aanstaarde, bezig zijn gezicht in zijn geheugen te prenten. Malcolm voelde het zweet over zijn rug lopen.

'Akari...'

'Ja, wegwezen maar.'

Akari greep hem bij de arm en trok hem naar buiten. Met een harde klap trok de yakuza de deur achter hen dicht. Binnen klonk gelach. Malcolm en Akari renden naar hun motoren. Een paar straten verder stopten ze langs de kant van de weg en zetten hun helmen weer af. Nu begreep hij waarom Akari de afgelopen maanden zo in de stress zat.

'Waarom doet de politie niets?' wilde Malcolm weten.

'Om een paar redenen. Je hebt hier een heel rare krakerswet. Je kunt deze gasten niet zomaar verwijderen. En bovendien is de yakuza niet te vergelijken met jullie maffia. Ze zijn doorgedrongen tot in alle lagen van de financiële wereld en de politiek. Bepaalde

| 87.23 | +0.96 | 99.013 | -1.63 | 70.65 | +0.12 | 85.12 | +0.92 | 87.23 |
| 84.21 | +0.45 | 74.01 | +1.34 | 76.13 | +1.02 | 74.23 | +0.95 | 71.0 |

yakuza-investeringen houden een paar van de grootste banken en bedrijven van het land overeind. En hun belangen reiken helemaal tot de top van de regering. Ik heb de afgelopen maanden wat speurwerk gedaan, en het blijkt dat veel Amerikaanse bedrijven dit is overkomen. Japanse banken verkopen leningen die ze niet kunnen innen tegen dumpprijzen. Maar de Amerikanen die ze kopen, komen erachter dat die deals geen cent waard zijn omdat de hele boel in handen is van de yakuza.'

Malcolms verkrampte vingers sloegen wit uit tegen zijn helm, en hij beefde over zijn hele lichaam. In gedachten zag hij nog steeds het vlindermes, glinsterend in de gloed van het vuur in de vuilnisbak. En hoewel hij zowel op als buiten het rugbyveld aardig wat had afgeknokt, was hij nog nooit zo bedreigd als zo-even.

Zo was speculeren niet bedoeld. Akari en hij waren beurshandelaren, geen gangsters. Akari had bij een van de grootste banken van Japan slechts een pakket niet-voldane leningen overgenomen. Dit was geen drugsdeal. Hier was sprake van een bankbesluit.

'Dit is krankzinnig!'

'Dit is Japan,' verbeterde Akeri hem, hij trok de helm weer over zijn hoofd en gaf een ruk aan de gashendel. Het geronk van de motor vulde de duisternis.

Malcolm zette zijn eigen helm weer op, rook het leer, de glasvezel en zijn eigen zweet. Hij leefde mee met Akari, want reken maar dat Carney niet te genieten zou zijn als de jongeman die leningen niet rendabel kon maken. Maar dat was slechts één zorg. Hij sloot even zijn ogen, en zag nog steeds de twee yakuza-gangsters in hun gebloemde overhemden voor zich. Hij dacht terug aan wat Sayo hem al voor zijn Hongkong-uitstapje had verteld. Dit was niet Wall Street. Ook die yakuza-maffioso met zijn tatoeages en zonnebril en zijn dikke kop verscheen weer voor zijn geestesoog. Hem aanstarend, zich zijn gezicht inprentend. Dit was niet New York. Dit was Tokyo.

Met een huivering draaide hij het gas open en reed naar huis.

24

Tokyo

De oplichtende display vermeldde 05.00 uur, maar dat kon onmogelijk kloppen. Als het inderdaad vijf uur in de ochtend was, hoorde hij gewoon plat op zijn rug te liggen, met Sayo naast hem, de rondingen van haar zachte huid lekker tegen zich aan. Hij had moeten dromen over football, de Nikkei of New Jersey, bijkomend van een lange avond waarop hij de Indonesische markten had bestudeerd en de invloed van deze fluctuerende markten op de beurs van Osaka had geanalyseerd.

Maar in plaats daarvan zat hij rechtovereind op zijn futon en staarde hij met wijdopen ogen naar het klokje boven op zijn splinternieuwe tv. Vijf uur in de ochtend, en hij was klaarwakker.

Toen hoorde hij de telefoon.

Snel schoot hij uit bed. Sayo bewoog iets en begroef zich dieper onder het zachte dekbed. Even streek hij met een hand langs haar haren en liep naar de telefoon. De marmeren vloer voelde kil onder zijn blote voeten. Een paar tellen later vond hij het draadloze apparaat op het antieke rood houten dressoir dat hij een paar weken geleden tijdens een uitstapje naar Kyoto had gekocht. Met zijn duim drukte hij op de ontvangsttoets.

'Malcolm, ik moet met je praten.'

Het was Akari. Zijn stem klonk beverig, met hoge uithalen die zo de stratosfeer in leken te schieten. Sinds hun bezoekje aan het door de yakuza gekraakte pand, had Akari geen moment meer geslapen en koortsachtig gezocht naar een juridische manier om van de krakers af te komen, zodat hij in elk geval een deel van de nietafgeloste leningen kon terugwinnen. Maar aan zijn stem te horen

87.23	+0.96	99.013	-1.63	70.65	+0.12	85.12	+0.92	87.23
84.21	+0.45	74.01	+1.34	76.13	+1.02	74.23	+0.95	71.0

leek hij weinig vorderingen te hebben gemaakt. Het leek er zelfs meer op dat er iets vreselijk was misgegaan.
'Je klinkt nogal bang.'
'Man, ik sta doodsangsten uit! Maar ik wil niet over de telefoon praten.'
Hij vermoedde dat Akari zich gewoon aanstelde, maar daar kon hij maar beter niet van uitgaan. Zijn gedachten gleden terug naar de jongen met het vlindermes.
'Ik kom eraan,' zei hij terwijl hij naar zijn broek zocht.
'Ik ben niet thuis. Ik zit op kantoor. Maar hier wil ik je ook niet spreken. We pakken de motor, en daarna praten we verder. Ik zie je over twintig minuten bij de ingang van de Izu-skyline. Bij het tolpoortje.'
Inmiddels had Malcolm zijn broek al aan. De Izu-skyline was de particuliere tolweg waar hij samen met de anderen regelmatig ging motorrijden. Het leek een vreemde plek om zaken te bespreken, maar een privé-weg was, tja, privé. En een vroege ochtendrit was misschien precies wat hij en Akari nodig hadden. Akari kon zijn zorgen over de leningen even uit zijn hoofd zetten, en hij zijn gedachten over Sayo. De afgelopen twee weken had hij zijn best gedaan om wat meer tijd met haar door te brengen. Hij had een hele berg uitnodigingen van andere ASC-handelaren afgeslagen, en ook eentje van Carney zelf. Maar Sayo hield zich nog steeds afzijdig en deed meteen ijzig zodra hij haar betrok bij iets wat ook maar zijdelings met zijn werk te maken had. Nog steeds wist hij niet of haar gevoelens te maken hadden met iets wat haar vader haar had verteld over Carney, ASC of wat dan ook, maar het begon al een aardig struikelblok in hun relatie te worden.

Hij hing op en wierp de gsm terug op het dressoir. Toen hij zich omdraaide, zag hij dat Sayo wakker was. Haar amandelogen keken hem aan, en als een zwarte, warrige en zijdezachte wolk bedekten haar haren de helft van haar gezicht.
'Nog zo vroeg...' mompelde ze. Hij knikte.
'Akari heeft even mijn hulp nodig.' Hij had haar niets verteld over de yakuza in het gebouw. Hij wist hoe ze zou hebben gereageerd als ze had ontdekt dat hij oog in oog had gestaan met het soort lui waarvoor ze hem juist had gewaarschuwd. Maar eigen-

68.50 +0.02   76.13 +1.02   74.23 +0.95   101.01 -1.63   70.65 +0
89.22 +1.01   97.12 -0.00   85.23 +0.65   71.01 +1.34   88.13 +0

lijk had hij er het liefst met haar over gepraat. Haar vader had immers zo zijn connecties, en wie weet kon ze hem iets vertellen waarmee hij Akari uit deze situatie kon verlossen. Maar ja, zo'n gesprek zou ongetwijfeld dramatisch verlopen.
'Doe voorzichtig,' zei ze, alsof ze op een of andere manier alles al wist. Maar ja, met deze woorden had ze hem bijna elke ochtend naar kantoor uitgezwaaid. Dat hij niet meer dan een eenvoudige prop trader was, dat zijn wereld zo alledaags was als maar kon, ging er bij haar niet in. En na Hongkong en het yakuza-avontuur moest hij bekennen dat hij daar zelf ook aan begon te twijfelen.

Een halfuur later stopte hij naast het tolpoortje. Met één been op de grond hield hij de motor in balans, zette zijn helm af en liet de koude wind zijn wangen strelen. Het werd een heldere dag, zonder mist of nevel. Fris en helder. Verderop slingerde de particuliere tolweg door de velden. Het tolpoortje was onbemand, maar om een of andere reden stond de slagboom al omhoog.

Hij keek over zijn schouder, speurend naar een teken van Akari. Die had hier allang moeten zijn, want het kantoor was een dikke tien minuten dichterbij en zelf had hij zich onderweg netjes aan de snelheid gehouden. Maar Akari was er niet. Misschien dat hij alvast een stukje in zijn eentje was gaan rijden, gezien de openstaande slagboom.

Hij wachtte nog tien minuten, en zette toen zijn helm weer op. Malcolm had een hekel aan wachten. Hij zou eerst even een stukje rijden en daarna omkeren om te kijken of Akari er al was. Hij boog zich diep over het stuur, draaide aan het gas en lanceerde de motor langs het tolpoortje. Gravel spatte op terwijl hij zijn machine de sporen gaf. Het geraas van de wind langs zijn helm bezorgde hem een licht euforisch gevoel. Links en rechts flitsten de groene velden voorbij, en de weg slingerde heen en weer onder zijn voorwiel. Hij keek even op zijn snelheidsmeter en zag dat hij al boven de honderdnegentig zat. Hij grijnsde vanachter zijn helm. Sayo had gelijk. Dit was Amerika niet. In Amerika had je geen particuliere wegen. In Amerika zou hij nooit zo hard met een motor kunnen scheuren.

Hij nam een scherpe bocht en gooide het gas nog wat verder

| 87.23 | +0.96 | 99.013 | -1.63 | 70.65 | +0.12 | 85.12 | +0.92 | 87.23 |
| 84.21 | +0.45 | 74.01 | +1.34 | 76.13 | +1.02 | 74.23 | +0.95 | 71.0 |

open. Tweehonderdtien, en nog altijd ging het harder. Van Akari nog geen spoor, slechts een verlaten weg voor zich. Zijn eigen privé-circuit en tot nog zeker zes uur gesloten voor de rest van de wereld. Acht kilometer asfalt zonder snelheidsbeperkingen, zonder regels. Hij drukte zijn knieën nog steviger tegen de tank en zette het gas nog verder open.

Tweehonderdvijfentwintig. Zo hard had hij nog nooit gereden en de Ducati trilde nauwelijks. Dit was puur genot, pure adrenaline. Hij wilde nóg sneller, maar een paar honderd meter verderop boog de weg scherp af naar links, bijna als een haarspeldbocht. Hij moest vaart minderen.

Hij nam gas terug. Honderdvijfenveertig, honderddertig, honderdtien. Nog steeds iets te snel voor de bocht, maar hij wist dat hij de motor er wel doorheen zou trekken.

Met zo'n vijfennegentig kilometer per uur bereikte hij de bocht. Die bleek toch iets scherper dan hij zich herinnerde, en hij voelde zijn lichaam diep naar links vallen. Met een luide sis raakte zijn kniebeschermer het asfalt. Hij reed nog behoorlijk hard, maar het was hem al eerder gelukt, dus waarom ook nu niet?

Op dat moment zag hij de auto. Een flits van zwarte lak en getint glas. Een tegenligger in de bocht, die recht op hem afkwam. Een dikke, vette BMW. Te snel. Veel te snel, verdomme. Hij mocht hier niet eens rijden – dit was immers een privé-weg – maar Malcolm had geen tijd erover na te denken. Hij moest reageren.

Hij remde zo hard hij kon. Banden gierden, de motor glibberde heen en weer en de banden verloren hun grip. De motor helde naar links en brak weg. Opeens vloog hij door de lucht. Zijn lichaam tolde om zijn as, zijn armen en benen zwaaiden als molenwieken door de verstilde lucht. Hij zag de BMW pas weer op het moment dat hij met zijn rug tegen de auto werd gekwakt, precies tussen het zijraam van de bestuurder en het achterportier. Door de botsing vloog hij nogmaals door de lucht. Opnieuw kwam hij neer, nu met zijn gezicht tegen de voorruit. Weer werd hij gelanceerd. Zijn lichaam rolde over het dak en de kofferbak. Hij raakte het asfalt en rolde verder. Daarna het afgrijselijke geluid van kermend staal nu de wagen tegen zijn motor op knalde – waarna het opeens stil werd.

68.50 +0.02   76.13 +1.02   74.23 +0.95   101.01 -1.63   70.65 +0
89.22 +1.01   97.12 -0.00   85.23 +0.65   71.01   +1.34   88.13 +0

De BMW was verdwenen. Malcolm lag op zijn rug in het gras, met één voet nog op het asfalt. De pijn schoot in golven door zijn ruggengraat. Zijn benen lagen in een rare houding onder zijn lichaam, maar gelukkig had hij er nog gevoel in, een goed teken. Zijn gezicht deed zeer, en hij proefde bloed. De plekken rond zijn neus en ogen begonnen al dik te worden.

Hij haalde voorzichtig adem en de pijnscheuten in zijn rug werden erger en priemden nu dwars door zijn longen. Hij wist dat hij gewond was, en goed ook. Maar zijn verstand werkte nog.

De BMW had hem frontaal geramd en was gewoon doorgereden. De klootzak was niet eens even gestopt om te kijken of hij nog leefde. Erger nog, die auto had daar helemaal niet mogen rijden. Dit was immers een particuliere weg die pas over een dik uur voor ander verkeer open zou gaan. Ook hij hoorde hier helemaal niet te zijn, maar ja, de slagboom stond open.

De slagboom stond open.

Hij was ervan uitgegaan dat Akari de slagboom alvast voor hem had opengezet. Maar misschien was dat niet zo.

Hij sloot zijn ogen en liet zijn hoofd in het gras rusten. Daarna probeerde hij zich een beetje te bewegen, maar de pijn was te hevig. Het bloed liep inmiddels als warme en kleverige bloedrode tranen over zijn wangen. Ademhalen ging nu zelfs nog moeizamer. Waarschijnlijk waren zijn benen niet gebroken, maar zijn handen voelden al even pijnlijk als zijn gezicht. En vooral zijn rug, die kloterug.

Hij beet de tanden op elkaar, weigerde op te geven, dacht terug aan alle *hits* die hij als football-speler had moeten incasseren, de pijn die hij had moeten doorstaan. Hij kon dit overleven. Hij kon dit verdomme overleven.

In gedachten zag hij Sayo voor zich, liggend in bed en met haar haren als een zwarte, zijdeachtige stralenkrans rond haar hoofd.

Hij zou dit overleven, verdomme.

Een uur later rukte het geloei van sirenes hem los uit het grauwe waas. Hij had een seconde nodig om zich te realiseren waar hij was. De pijn kwam terug, zelfs indringender nog dan zo-even. Hij kreunde en opende zijn ogen. Zijn gezicht deed pijn, maar hij kon zien en, belangrijker nog, hij kon ademhalen.

87.23 +0.96   99.013 -1.63   70.65 +0.12   85.12 +0.92   87.23
84.21 +0.45   74.01   +1.34   76.13 +1.02   74.23 +0.95   71.0

De sirenes werden harder, teisterden zijn oren en doorboorden zijn hoofd. Hij draaide zijn hoofd iets opzij en zag hoe de ambulance een meter van hem vandaan tot stilstand kwam. Vlak daarachter kon hij de restanten van zijn motor zien liggen. Hij vroeg zich af of hij er net zo gebroken en verfomfaaid bij lag als de Ducati. Het frame was zo ver verbogen dat de twee wielen elkaar bijna raakten.

De ambulancedeuren zwaaiden open. Twee Japanse ziekenbroeders stapten uit en trokken een brancard met zich mee. Ze leken niet veel haast te maken. Ze droegen een lichtblauwe overall en een van hen had een stethoscoop om zijn nek. Op hun gemak liepen ze naar de plek waar hij lag en zetten de brancard naast hem neer. De man met de stethoscoop liet zich op een knie zakken en boog zich dicht naar hem toe.

'*Daijobu desu ka?*' vroeg hij. Gaat het?

Malcolm keek hem aan. De man deed geen enkele moeite hem ook maar iets van eerste hulp te bieden. Geen zuurstof, geen brace voor zijn rug, geen kompressen. De stethoscoop leek eerder voor de show. Goddank voelde het niet alsof hij ergens flink aan het bloeden was. De enige echte pijn die hij voelde, was van zijn rug, zijn gezicht en zijn handen. Hij zag nu de andere ziekenbroeder bij hem neerknielen. Tot zijn verbazing rookte de man een sigaret. De man met de stethoscoop gaf hem een klopje op zijn schouder.

'*Soutou itai desho.*' Dat doet vast behoorlijk veel pijn.

Als hij niet zo veel pijn had, zou hij erom hebben gelachen. De Japanse Laurel en Hardy bogen zich voorover en met weinig consideratie ploften ze hem op de brancard. Daarna droegen ze hem de ambulance in. Terwijl hij naar binnen werd geschoven, tilde hij voorzichtig zijn hoofd iets op.

'Als jullie me geen medicijnen geven, kan ik dan verdomme op z'n minst een sigaret krijgen?'

De ziekenbroeder met de stethoscoop knipoogde, stak een duim op en smeet de deuren dicht.

Het ergste was het wegknippen van zijn leren motorpak. Bij elke knip van de schaar trok er een rilling door zijn lijf, vooral omdat hij bang was voor wat ze onder zijn kleding zouden aantreffen. Maar hij werd tenminste behandeld. Na twee uur in de wachtkamer van het streekziekenhuis te hebben gelegen, had hij het niet erg gevonden om weer in de ambulance te worden geschoven.

Toen de verpleegsters eindelijk zijn brancard een onderzoekskamer met gesloten gordijnen binnenreden, wachtte een Japanse arts in een witte jas hem al op. De verpleegster had haar schaar ter hand genomen en de arts had meteen de piepkleine radiologieafdeling gebeld om een röntgenapparaat gereed te laten maken.

Pas een uur later kon Malcolm eindelijk opgelucht ademhalen. De röntgenfoto's lieten drie gebroken ribben zien, maar geen beschadigingen aan zijn ruggengraat en geen interne bloedingen. Zijn benen waren in orde en zijn handen, hoewel flink gehavend na de botsing met de BMW, waren niet gebroken. Zijn gezicht zag er slecht uit, maar met wat tijd en een paar hechtingen zou het allemaal wel weer goed komen. Hij had al eens eerder een paar ribben gebroken en wist dat het pijnlijk en oncomfortabel was, maar in elk geval niet levensbedreigend.

De arts sprak net voldoende Engels om Malcolm uit te leggen dat het mogelijk was om hem per ambulance naar een groter ziekenhuis in Tokyo te vervoeren voor verder onderzoek. Meteen gaf hij toestemming. Daarna gaf de arts hem een handjevol pijnstillers en een glaasje warm water. Het ziekenhuis en de ziekenbroeders mochten dan tweede klas zijn, de pijnstillers waren in elk geval van topkwaliteit: nog geen tien minuten later zweefde hij ergens op een rustige, veilige plek. Hij had nauwelijks in de gaten dat hij weer in de 'vleeskar' werd geschoven en had bijna geen benul van de hobbels en bochten nu hij naar de neonstad werd teruggereden.

Toen de pijnstillers bijna uitgewerkt waren, kwam hij bij in een warm bed op een rustige afdeling van het beste privé-ziekenhuis van Tokyo. Hij had een eigen kamer, met uitzicht op een park, een eigen tv en een badkamer met een westerse inrichting. Hoeveel hem dit allemaal ging kosten, kon hij niet precies zeggen, maar het kon hem ook niet schelen. Hij leefde tenminste. Zijn rug en borst zaten stevig in het verband, net als zijn handen en delen van zijn gezicht, maar hij zou er weer bovenop komen.

Bijna was hij weer in slaap gesukkeld toen opeens de deur van

| 87.23 | +0.96 | 99.013 | -1.63 | 70.65 | +0.12 | 85.12 | +0.92 | 87.23 |
| 84.21 | +0.45 | 74.01 | +1.34 | 76.13 | +1.02 | 74.23 | +0.95 | 71.0 |

zijn kamer stilletjes openzwaaide. Met moeite bracht hij zijn hoofd iets omhoog en hij zag Akari naar binnen glippen. Die merkte op zijn beurt dat hij wakker was en liep snel naar zijn bed.
'Jezus, je ziet er niet uit!'
'Dank je,' reageerde Malcolm, hees van de medicijnen en de pijn. 'Wat is er in godsnaam met jou gebeurd?'
'Die vraag kan ik jou beter stellen,' kaatste Akari de bal terug. Hij zag een stoel bij de tv en trok hem naar de rand van het bed.
'Vlak voordat ik de Tomei Expressway op reed, kapte mijn motor ermee. Ik heb het dus niet gehaald, ben teruggegaan naar kantoor en heb je nog geprobeerd te bereiken. Sayo zei dat je al weg was. *Fuck* man, die artsen zeiden dat je was geraakt door een auto!'
Malcolm sloot zijn ogen en zag de zwarte BMW met getinte ruiten weer voor zich. De BMW die daar helemaal niet hoorde te rijden, de BMW die niet eens was gestopt na hem en zijn motor in de prak te hebben gereden.
'Ja. Hij stopte zelfs niet eens. Maar volgens mij hebben ze toch om hulp gebeld, want uiteindelijk kwam er een ambulance.'
Akari schudde het hoofd. 'Die artsen vertelde me dat je vanuit een helikopter bent gezien. Er gebeuren daar zo veel ongelukken met motorrijders dat ze regelmatig vanuit de lucht surveilleren. Had dus niks te maken met die BMW. Die lui lieten je daar gewoon creperen.'
De manier waarop Akari het zei, maakte hem achterdochtig. Hij probeerde krampachtig op een elleboog te leunen.
'Hoe denk jij erover?'
Akari wierp een blik op de deur en keek even of er niemand op de gang stond. Daarna boog hij zich nog dichter naar Malcolm toe.
'Ik wilde je vanochtend spreken omdat ik steeds maar telefoontjes krijg. Al vanaf het moment dat ik me met die leningen bezig ging houden.'
'Wat voor telefoontjes?'
'Nou, dreigtelefoontjes dus. Eerst dacht ik dat het een grap was. Een paar Japanse jochies die een spelletje met me speelden. Gewoon wat gein trappen, me een gaijin noemen, me waarschuwen dat ik op de een of andere manier problemen kon verwachten.

68.50 +0.02   76.13 +1.02   74.23 +0.95   101.01 -1.63   70.65 +0
89.22 +1.01   97.12 -0.00   85.23 +0.65   71.01 +1.34   88.13 +(

Maar sinds kort is het serieuzer geworden. Vanochtend, voordat ik naar kantoor ging, kreeg ik de ergste. Een vent met een doffe stem vertelden me in het Japans dat hij het op me gemunt had. Jongen, ik scheet in mijn broek! Ik weet dat ik het je eerder had moeten vertellen, maar dit is dus waarom ik liever niet wilde dat je me met de deal hielp. Ik wilde er niemand bij betrekken. Ik had je nooit naar dat gebouw moeten meenemen en je aan dat risico moeten blootstellen.'

Malcolm strekte zijn vingers onder het verband dat zijn handen bedekte. Hij wist niet goed raad met wat Akari hem vertelde. Dreigementen? Vanwege een pakket aan leningen? Maar toch, hij had die yakuza-krakers met eigen ogen gezien.

'Weet Carney ervan?' vroeg hij.

'Ja. Hij leek niet echt verrast. Het was de prijs van zakendoen in Japan, zei hij. En dat andere Amerikaanse handelaren bij soortgelijke projecten ook waren bedreigd, maar dat het daarbij was gebleven. Volgens hem zou de yakuza nooit een Amerikaan te grazen nemen. Soms kon je dit soort dingen in je voordeel laten uitwerken. Angst is de beste motivator, zei hij, en motivatie had je nodig om de winst te pakken.'

Malcolm dacht na over zijn bezoek aan Hongkong en zijn onderhoud met Meyer. Angst als motivator. Hij vroeg zich af of Carney ook een regel had voor als je door een BMW werd aangereden.

'Je denkt dat degene die me aanreed iets met jouw project te maken had?' vroeg hij Akari ten slotte op de man af.

'Dat weet ik niet, maar we moeten wel voorzichtig zijn. Die leningen zijn je leven niet waard. Ik ga liever weer gewoon handelen op de Nikkei dan...'

Er werd op de openstaande deur geklopt. Malcolm keek over zijn schouder en zag Sayo in de deuropening. Ze beefde, en hij kon zien dat ze had gehuild. Akari ging staan en zei iets in het Japans tegen haar. Ze knikte en stapte de kamer in. Met een knikje naar Malcolm liep Akari ten slotte naar de deur en verdween.

Weer alleen gelaten in de kamer van het ziekenhuis drukte hij Sayo met zijn ingezwachtelde handen tegen zich aan en liet haar uithui-

| 87.23 | +0.96 | 99.013 | -1.63 | 70.65 | +0.12 | 85.12 | +0.92 | 87.23 |
| 84.21 | +0.45 | 74.01 | +1.34 | 76.13 | +1.02 | 74.23 | +0.95 | 71.0 |

len tegen zijn borst. Na een paar stille minuten tilde hij haar hoofd iets op zodat ze elkaar konden aankijken. Hij forceerde een glimlach.

'Geloof me, ik heb er wel slechter uitgezien. Je had me na mijn eerste football-wedstrijd op de universiteit eens moeten zien. Ik kreeg zulke rake klappen dat mijn hele hoofd wel een pompoen leek, zo opgezwollen. Dit stelt niets voor.'

Ze lachte, en raakte even zijn voorhoofd aan.

'Malcolm, ik kan je niet verliezen. Ik kán het niet,' sprak ze zachtjes.

Haar woorden raakten hem tot in het diepst van zijn ziel. Tranen welden op in zijn ogen. Hij trok haar gezicht tot vlak bij zijn lippen. Het deed pijn nu hij haar kuste, maar het was de pijn meer dan waard. De geur van haar huid maakte hem nog lichter in zijn hoofd dan de pijnstillers.

'Je zult me nooit verliezen,' was zijn antwoord, en dat meende hij. Ondanks alle strubbelingen was het voor hem volkomen duidelijk dat niets ter wereld een leven zonder deze vrouw kon overtreffen. Of het nu geld was, of zijn reputatie onder de buitenlandse handelaren, hier in Tokyo. Niets.

Zelfs Carney niet.

Met beide handen hield hij haar vast en luisterde naar haar gesnik.

25

Queens, New York, heden

De verzadigde lucht van vertrouwde maar onwelriekende dampen van grote hoeveelheden Chinees voedsel viel bijna te snijden. Logisch, want de steeg waarin we stonden, liep precies tussen de twee grootste Chinese zelfbedieningsrestaurants die ik ooit had gezien. Het was na middernacht, maar Manhattan was voldoende dichtbij om dat niet tot een probleem te maken. Ik stelde me voor dat als ik mezelf hoog boven de lage loodsachtige restaurants zou kunnen uitstrekken, ik in de verte de gloed van het financiële hart zou kunnen zien. Maar ik bevond me als het ware in een loopgraaf, aan weerskanten begrensd door grote betonblokken. Deze steeg voelde helemaal niet als New York. Overal lagen Chinese kranten, reclamevelletjes en weggegooide kartonnen etensbakjes. De betonnen muren waren beplakt met affiches van de nieuwste Chinese popsterren en reclamebiljetten waarop de andere concurrerende zelfbedieningsrestaurants, die over heel Queens verspreid lagen, zich aanprezen. Het leek wel alsof we na de brug verkeerd waren afgeslagen en we op de een of andere manier pardoes naar het centrum van Hongkong waren geteleporteerd.

'Daar is het. Recht voor ons uit.'

De jongen die me voorging door de smalle steeg maakte deze illusie alleen nog maar erger. Douglas Chien was klein en pezig, met een pikzwarte kuif en een paar lichte o-benen. Hij was een Chinees en was slechts een paar straten verderop geboren, pal in het centrum van Queens' uitgestrekte Chinatown. Ook al woonde zijn familie hier al drie generaties, Malcolms beschrijving van de jongen als 'VVB', ofwel 'vers van de boot', was behoorlijk raak.

| 87.23 | +0.96 | 99.013 | -1.63 | 70.65 | +0.12 | 85.12 | +0.92 | 87.23 |
| 84.21 | +0.45 | 74.01 | +1.34 | 76.13 | +1.02 | 74.23 | +0.95 | 71.0 |

Waarschijnlijk maakte het in Queens niet uit hoelang geleden die boot had afgemeerd, zo stelde ik me voor. De Chinese gemeenschap had hier exact dezelfde wereld geschapen als die waaruit ze met zo veel pijn en moeite hadden weten te ontsnappen.
'Daar. Die houten deur achter de vuilcontainers.'
De jongen wees naar een smal looppad tussen twee enorme vuilcontainers, die uitpuilden van de rommel. Terwijl we verder liepen, kuchte ik even en sloot wat dichter bij mijn gids aan.
'Is het hier wel veilig?' vroeg ik.
Chien grijnsde. Zijn gebit was een ramp: een knalgeel fietsenrek. Maar toch, hij had een vriendelijk gezicht. Ik deed dus mijn best hem niet af te rekenen op zijn tanden.
'Niet echt. Maar zolang ik bij je ben, heb je weinig te vrezen.'
Hij stak twee duimen op. Ik glimlachte terug alsof zijn verzekering voor mij geruststellend genoeg was. Ik volgde Chien tussen de twee containers door. Erachter was een hoge houten deur, precies zoals hij had gezegd. Er was geen deurknop, slechts een sleuf die tot op de helft van de deurdikte leek te zijn ingefreesd. Chien bekeek me eens goed en zuchtte.
'Probeer niet al te blank over te komen, oké?'
Hij deed een stap naar voren en klopte met zijn knokkels tegen het hout.
Het was even stil, maar daarna schoof de sleuf opzij. Twee vrouwenogen tuurden naar buiten. Chinese ogen, omlaag wijzend bij de hoeken. Ze tuurden naar Chien, en naar mij. De ogen sperden zich open, keken duidelijk verrast. Daarna werden ze toegeknepen.
Chinees gekakel drong naar buiten. Chien riep iets terug. Nog meer Chinees. Zo ging het nog een dikke vijf minuten door. Ten slotte draaide Chien zich geërgerd naar me om.
'Doe je gulp open.'
Verbluft keek ik hem aan.
'Pardon?'
Hij gebaarde naar mijn kruis.
'Doe je gulp open. Laat haar je lul zien.'
Ik wist niet zeker of ik hem wel goed had verstaan. Ik wipte even van mijn ene op mijn andere voet, wierp een snelle blik in de steeg en keek hem weer aan.

'Je wilt dat ik wát doe?'
Met zijn handen in zijn zij gaf hij een knikje naar de sleuf in de deur.
'Mama-san denkt dat je een smeris bent. Als je je lul laat zien, weet ze dat dat niet zo is.'
Op een vreemde manier sneed het hout. Ik was immers blank, van min of meer de goede leeftijd, rondhangend in een deel van Queens waar de enige blanken smerissen of hopeloos verdwaalde toeristen waren. Maar toch, ze vroeg nogal wat. Chien begon ongeduldig met zijn voet te tikken.
'Luister, wil je nog naar binnen of niet? Want ze zal je niet binnenlaten als je je lul niet laat zien.'
Het was wat onorthodox, maar ik vermoedde dat journalisten wel veel vreemdere dingen hadden gedaan om aan hun verhaal te komen. Ik reikte omlaag, maakte mijn riem los en ritste mijn gulp open. Onhandig frummelend deed ik mijn best mijn broek genoeg te laten zakken om mezelf te kunnen tonen. Ik bloosde nu de vrouw weer door de sleuf keek en een moment aandachtig tuurde om maar genoeg te kunnen zien om haar twijfels weg te nemen. Daarna bewogen haar ogen op en neer. Een knik.
'Oké. Geen smeris. Geen probleem.'
Ik hoorde het geluid van een slot dat werd ontgrendeld, en de deur zwaaide naar binnen open. Snel ritste ik mijn gulp weer dicht en liep achter Chien aan. In de lobby lag vloerbedekking, en langs de muren stonden lelijke bankjes met kussens. In een hoek stond een balie met ernaast een gordijn dat toegang gaf tot de rest van het interieur. De muren waren vies en van kaal beton, en het plafond was laag. Tussen een paar warmwaterleidingen aan het plafond bungelden een paar kale peertjes aan elektriciteitskabels.
'Dus, wat vind je ervan? Niet slecht toch?' Chien spreidde zijn armen en ik wist bijna zeker dat hij niet de aankleding bedoelde. Mijn blik gleed langs de bankjes. Ik telde een stuk of tien vrouwen op de kussens. Allemaal Chinees, en bijna allemaal even mooi. Gehuld in weinig verhullende lingerie, zwaar opgemaakt, het haar lang en glanzend. De meeste meisjes leken ergens begin twintig, een paar iets ouder, plus nog een of twee die zelfs nog jonger konden zijn. Allemaal staarden ze me aan en een stuk of wat van hen

87.23 +0.96   99.013 -1.63   70.65 +0.12   85.12 +0.92   87.23
84.21 +0.45   74.01 +1.34   76.13 +1.02   74.23 +0.95   71.0

zat glimlachend en geamuseerd naar me te wijzen. Ik hoopte maar dat dit vanwege mijn angstige blik was en het niets te maken had met wat mama-san misschien had gezegd over wat ik zojuist had moeten tonen om binnen te kunnen komen. De mama-san liep naar de receptiebalie en Chien gebaarde me haar te volgen. De vrouw was ergens halverwege de veertig, met brede schouders en grijze krullen. Ze boog zich iets voorover en drukte op een knop aan de zijkant van de balie. Daarna draaide ze zich om en keek me aan.
'U kiezen. Driehonderd dollar. Alles wat u wilt. U niet tevreden, u nog een keer kiezen. Geen pervers gedoe. Oké?'
Hulpeloos keek ik Chien aan. Hij draaide zich weg van de meisjes en schoot me te hulp. Hij sprak Chinees tegen haar en gebaarde naar me. De vrouw fronste haar wenkbrauwen, draaide zich om en pakte een draadloze telefoon van de balie. Ze toetste twee cijfers in en mompelde in de hoorn.
Een minuutje later hing ze op. Ze wees naar het gordijn, dat toegang gaf tot de rest van het interieur. Chien pakte me bij de arm en trok me met zich mee. Terwijl hij naar het gordijn reikte om dit opzij te duwen, boog hij zich naar me toe.
'Probeer geen vragen te stellen die hem irriteren. Zodra je hem irriteert, sta je er alleen voor,' fluisterde hij.

De speelkamer bevond zich achter een rij houten hokjes. Om bij de deur te komen moesten we tussen de hokjes door lopen, en ik probeerde maar niet om door de spleten van de plastic gordijntjes te kijken. Aan de stemmen te horen zaten er in elk hokje een meisje en een klant. Uit het gegiechel en het gekreun kon ik wel afleiden wat daarbinnen allemaal gebeurde. Ik had altijd al geweten dat dit soort plekken bestond, had zelfs wel eens over een paar invallen gelezen die door de jaren heen in deze omgeving waren gedaan. Ik wist dat de meisjes vanuit Taiwan en het Chinese vasteland waren binnengesmokkeld en in de laadruimtes van bestelwagens of bussen langs de Amerikaanse oostkust van Chinatown naar Chinatown pendelden. Ik wist dat degenen die zulke tenten runden voornamelijk zakendeden met de Chinese triade, een van de meest gewelddadige en efficiënte misdaadorganisaties ter wereld. Maar wat Malcolm me had verteld, was voor mij nieuw geweest, namelijk dat de Chinese triade in de laatste jaren dikke vrienden was geworden met de Japanse yakuza. Inmiddels had de 'driehoek' bijna de helft van Tokyo's Kabukichô-district in handen en had de yakuza de triade geholpen om verder door te dringen in het Westen, met de drugshandel, de illegale gokhandel en vooral de wereld van clandestiene seks. Het lag natuurlijk voor de hand. In heel de VS hadden de Chinezen hun eigen Chinatowns, een gretige markt. Bovendien beschikten ze over de juiste ingrediënten: een grote arme plattelandsbevolking waaruit ze konden kiezen. Maar de yakuza's waren de experts van de seksindustrie, waarin ze zich sinds de dagen van de samoerai al hadden bekwaamd. Bovendien hadden ze geld te besteden.

Een kleine meter voor me bereikte Chien de deur en gaf een klopje met zijn vlakke hand. De deur zwaaide naar binnen toe open en onthulde een rond vertrek. Met zijn frisse behang en het netjes gestofzuigde tapijt was deze kamer een stuk schoner dan de lobby. Pal in het midden stond een ronde pokertafel met daaraan twee spelers, met de kaarten in een waaiervorm voor zich uitgespreid en met links en rechts hoge stapels fiches. Een van de twee was duidelijk een Chinees. Hij leek ergens in de vijftig, met hier en daar wat lichtgrijze plukken, genoeg rimpels en een paar wallen onder zijn vermoeide ogen. Hij droeg een hagelwit pak waarvan het overhemd tot aan de hals was dichtgeknoopt.

De man tegenover hem was net zo overduidelijk van Japanse afkomst. Hij had een terugwijkende haargrens en een dun brilletje met dikke glazen op zijn neus. Hij droeg een felrood hawaïhemd, met de knoopjes los, waardoor ik de weelderige tatoeages over zijn bruine, slappe huid kon zien kronkelen.

Chien maakte een kleine buiging, maar beide mannen negeerden hem en concentreerden zich op hun kaarten. De Chinees deelde uit een blackjackslof, maar ik kon niet goed achterhalen welk spel er precies werd gespeeld. Geen poker of blackjack, daarvoor lagen er te veel kaarten op tafel, en nog steeds was hij aan het delen.

Zwijgend leunde Chien tegen de muur en gebaarde me hetzelfde te doen. De Chinees in het witte pak deelde nu de rest van de

87.23 +0.96   99.013 -1.63   70.65 +0.12   85.12 +0.92   87.23
84.21 +0.45   74.01 +1.34   76.13 +1.02   74.23 +0.95   71.0

slof, waarna beide mannen lachend in hun handen klapten. Geen van beiden reikte naar de fiches, dus wat voor spel dit ook mocht zijn, ik nam aan dat het was bedoeld om me om de tuin te leiden. Ten slotte keken beide mannen ons aan. De man in het witte pak zei iets tegen Chien, die met neergeslagen ogen respectvol reageerde. De man knikte, stond op van de tafel en liep naar de deur. In het voorbijgaan wierp hij me een blik toe die mijn maag ineen deed krimpen. Daarna waren we alleen met de getatoeëerde Japanner in het hawaïhemd.

De man wees naar een lege stoel. Ik liep ernaartoe en ging zitten. Mijn knieën knikten onder de tafel. Met gebogen hoofd bleef Chien tegen de muur staan. Zwijgend keek de man in het hawaïhemd me aan. Even later schraapte hij eindelijk zijn keel.

'U hebt vragen over yakuza?'

Zijn Engels verraste me. Omdat Chien Japans had geleerd van zijn grootvader, die het grootste deel van de Tweede Wereldoorlog onder Japanse heerschappij had geleefd, had hij aangeboden voor me te tolken. Toen ik had geopperd om voor mijn boek een echte yakuza te interviewen had Malcolm contact opgenomen met Chien, die hij via een van zijn vrienden in Hongkong had leren kennen. Chien had hem verteld over de yakuza die het bordeel in Queens bestierde. Eentje van de oude garde, zo had hij verteld, die waarschijnlijk wel bereid was een paar vragen te beantwoorden zolang hij maar strikt anoniem bleef. Een man die niet alleen van alles wist over hoe de Japanse maffia van binnenuit opereerde, maar die Amerika bovendien beter begreep dan de meesten, omdat hij hier al enige tijd woonde. En het was duidelijk dat hij in de tussentijd redelijk wat Engels had opgepikt.

Ik probeerde me niet blind te staren op de tatoeages, een rode en groene draak die over zijn borst kronkelden en een paar geisha's in kimono die zijn ontblote onderarmen bedekten. Uit mijn onderzoek wist ik dat deze ceremoniële tatoeages waren gezet met behulp van scherpe, in inkt gedoopte bamboenaalden en over een periode van enkele jaren waren aangebracht. Een pijnlijke behandeling die een echte yakuza zijn leven lang tekende.

'Een paar vragen maar. Over de invloed van de yakuza op de Japanse economie.'

De man knikte. Zijn Engels bleek dus behoorlijk goed te zijn.
'Zonder de yakuza is er geen Japanse economie,' was zijn antwoord.
Een eenvoudig antwoord, en uit mijn onderzoek wist ik dat het klopte. Elke vertakking binnen de Japanse economie was verstrengeld met yakuza-belangen. Maar mijn interesse was toch iets specifieker.

'Toen de zeepbel uit elkaar spatte,' ging ik verder, me afvragend of ik zijn Engels niet te veel op de proef stelde, 'toen Amerikaanse bankiers naar Tokyo gingen om van de onstabiele markt te kunnen profiteren, hoe werden ze daar door de yakuza bekeken?'

De man legde zijn handen plat op tafel. Geschrokken zag ik dat de pink van zijn rechterhand de bovenste twee kootjes miste. Ik dwong mezelf om niet naar lucht te happen. Ook hier weer wist ik uit mijn onderzoek dat de geringste misstap werd bestraft met deze simpele vorm van verminking. Maar het was een ceremonie die door de jongere yakuza-generatie grotendeels was afgeschaft. Ergens in het verleden had deze yakuza zijn afgehakte pink aan een verongelijkte baas gepresenteerd. Een groter teken van loyaliteit kon ik niet bedenken.

'De yakuza bekeek ze niet. Yakuza had zijn eigen zaken te regelen. Voornamelijk golfterreinen, de bouw, de politiek. Yakuza had geen belangstelling voor Amerikaanse beleggers. Behalve als Amerikaanse beleggers foute beslissingen namen.'

Golfterreinen, de bouw, de politiek. Naast seks en, meer recentelijk, de drugshandel waren dit in de jaren tachtig en negentig de drie pijlers van de yakuza. Tijdens de hoogconjunctuur hadden ze ingespeeld op de Japanse golfmanie door te investeren in de aanleg van talloze golfbanen in en buiten Japan. Sommige historici schatten dat de yakuza in meer of mindere mate betrokken was bij ten minste negentig procent van de Japanse golfterreinen uit deze periode. Het geld dat hieruit voortvloeide, werd in nog meer bouwprojecten geïnvesteerd en verdween uiteindelijk in de zakken van de juiste politici, degenen die voor de yakuza het pad bleven effenen. Maar toen de economie instortte, ging het opeens niet zo gemakkelijk meer. De yakuza moest nu concurreren met de buitenlandse bankiers die in Tokyo waren neergestreken om te profi-

87.23 +0.96   99.013 -1.63   70.65 +0.12   85.12 +0.92   87.23
84.21 +0.45   74.01 +1.34   76.13 +1.02   74.23 +0.95   71.0

teren van de onzekere economie, zoals hedgefunds als ACS, die met zaken als Akari's leningenpakket de belangen van de yakuza doorkruisten.
'En wanneer de Amerikanen foute beslissingen namen? Beslissingen die ze in conflict brachten met de yakuza?'
De man leunde achterover in zijn stoel en vouwde zijn negen vingers op zijn buik.
'Wij bieden ze de goede beslissingen. We laten zien waarom ze alleen de goede beslissingen moeten nemen.'
Ik zag dat Chien zich ongemakkelijker begon te voelen en nerveus wat heen en weer schoof langs de muur. Ik moest voorzichtig zijn. Dit was immers geen kruisverhoor en ik was er ook niet op uit om hem iets te ontlokken wat hij me niet wilde onthullen. Ik wist al hoe Malcolms verhaal was geëindigd. En ik wist hoe de yakuza met de handelaren had afgerekend, zowel de buitenlandse als de Japanse, die hun voor de voeten hadden gelopen. Ik had gelezen over de doodsbedreigingen aan het adres van handelaren die wilden innen op de leningen; de molotovcocktails die bij bedrijfsdirecteuren thuis door de ramen waren gegooid, de steekpartijen en 'zelfdodingen' van hooggeplaatste managers die het in hun hoofd hadden gehaald om op de meest alledaagse terreinen van de geldmarkt met de yakuza te concurreren. En ook wist ik dat de politie in Japan er bar weinig aan had gedaan om aan deze gewelddaden een eind te maken. De yakuza was te sterk met de samenleving verweven om de sterke arm van de wet echt te kunnen voelen.
'Ik dacht altijd dat de yakuza nooit achter "burgers" aanging,' zei ik. 'De yakuza richtte zijn pijlen alleen op een andere yakuza, niet op onschuldige omstanders.'
Historisch gezien klopte dit ook, zo wist ik. De yakuza was ooit begonnen als volkshelden die de handen ineensloegen om zwakke dorpen te beschermen tegen de plunderende Ronin-samoerai. Maar door de jaren heen had de yakuza zich geleidelijk aan tot iets geheel anders ontwikkeld: een maffia die zijn weerga niet kende, nauw verweven met elk aspect van de Japanse cultuur, economie en politiek. Maar ook hier was sprake van regels, tradities en beperkingen.
'Handelaren die geld verdienen aan Japan kunnen nooit on-

schuldige omstanders zijn,' reageerde hij. 'Of ze nu Nippon of gaijin zijn. Het enige verschil is dat als Japanners bang worden, ze nergens heen kunnen.'

Hij grinnikte wat en boog zich een beetje naar me toe, waardoor ik de draak over zijn rimpelige borst kon zien dansen.

'Maar gaijin kan altijd nog naar huis.'

26

Tokyo

'Jezus christus! Moet je zien wat er aan die BMW-bumper is blijven kleven!'
Zo'n entree had Malcolm niet bedoeld. Hij had expres gewacht tot even na tienen, in de hoop dat de andere handelaren dan al zo druk bezig zouden zijn dat ze zijn binnenkomst niet eens zouden opmerken. Maar al op het moment dat hij over de drempel van de handelsvloer stapte, wist hij dat het een zinloos idee was. Alle handelingen werden gestaakt en gesprekken verstomden. Hoewel Townsend als eerste de stilte verbrak, was het Suter die hem als eerste had opgemerkt. Zijn geschokte blik en zijn grote verbaasde ogen waren voor Malcolm genoeg om de situatie meteen in te schatten. Het was duidelijk dat het voor iedereen volkomen onverwacht kwam dat hij nauwelijks achtenveertig uur na zijn ongeluk alweer op het werk zou verschijnen. Misschien gingen ze ervan uit dat hij eerst nog wekenlang in een ziekenhuisbed zou recupereren. Tja, zo goed kenden ze hem dus ook weer niet. Als tweederangsburger vanwege zijn Ivy League-afkomst had hij het trainingskamp voor de New York Giants overleefd. Een paar gebroken ribben en een verkreukeld gezicht kon hij wel aan.
Voorzichtig liep hij naar zijn plek en liet zich met een pijnlijke grimas langzaam in zijn stoel zakken. Het korset dwong hem tot een iets voorovergebogen zithouding, en het verband om zijn handen maakte het moeilijk om de armleuningen vast te pakken. Maar hij deed zijn best om zijn ongemak te verbergen. Het was niet alleen de machosfeer bij het hedgefund die hem zo vastberaden maakte, er woedde ook een nieuw vuur in hem dat tijdens zijn

68.50 +0.02   76.13 +1.02   74.23 +0.95   101.01 -1.63   70.65 +(
89.22 +1.01   97.12 -0.00   85.23 +0.65   71.01 +1.34   88.13 +

verblijf in het ziekenhuis was opgelaaid. Hij had in deze stad, in deze branche zijn eigen plek gecreëerd. Hij had hard gewerkt, buitengewoon veel geleerd en hij stond niet toe dat een dom motorongeluk zijn leven hier zou verpesten.

Het was een ongeluk geweest, zo had hij zichzelf wijsgemaakt. Ondanks wat Akari hem had verteld, en ondanks Sayo's bezorgdheid, had hij geen enkel bewijs dat wat hem was overkomen iets te maken kon hebben met de leningen of met de manier waarop ASC zakendeed. Hij had te hard gereden, was te roekeloos de bocht in gevlogen en was op een tegenligger geknald. Die auto had daar helemaal niet mogen rijden, maar dat gold ook voor hem. Op de een of andere manier had hij het overleefd en hij stond niet toe dat dit zijn kans zou verpesten om zijn Amerikaanse droom te verwezenlijken.

Natuurlijk, hij had best nog een week of twee thuis kunnen blijven. Carney zou hem dat niet hebben aangerekend. Maar hij kende de bedrijfscultuur hier en hij wist wat twee weken zonder zijn winstbijdragen voor zijn status binnen het bedrijf zouden betekenen. Als hij zo graag een topspeler wilde zijn, een ster aan het handelsfirmament, dan moest hij de pijn maar verbijten. Iedereen moest weten dat hij van staal was, niet kapot te krijgen.

Hij zwenkte zijn stoel, keek de anderen aan en grijnsde.

'Misschien dat jullie het je al afvroegen,' begon hij en hij gebaarde naar het verband dat zijn rechterwang en de zwarte randen om zijn ogen nog grotendeels bedekte, 'zo ziet aangereden wild er dus uit.'

Er steeg gelach op, gevolgd door applaus. Maar al meteen daarna ging iedereen weer aan het werk. Moeizaam ademend probeerde Malcolm zijn bonkende hart weer tot rust te brengen. Geconcentreerd tikte hij op enkele toetsen van zijn computerterminal om de Nikkei te bekijken. Ondertussen merkte hij dat Akari niet achter zijn bureau zat. Hij hoopte maar dat zijn vriend geen domme dingen in zijn hoofd had gehaald, zoals teruggaan naar dat gebouw vol yakuza-figuren. Het beste wat Akari in feite kon doen, was die leningen laten varen en de tien miljoen dollar als verlies incasseren. Carney zou hem fileren, maar dat was nog altijd te verkiezen boven een stel yakuza-ratten die hem met hun vlindermessen létterlijk aan reepjes zouden snijden.

87.23 +0.96   99.013 -1.63   70.65 +0.12   85.12 +0.92   87.23
84.21 +0.45   74.01 +1.34   76.13 +1.02   74.23 +0.95   71.0

Maar Akari was afwezig en dus moest Malcolm wachten tot na werktijd voordat hij zijn vriend kon adviseren. Hij concentreerde zich dus maar op de Nikkei-cijfers. De piepkleine numerieke verschillen tussen de getallen boden stuk voor stuk arbitragekansen en niemand in Tokyo die daar zo'n goed oog voor had als hij. Goed, misschien was het niet zo flitsend als een Hongkong-trackerfunddeal of een pakket aan leningen, maar het was in elk geval eerlijk en degelijk werk waarbij hij niet voor zijn leven hoefde te vrezen.
Hij had al twee transacties verricht en was net bezig aan zijn derde toen een schaduw over het glas van zijn computerscherm gleed. Malcolm keek om en zag dat Carney achter hem stond. Hij keek of hij iets van bezorgdheid van Carneys gezicht kon aflezen, maar zoals gewoonlijk waren daar enkel de halve glimlach en de koele blauwe ogen.
'Je hebt een behoorlijke smak gemaakt, zeg. Maar goed dat je zo instinctief reageerde en je jezelf beschermde door eerst plat op je gezicht te gaan.'
Malcolm probeerde te glimlachen, maar dat deed pijn. Hij zag dat Carney Akari's stoel erbij trok en naast hem ging zitten. Hij voelde hoe de anderen hem vanaf hun werkplekken gadesloegen, maar hij betwijfelde of ze konden meeluisteren.
'Dean, ik moet even met je praten over Akari's leningendeal.'
Carneys gezicht versomberde bijna ongemerkt.
'Akari zal er vroeg of laat zelf ook achter komen,' legde Carney uit. 'Het is een probleem, maar er is ook een oplossing. Hij moet gewoon op de goede plek zoeken. Regel Zeven van Carney, Malcolm: de eerste sleutel tot de oplossing ligt in het probleem zelf. Als Akari het niet aankan, los ik het voor hem op. Maar ik wil hem eerst de kans geven.'
Malcolm ging even met zijn tong langs zijn kapotte onderlip. Carneys ogenschijnlijke gebrek aan medeleven voor zowel hem als Akari verbaasde hem. Regel Zeven van Carney behelsde dat Akari op een of andere manier de yakuza moest gebruiken om zijn probleem te kunnen oplossen. Voor een handelaar in derivaten leek dit wel erg roekeloos en gevaarlijk. Hier had hij, Akari – of wie dan ook van Carney's Boys – niet voor getekend. Of wel soms?

'Heeft Akari je al verteld over de bedreigingen die hij heeft gekregen?'

'Malcolm, dit is geen kinderspel. We runnen een hedgefund in een instabiele en soms gevaarlijke markt. We zijn buitenlanders op een terrein dat vaak corrupt en omkoopbaar is. We moeten ons kunnen aanpassen. Als we dat niet doen, als Akari dat niet kan, dan horen we hier niet.'

Voor Malcolm was het opeens alsof hij zelf op zijn donder kreeg en hij klemde zijn kaken op elkaar. Hij had voor ASC een gigantische berg geld binnengehaald. Er waren honderden bedrijven die voor hem de rode loper zouden uitleggen.

Maar nee, Carney las hem niet de les over zijn werk. Het lag anders. Kwam het omdat hij Akari probeerde te helpen? Dat hij opkwam voor een vriend?

'Malcolm, ik vind het geweldig dat je vandaag op je werk bent verschenen. Het getuigt van je toewijding aan ons bedrijf en aan mij persoonlijk. Dit is precies wat ik van al mijn mensen verwacht. Absolute, volledige toewijding. Want het werk dat we doen, is het allerbelangrijkste. Zo leef ik mijn leven, en dat verlang ik ook van mijn mensen.'

Nu begreep hij het. Carney maakte zich niet zozeer druk over zijn loyaliteit aan Akari, maar over zijn trouw aan Sayo, over dat hij de weken voorafgaand aan zijn ongeluk meer tijd met haar en minder tijd met de andere handelaren had doorgebracht. Het feit dat hij in plaats van de jacht op geld een ander doel in zijn leven had gevonden.

Maar wat Carney niet begreep, was dat Malcolms Amerikaanse droom niet langer slechts een Ferrari en een vette bankrekening belichaamde. Voor Malcolm was het duidelijk dat in die Amerikaanse droom ook een mooie, liefdevolle vrouw aan zijn zij hoorde.

Voor het eerst keek hij met heel andere ogen naar Carney, en wat hij zag stemde hem bepaald niet blij.

'Goed,' rondde Carney af terwijl hij Malcolm een onhandig schouderklopje gaf, 'ik ben blij dat we dit hebben uitgepraat. Mocht je Akari nog spreken, zeg hem dan dat als hij hulp nodig heeft, hij altijd bij me terecht kan. Enne, Malcolm, als het kan liever geen ruzies meer met BMW's, oké?'

87.23 +0.96   99.013 -1.63   70.65 +0.12   85.12 +0.92   87.23
84.21 +0.45   74.01 +1.34   76.13 +1.02   74.23 +0.95   71.0

Carneys schaduw gleed weer weg van het computerscherm. Kwaad en verward schudde Malcolm zijn hoofd. Lange tijd was Carney zijn licht in de duisternis geweest, maar dat licht begon nu te vervagen. Wie beweerde dat hij moest kiezen tussen Sayo en Carney? En Carney had hem en Akari, enkel vanwege een paar miljoen dollar, niet zo veel risico mogen laten lopen.

Hij probeerde het opzij te schuiven zodat hij zijn aandacht weer op de Nikkei kon richten. Maar ondanks zijn inspanningen was de rest van de dag al verloren. Vlak voordat de beurs sloot had hij nog slechts drie miezerige transacties gedaan en nog geen twintigduizend dollar verdiend.

Somber zocht hij de lift op. Hij verlangde naar zijn futon zodat zijn zere lijf weer wat kon rusten. In de liftcabine drukte hij op de knop voor de begane grond, maar voordat de deuren dichtgleden, stapte opeens Suter hijgend naar binnen.

'Ik heb een beetje haast,' verklaarde Suter. 'Ik heb een etentje geregeld met een handelaar van Morgan. Hij heeft een tip voor me, over een noodlijdend bedrijf in Thailand.'

Malcolm knikte, maar eigenlijk wilde hij niet over zaken kletsen, vooral niet met Suter. Met zijn Harvard- en Yale-diplomatjes op zak, zijn platinablonde haar en dat uitmuntende Japans van hem was Suter nu even iets te gretig, iets té ASC.

'Weet je, Malcolm, vanochtend ving ik per ongeluk iets op van wat Carney je vertelde.'

Malcolm trok een wenkbrauw op. Hij had Suter niet dichterbij zien sluipen om te kunnen meeluisteren, maar dat kwam omdat zijn aandacht volledig op Carneys betoog gericht was geweest. Het lag voor de hand dat een competitief ingestelde handelaar als Suter graag wilde weten wat zijn concurrent in zijn schild voerde.

'Ik weet dat Carney zo nu en dan wat kil overkomt, maar hij heeft echt het beste met ons voor. Diep vanbinnen is hij heus een goeie vent. Heel genereus, heel tolerant, veel meer dan je van iemand met zijn achtergrond zou verwachten.'

Malcolm voelde de huid boven zijn ogen iets plooien, gevolgd door een pijnscheut op de plek waar de artsen zijn wang hadden gehecht.

'Wat bedoel je met "iemand met zijn achtergrond"?' vroeg hij en zijn gedachten gingen terug naar de avond nadat hij het verhaal over Joe Jett had gehoord, toen Carney hem zijn levensverhaal had verteld. Hij herinnerde zich hoe nauw hij zich met deze man verwant had gevoeld, omdat het verhaal zo overeenkwam met zijn eigen leven: een arme knaap uit Detroit, die bij een auto-ongeluk zijn beide ouders had verloren, die door een buitenkansje op Princeton was beland en zich door keihard te werken tot een geweldenaar had opgewerkt.

'Zijn achtergrond,' herhaalde Suter. 'Hij groeide op als een zondagskind. Eerst Exeter, daarna Princeton, alles netjes betaald door zijn pa, een van de rijkste figuren van Zuid-Californië. Carney had ook een gewone uitvreter kunnen worden, zoals de meeste jongens die ik op Exeter en daarna op Yale kende. Maar Carney zag het nut van hard werken. Hij wilde zijn eigen plan trekken, zonder hulp van zijn familie, en hij inspireerde me hetzelfde te doen.'

Geschokt en verbijsterd leunde Malcolm tegen de wand van de liftcabine.

Tegen hem, een arme knaap uit New Jersey, die met behulp van een football-beurs aan Princeton had mogen studeren, had Carney het verhaal opgehangen dat ook hij een moeilijke jeugd had gehad en door hard te werken had weten op te klimmen.

Maar tegen Suter, een studentje van Exeter, Yale en Harvard, had hij verteld dat hij een verwend zondagskindje was dat zich had opgewerkt omdat hij de behoefte voelde zich te willen bewijzen.

Carney had tegen een van hen gelogen, of tegen hen allebei.

Hij had hun verteld wat ze wilden horen; wat ze moesten horen om loyaal te kunnen zijn, hem te kunnen aanbidden, in zijn voetsporen te willen treden.

Voor Carney draaide alles om middelen die naar het grote geld leidden – Malcolm, Suter, Akari en ook de anderen – een middel om geld te verdienen, dat waren ze, meer niet.

Ook voor Malcolm draaide alles om winst, maar niet ten koste van de mensen om hem heen. Het was een uitdaging om in een concurrerende omgeving zo veel mogelijk geld te verdienen, maar sollen met mensen die in jou geloofden en ook nog eens hun leven in gevaar te brengen, hoorde daar niet bij.

Slechts een middel om geld te verdienen? Mooi niet, verdomme.

87.23 +0.96   99.013 -1.63   70.65 +0.12   85.12 +0.92   87.23
84.21 +0.45   74.01 +1.34   76.13 +1.02   74.23 +0.95   71.0

Toen de taxi hem beneden voor zijn appartement afzette, woedde er inmiddels een orkaan in zijn hoofd. Hij was razend. Carney had niet alleen tegen hem gelogen, maar hij had hem de hele tijd gewoon gebruikt, hem tot een winstmachine omgetoverd en bovendien het gore lef gehad om hem de les te lezen, omdat hij wat meer tijd met Sayo wilde doorbrengen en zijn vriend Akari wilde helpen. De bedreigingen die Akari had gekregen, het motorongeluk dat hijzelf ternauwernood had overleefd, het interesseerde Carney allemaal niets, want voor hem waren ze enkel een middel tot het doel.

Hij beende de trap naar de ingang op en in de lift beukte hij zo hard op de knop dat de pijn door zijn ribbenkast schoot. Hij overwoog om eerst bij Akari aan te kloppen om er met hem over te kunnen praten, maar hij betwijfelde of Akari thuis was. Waarschijnlijk vergaderde hij met een paar Japanse advocaten om te zoeken naar een manier om de yakuza uit zijn pand te krijgen. Door Carney te dienen in diens jacht naar de eeuwige winst bracht Akari zichzelf steeds meer in gevaar.

De liftdeuren gleden open en moeizaam beende hij naar zijn eigen appartement. Hij reikte naar zijn sleutel, maar bleef opeens verstijfd staan.

De deur van zijn appartement stond open.

Hij staarde ernaar, en zijn hart bonkte in zijn borstkas. Misschien was Sayo wat vroeger thuisgekomen, of had ze vergeten af te sluiten toen ze voor haar werk naar de hostessclub was vertrokken. Maar na alles wat er inmiddels was gebeurd...

Hij deed een stap dichterbij en duwde de deur open. Hij betrad de huiskamer, en zijn maag kromp ineen.

Binnen was het één grote puinhoop. De boekenplanken waren op de grond gesmeten en de boeken lagen her en der. Zijn nieuwe breedbeeld-tv lag op zijn kant, het scherm vertoonde een barst in het midden en de kast was kapotgetrapt. De salontafel was doormidden gebroken, de bank was met een scherp voorwerp, hoogstwaarschijnlijk een vlindermes, aan flarden gereten. Zelfs de marmeren vloer was op talloze plekken geschaafd en gebutst.

Zijn lichaam beefde terwijl hij langs de rommel strompelde. Eerst die BMW en nu dit. Dit was meer dan een waarschuwing. Dit

68.50 +0.02   76.13 +1.02   74.23 +0.95   101.01 -1.63   70.65 +0
89.22 +1.01   97.12 -0.00   85.23 +0.65   71.01 +1.34   88.13 +1

was een statement. Hij was verstrengeld in iets waar hij niets mee te maken had. Hij bracht zijn eigen leven in gevaar, en degenen die hem hadden opgespoord en zijn appartement binnenstebuiten hadden gekeerd, deinsden nergens voor terug. Hij knipperde zijn boze tranen weg. Dit kon zo niet langer. Dit had niets te maken met het leven zoals hij zich dat wenste, om voortdurend over zijn schouder te moeten kijken, vrezend voor zijn leven vanwege een zakelijke transactie. Hij was een handelaar in derivaten. Meer niet.

Voorzichtig liep hij langs een poel van versplinterd glas. In het midden ervan lag het backgammonspel dat Akari hem langgeleden cadeau had gedaan. Voorzichtig liet hij zich op een knie zakken en pakte het spelbord van de grond. De keramische schijfjes lagen door de hele kamer. Langzaam, behoedzaam, begon hij ze bij elkaar te zoeken. Het duurde tien minuten voordat hij alle schijfjes had gevonden en ze weer netjes had teruggelegd waar ze hoorden.

Hij liet zich neerploffen op wat er nog van de bank over was, sloot zijn ogen en probeerde eens goed na te denken over wat zijn volgende stap moest zijn. Om te beginnen zou hij met Sayo in een hotel onderduiken. Daarna werd het tijd om op zoek te gaan naar zijn exit point.

Het waren Carneys eigen woorden. Regel Eén van Carney: houd altijd je exit point in de gaten.

27

Tokyo

Het begon allemaal in een stoeltjeslift, nota bene, zo'n tien meter boven een skihelling. Geen gewone skihelling, natuurlijk, want dit was nog altijd Japan en in Japan was alles net even anders. De stoeltjeslift zelf was de bekende wirwar van aluminium en ijzeren buizen, die aan één enkele staalkabel door de lucht werd voortgetrokken. Ook de sneeuw zag er behoorlijk echt uit, niet de poedersuiker van Colorado of Utah, maar de korrelige, klonterige vlokken die Malcolm kende van zijn studentenuitstapjes naar Vermont en New Hampshire. Maar daarmee hielden de vergelijkingen op, want deze skihelling stond midden in de binnenstad van Tokyo, in een groot koepelgebouw zo groot als een hangaar.

'En ik maar denken dat jullie yanks degenen zijn die altijd alles maar groot en extreem willen. Dit is gewoon van de gekke!'

Malcolm lachte en keek omlaag naar de meute skiërs die over de vijfhonderd meter lange helling heen en weer zwoegden. Het Tokyo Skidome, dat in 1993 zijn deuren opende, was 's werelds grootste overdekte skihelling en bovendien de eerste in zijn soort. Sindsdien waren er in heel Japan nog eens vijf uit de grond gestampt in de hoop het eiland warm te laten lopen voor een nieuwe westerse rage. Of men daarin zou slagen, was nog onduidelijk, maar afgaand op het LZHWS, ofwel het lente-, zomer-, herfst- en winterskiën leken de projectontwikkelaars aardig op de goede weg te zijn. De helling was bezaaid met bezoekers in felgekleurde skipakken waarmee je ook op de pistes in Vail of Aspen goed voor de dag zou zijn gekomen. En ook al was de helling niet langer dan vijfhonderd meter, hij was bijna steil genoeg

68.50 +0.02   76.13 +1.02   74.23 +0.95   101.01 -1.63   70.65 +0
89.22 +1.01   97.12 -0.00   85.23 +0.65   71.01 +1.34   88.13 +(

om de indrukwekkende liftkabels te rechtvaardigen.
'Vergeleken met de Japanners zijn wij maar amateurs,' reageerde Malcolm, terwijl hij zijn gast aankeek. Teddy Sears, voorheen handelaar bij Barings, zag er in zijn lichtblauwe parka en met zijn lange blonde paardenstaart onder zijn wollen muts tamelijk ridicuul uit. 'Wij leggen skihellingen aan op een berg, en laten de mensen naar ons toe komen. Japanners bouwen gewoon een berg midden in de stad.'

Sears knikte, en zijn muts viel bijna van zijn hoofd.
'Je zou het verticale integratie kunnen noemen, denk ik. Schuif je tussenpersoon – de natuur – aan de kant en richt je rechtstreeks tot de markt. Dit was een prima idee van je, Malcolm, in elk geval stukken leuker dan een Guinness-lunch in een van de lokale pubs.'

Malcolm knikte. Toen hij had gehoord dat Sears de stad even onveilig kwam maken, had hij meteen wat tijd voor zijn voormalige baas vrijgemaakt. Sears werkte nu voor Morgan maar was nog altijd in Osaka gestationeerd waar hij nog altijd op de Nikkei handelde en nog altijd als een van de tophandelaren gold. Hij had zijn baan bij Barings verloren, en zowel zijn cv als zijn reputatie had een deukje opgelopen. Maar hij had zich weten te revancheren, precies zoals Malcolm al had vermoed. Sears had talent en was een goeie kerel. Bovendien was hij slim en nauw verweven met de hoogste regionen van de handelsgemeenschap.

Wat hem tot een mooie bron van informatie maakte. De afgelopen twee maanden had Malcolm alle mogelijkheden uitgeplozen, alle registers bespeeld die hij maar tot zijn beschikking had. Sinds zijn Hongkong-deal mocht hij zich in een leuke schare bewonderaars verheugen die goed van pas kwam in zijn zoektocht naar een grote klapper met precies het goede exit point. De Fuck You-klapper, zoals Akari het eens had genoemd, de transactie waarmee je – net als de Hongkong-deal – de boel de rug kon toekeren en je een nieuwe start kon maken, in welke vorm dan ook.

Nog steeds had hij zijn Fuck You-klapper niet gevonden, maar hij zocht dag en nacht naar een mogelijkheid, iets, waarmee hij uit de voeten kon. Sears leek geknipt, want als er iemand was die de Japanse markten begreep en hun grenzen kende, was hij het wel.

| 87.23 | +0.96 | 99.013 | -1.63 | 70.65 | +0.12 | 85.12 | +0.92 | 87.23 |
| 84.21 | +0.45 | 74.01 | +1.34 | 76.13 | +1.02 | 74.23 | +0.95 | 71.0 |

'Je hebt het aardig voor elkaar,' vervolgde Sears terwijl zijn gehandschoende hand de veiligheidsbeugel van de stoeltjeslift iets te krampachtig vastgreep. 'Zelfs onder de hoede van een ware adder als Carney. Bij Morgan was jouw Hang Seng-overwinning het gesprek van de dag. Twintig miljoen, toch?'

Malcolm tikte zijn gehuurde ski's tegen elkaar. Druppeltjes vielen omlaag van de skipunten en losten op in de lucht boven de meute op de helling.

'Zoiets, ja,' reageerde Malcolm, alsof het bedrag hem niets deed. 'Maar ik heb het niet alleen gedaan, hoor. Carney had er ook een aandeel in.'

'Carney heeft overal een aandeel in. Ik weet niet of ik het je al eens heb verteld, Malcolm, maar Carney en ik hebben ooit samengewerkt. Heel, heel lang geleden, toen ik hier voor het eerst vanuit Londen arriveerde. Als handelaar is hij geweldig, als mens is hij een ramp. En hij had altijd meerdere ijzers in het vuur. De nieuwste geruchten gaan over de geldschieters binnen jullie bedrijf. Rijke Japanse "zakenlieden" die willen profiteren van het feit dat Amerikaanse hedgefunds wegkomen met ongein waar Japanse banken dat niet kunnen. Zoals het shorten van Japanse bedrijven of het executeren van leningen.'

Malcolm fronste zijn wenkbrauwen. Het was een merkwaardige maar intrigerende gedachte. Yakuza-achtige belangen waarbij geld in een hedgefund werd belegd om zo andere yakuza-belangen te executeren. Als Sears gelijk had, was Carney een tussenpersoon in een potentiële territoriumoorlog. Hij vroeg zich af of hij de waarheid ooit te weten zou komen. Hij wist inmiddels dat Carney niet degene zou zijn die hem die zou vertellen.

Na zijn overhoopgehaalde appartement te hebben verlaten, was hij meteen naar de Sakura Hostess Bar gegaan. Hij had Sayo met zich mee naar buiten gedirigeerd en haar alles verteld. Over de bedreigingen aan het adres van Akari, over de BMW die op hem was ingereden, over hoe Carney had gereageerd. Sayo had het allemaal zwijgend aangehoord. Voor het eerst sinds maanden leek haar lichaam zich te ontspannen. Niet omdat de situatie was veranderd, maar omdat Malcolm het eindelijk begon te begrijpen. Ze had hem buiten voor de bar nog een paar meter met zich meegetrok-

68.50	+0.02	76.13	+1.02	74.23	+0.95	101.01	-1.63	70.65	+0
89.22	+1.01	97.12	-0.00	85.23	+0.65	71.01	+1.34	88.13	+(

ken voor het geval haar vader misschien meeluisterde. Daarna had ze zich dicht naar hem toe gebogen.
'Ik kan met mijn vader gaan praten en kijken of hij kan helpen.' Maar hij had heftig van nee geschud. Hij wilde haar er niet bij betrekken. Haar vader had hij slechts een paar keer ontmoet wanneer hij Sayo kwam ophalen. Niet dat haar vader het hun moeilijk maakte, maar de gedachte dat een gaijin zijn dochter het hof maakte, leek de man niet echt gunstig te stemmen.
'Dat is heus niet nodig. Ik ga voor ons tweeën een uitweg bedenken.'
Nog steeds had hij zijn exit point niet gevonden, maar ergens voelde hij dat als het hem niet zou lukken, de grote kans zich als vanzelf aan hem zou openbaren. Hij had nooit kunnen bevroeden dat dit uitgerekend in een skihal zou gebeuren, en wel in de vorm van een simpele opmerking van zijn voormalige baas.
'Hoe dan ook,' merkte Sears op terwijl de stoeltjeslift heen en weer schommelde in de kunstmatig opgewekte koude bries, 'twintig miljoen, met één transactie, daar zou zelfs Nick Leeson van onder de indruk zijn geweest. Pacific Century Cyberworks wordt toegevoegd aan de Hang Seng-index. Een particuliere plaatsing van aandelen in het trackerfund van Richard Li. Geweldig! En met al die hightechbedrijven die tegenwoordig het nieuws halen vraag je je af wat er zou gebeuren als de Nikkei hetzelfde besluit nam. Hier in Tokyo kan ik ongeveer tien, misschien vijftien firma's als Pacific Century Cyberworks bedenken, en net zo veel dinosaurussen uit de gloriedagen waar de index best vanaf wil.'
Sears wendde het hoofd af en keek even naar een vrouw die op de piste tegen een klein heuveltje op vloog en een spin maakte. Malcolm staarde hem aan. Met korte stoten ademde hij de koude lucht in, en in zijn hoofd laaide het vuur op.
De Hang Seng had een technisch bedrijf ter waarde van vijfendertig miljard aan zijn index mogen toevoegen en Malcolm had twintig miljoen aan deze deal verdiend. Sears had gelijk: Japan telde vijftien grote technische en computerbedrijven met een marktwaarde van bijna een half biljoen dollar, die aan geen enkele index waren verbonden. Dit kwam doordat het nieuwe bedrij-

87.23 +0.96   99.013 -1.63   70.65 +0.12   85.12 +0.92   87.23
84.21 +0.45   74.01 +1.34   76.13 +1.02   74.23 +0.95   71.0

ven waren en doordat de Nikkei ze niet tot het exclusieve clubje van de grote jongens had willen toelaten. Vijftien bedrijven die met gemak op de Nikkei terecht konden. Malcolm leunde achterover in de stoeltjeslift. Het gewicht van zijn ski's voelde hij niet langer.

Als hij door één internetbedrijf aan de Hang Seng toe te voegen al twintig miljoen dollar had verdiend, hoeveel zou het hem dan opleveren als er maar liefst vijftien bedrijven aan de Nikkei werden toegevoegd?

Malcolm sloot zijn ogen, opende ze en sloot ze weer. Hij wachtte een paar seconden, opende ze opnieuw en staarde indringend naar zijn computerscherm. De opgloeiende groene cijfers waren onveranderd. En ze logen niet.

Zijn hart sloeg op hol en hij had moeite met slikken. Zijn voeten tapten op de vloer onder zijn stoel. Het was na negenen in de avond en het kantoor was verlaten, maar toch probeerde hij zich te beheersen om vooral niet juichend van zijn stoel te springen en het uit te schreeuwen bij wat hij zojuist had ontdekt. Want dit was niet zomaar iets groots, dit was reusáchtig. Dit was van een ongeëvenaarde schaal, niet alleen voor Tokyo, maar ook voor Wall Street, Londen of waar dan ook.

Het zou doodeenvoudig de grootste transactie in de wereldgeschiedenis worden. En als het ging gebeuren, dan moest dat binnen twee weken zijn.

Hij drukte hard op de printknop van zijn toetsenbord en spitste zijn oren nu de printer in de rekenkamer zoemend tot leven kwam. Terwijl hij wachtte totdat de uitdraai klaar was, liet hij in gedachten alles nog eens de revue passeren, vanaf het moment, twee weken eerder, waarop Teddy Sears in de stoeltjeslift boven de skihelling zijn gedachten even de vrije loop had gelaten, tot de besloten lunch, zes uur geleden. Sears had hem het eerste plukje aangereikt – wat Sears betrof was het weinig meer geweest dan gewoon wat hardop denken – waarna Malcolm dit ene plukje tot zijn ware potentie had uitgesponnen.

De lunch was niet met een handelaar of financier geweest, maar met een journalist die bevriend was met een voormalige vertegenwoordiger van Barings. Een jonge Japanner die fulltime voor een Japans financieel nieuwsblad werkte.

De jonge journalist was geen prop trader en de diepere implicaties van Malcolms vragen waren waarschijnlijk niet tot hem doorgedrongen. Zijn antwoorden waren ethisch en juridisch binnen de grenzen gebleven, maar voor Malcolm leed het geen twijfel dat zijn vermoedens juist waren. Sears' mijmeringen waren meer dan zomaar een paar gedachten geweest. Er bestond een goede kans, een zeer goede kans zelfs, dat deze droom wel eens kon uitkomen, op z'n minst gedeeltelijk. Snel, en volgens de journalist sneller dan iedereen zou hebben vermoed, zou de Nikkei 225 worden opgewaardeerd om zo een betere graadmeter te kunnen zijn van de huidige Japanse economie. Een economie met een technische sector die bol stond van miljardenbedrijven, waarvan er vijftien groot genoeg waren om op de Nikkei-beurs te belanden. Zodra dat gebeurde, zouden de beleggingsmaatschappijen die de Nikkei volgden exact hetzelfde reageren als het trackerfund dat de Hang Seng volgde, namelijk door de aandelen van de nieuwe bedrijven op te kopen en de aandelen van de bedrijven die moesten wijken te verkopen. Alleen zou het ditmaal niet om slechts één bedrijf gaan, zoals in het geval van Pacific Century Cyberworks. En er zou ook geen sprake zijn van een particuliere verhandeling van aandelen door een miljardair. Het ging nu om meer dan een dozijn bedrijven. En wat hij tijdens zijn onderhoud met de journalist al bevroedde – het was vooral wat de Japanner níet vertelde – was dat het allemaal in één klap zou gebeuren.

Hij zette zijn computer uit, stond op van zijn stoel en liep snel naar de rekenkamer. Zijn rug deed nog wat zeer van het ongeluk, maanden geleden inmiddels, maar zijn handen en zijn gezicht waren volledig genezen. Hij vond zijn uitdraai in de printer om de hoek van de deur en liet zijn blik nog een keer langs de getallen gaan. Alles had hij tot op de cent nauwkeurig berekend, afgaand op hoeveel hij wist dat ASC kon aankopen en waar, en wat ze konden verkopen en waar. Hij wist exact hoeveel ze zouden verdienen en welk risico ze daarbij liepen. Een enorm risico, maar de opbrengst zou gigantisch zijn.

Met de uitdraai in de hand haastte hij zich terug naar zijn werk-

87.23 +0.96   99.013 -1.63   70.65 +0.12   85.12 +0.92   87.23
84.21 +0.45   74.01 +1.34   76.13 +1.02   74.23 +0.95   71.0

plek. Pas toen hij bijna bij zijn stoel was aanbeland, zag hij dat iemand anders hem had ingepikt.
Carney zwenkte rond en met zijn bekende vage glimlach keek hij Malcolm aan.
'Je hebt het er maar druk mee.'
Malcolm had tegen niemand iets verteld over zijn lunch met de journalist en hij had niet het gevoel dat Carney wist wat hij in zijn schild voerde. Maar vroeg of laat zou zijn baas daar toch proberen achter te komen. Carney hield zijn mensen graag in de gaten. Ze waren immers een investering, net als Nikkei-derivaten en leningen. Middelen die naar het geld leidden.
'Ik weet dat je ergens mee bezig bent, Malcolm, en volgens mij is het iets groots. Heb ik gelijk?'
Malcolm zuchtte diep. In gedachten had hij het de afgelopen week al tientallen malen gerepeteerd. Tegen niemand had hij iets over zijn plan verteld, zelfs niet tegen Sayo. Want dit had verder met niemand iets te maken. Dit was iets tussen hem en Carney.
'Het is groots,' antwoordde hij zacht. 'Grootser dan wat je ooit hebt gezien. Het overtreft zelfs jou, Dean.'
Carneys glimlach verflauwde, maar zijn blik bleef indringend. Hij haalde een hand door zijn uitdunnende blonde haar. Er was een tijd dat Malcolm volledig in de ban van Carneys ongrijpbare charisma was geweest. Maar dat charisma had inmiddels zijn kracht verloren.
'Dus?' vroeg Carney, en stak zijn hand uit. Maar Malcolm schudde zijn hoofd.
'Eerst moeten we tot een akkoord komen.'
'Maar dat hebben we al. Ik haalde je weg uit Osaka. En daarvóór plukte ik je weg uit New Jersey. Jij werkt voor mij, jij bent mijn tophandelaar. Je krijgt een bonuspercentage van de winst en een prima salaris.'
'Maar dit ligt anders,' legde Malcolm uit. 'Dit wordt mijn laatste deal. Mijn exit point.'
Niet-begrijpend zette Carney zijn handen in zijn zij. Het hoge woord was eruit. Eindelijk drong het tot hem door dat er iets was veranderd tussen hen beiden. Misschien werd hij erdoor overvallen, maar daar liet hij in elk geval niets van blijken. Wie weet had

68.50 +0.02   76.13 +1.02   74.23 +0.95   101.01 -1.63   70.65 +0
89.22 +1.01   97.12 -0.00   85.23 +0.65   71.01 +1.34   88.13 +(

hij het al zien aankomen en wist hij allang dat Malcolm hem op een goede dag zou verlaten. Misschien kon het hem niet schelen, want Malcolm was hem uitstekend van dienst geweest, een investering die zijn geld ruimschoots had opgebracht. Carneys glimlach verscheen weer.

'Aha. Regel Eén van Carney. Je bent altijd al een goede leerling geweest, Malcolm.'

'Niks geen regels meer, Dean. Afgelopen, uit. Dit wordt mijn laatste deal. Daarna kap ik ermee. Jij gaat ervoor zorgen dat ik mijn dromen kan waarmaken. En behalve mijn tien procent geef je Akari vijf procent en laat je hem gaan, samen met mij.'

Carneys gezicht verstrakte. Hij staarde Malcolm aan, en zijn hand balde zich even tot een vuist. Hij was kwaad, en tegelijkertijd gefixeerd op de computeruitdraai in Malcolms hand. Nog eens vijf procent extra voor iemand die niets met de hele deal te maken had, was gewoon schandalig. Dat Malcolm vijf procent voor Akari wilde bedingen moest Carney tot in het diepst van zijn wezen hebben geschokt: een handelaar die vriendschap boven geld plaatste. Maar Malcolm had zijn besluit al vroeg genomen: hij zou niet in zijn eentje vertrekken, hij zou Akari met zich meenemen.

Ten slotte haalde Carney zijn schouders op, en zijn lichaam leek zich wat te ontspannen.

'Als het echt zo'n klapper is, dan hebben we een deal. Maar ik heb ook mijn voorwaarden. Ten eerste wil ik dat je toestaat dat ik deze informatie deel met een paar mensen bij wie ik in het krijt sta. Ik zal jou persoonlijk naar ze toe sturen zodat ze er zeker van zijn dat het menens is.'

Malcolm liet het even bezinken. Het idee dat hij de hele stad moest afstruinen om allerlei figuren zijn berekeningen te tonen, stond hem niet echt aan. Door anderen erbij te betrekken zou de winst alleen maar worden afgeroomd. Maar dit zouden slechts een paar snoeshanen zijn. Carney zou zijn plannen nooit toevertrouwen aan handelaren die groot genoeg waren om de deal te kunnen saboteren. Hij nam aan dat het wel goed zat.

'En ten tweede?'

'Ten tweede, zodra jij afscheid neemt van ASC, verdwijn je ook

| 87.23 | +0.96 | 99.013 | -1.63 | 70.65 | +0.12 | 85.12 | +0.92 | 87.23 |
| 84.21 | +0.45 | 74.01 | +1.34 | 76.13 | +1.02 | 74.23 | +0.95 | 71.0 |

uit Tokyo. Ik wil niet dat je met mij gaat concurreren. Ik wil niet dat we ooit met elkaar in de clinch gaan.'

Malcolm knikte. Hij was toch al van plan om Tokyo te verlaten. Er was maar één ding dat hem hier kon houden, maar hij bad dat ze met hem mee zou gaan. Dat ze het zelf wilde.

Hij gaf zijn baas de uitdraai. Carney leunde achterover en bestudeerde de cijfers. Zijn blik bleef onveranderd, maar zijn doorgaans zo bleke wangen leken opeens wat kleur te krijgen.

'Je vraagt om een flinke investering,' concludeerde hij. 'Een enorm kapitaalrisico.'

'Ja.'

'Maar als dit lukt, zoals je zelf beweert... Als dit echt lukt... maak dan je borst maar nat.'

'Inderdaad,' reageerde Malcolm. 'Maak je borst maar nat.'

Carney keek op van het velletje. Zijn staalblauwe ogen leken bijna licht te geven.

'Ik heb altijd al geweten dat jij de beste investering was die ik ooit heb gedaan. Dit wordt hem, Malcolm. De Grote Klapper. De grootste klapper. Je hebt jezelf de laatste regel van Carney verworven.'

Carney gaf hem de computeruitdraai terug, met daarop de getallen die zijn leven zouden veranderen.

'Het doel heiligt de middelen,' citeerde hij. 'Maar uiteindelijk is er maar één einddoel: kunnen relaxen op het strand met een fles champagne bij de hand.'

Malcolm grijnsde.

Laat die champagne maar zitten, dacht hij bij zichzelf. Hij was al blij met een vette bankrekening en Sayo aan zijn zijde.

28

Tokyo

Je erop voorbereiden was onmogelijk.
Emotioneel en ook lichamelijk niet, op wat zich op die vrijdagmiddag allemaal voltrok. Dat gold niet alleen voor Malcolm en zijn collega's, die zich in het kantoor van ASC om hem heen schaarden, maar ook voor het selecte groepje handelaren dat zijn lijst met getallen had gezien. Handelaren als Tim Halloway, de Brit die hij in de ongewenste-intimiteitenclub had ontmoet. En er waren nog anderen, handelaren die de juiste inschatting hadden gemaakt, en de enkelen die op eigen houtje ten minste een deel van de getallen goed hadden geïnterpreteerd. En niet alleen de handelaren in Tokyo, maar ook die op Wall Street, in Londen, Singapore en over de hele wereld. En afgezien daarvan, afgezien van de handelaren, ook de wereldeconomie, de wereldmarkten, groot en klein. De wereld kon onmogelijk voorbereid zijn op wat er ging gebeuren. Want net als Malcolm kon de wereld nooit hebben bevroed wat de Japanners op hun eigen, vreemde Japanse wijze zouden besluiten.

Hij was ervan uitgegaan dat de Nikkei indringend zou veranderen. Hij wist dat ten minste tien grote hightechbedrijven aan de index zouden worden toegevoegd en dat er vijftien dinosaurussen zouden verdwijnen. Hij wist dat er aan de ene kant gigantisch zou worden gekocht en aan de andere kant enorm zou worden verkocht. Hij wist dat dit zich in een snel tempo zou voltrekken en had ontdekt dat degenen die over de Nikkei publiceerden, journalisten die niet met de marktmechanismen vertrouwd waren, deze gedaanteverwisseling in één keer zouden laten voltrekken. Wat hij

| 87.23 | +0.96 | 99.013 | -1.63 | 70.65 | +0.12 | 85.12 | +0.92 | 87.23 |
| 84.21 | +0.45 | 74.01 | +1.34 | 76.13 | +1.02 | 74.23 | +0.95 | 71.0 |

niet wist was dat deze journalisten de ophanden zijnde verandering slechts vijf dagen van tevoren aan de wereld bekend zouden maken.

Het effect was verbijsterend. De grote financiële markten stortten ineen. De technisch georiënteerde NASDAQ was de vrijdag daarvoor vijf procent gezakt. Als de aankondiging eerder had plaatsgevonden, zodat de financiële wereld voldoende tijd zou hebben gehad om de situatie op een ordentelijke manier het hoofd te bieden, zou de Nikkei nog enige vorm van stabiliteit hebben behouden. Er zouden winsten zijn geboekt, maar er zou in elk geval een zekere rust hebben geheerst. Nu was er blinde paniek.

De aankondiging gebeurde op een zondagmiddag. De maandagochtend daarop was de Nikkei zevenenhalf procent gekelderd. De bedrijven die uit de index werden verwijderd, verloren twintig procent. De technische aandelen die aan de index werden toegevoegd, zakten ook, ongeveer twee procent, als gevolg van de onzekerheid over wat er met de Nikkei aan de hand was en doordat de vrijdag daarvoor de technische markten in Amerika waren gekelderd. Malcolm begon aandelen te kopen, zette uiteindelijk vierhonderd miljoen dollar om in technische aandelen en verkocht tegelijkertijd voor eveneens vierhonderd miljoen dollar aan Nikkei-futures. Op dinsdag kocht hij voor nog eens tweehonderd miljoen dollar aan technische aandelen en verkocht voor hetzelfde bedrag aan Nikkei-futures. Op woensdag volgde nog eens tweehonderd miljoen, en ten slotte ook nog eens op vrijdag. Daarmee bezat hij in totaal voor meer dan een miljard dollar aan technische aandelen, en had hij voor datzelfde bedrag aan Nikkei-futures geshort. Om deze positie te bereiken had hij het fonds maximaal gehefboomd.

Het was bijna niet te geloven. Hij, een sukkel uit New Jersey, speelde hier met onvoorstelbare sommen geld. Natuurlijk, hij had het al eerder meegemaakt met de Hang Seng-deal, maar daar ging het om honderd miljoen, wat voor hem het maximaal haalbare had geleken.

Voortdurend hield hij met argusogen de beursklok in de gaten nu de sluitingstijd naderde. Het voelde alsof hij elk moment kon ontploffen van de zenuwen. Getallen flitsten over het scherm, Malcolm keek ernaar en keek ernaar en... Drie minuten voordat de beurs sloot, sloeg hij toe.

68.50 +0.02   76.13 +1.02   74.23 +0.95   101.01 -1.63   70.65 +0
89.22 +1.01   97.12 -0.00   85.23 +0.65   71.01 +1.34   88.13 +0

Zijn stoel stond er als verlaten bij terwijl hij staand achter zijn terminal met zijn vingers op de toetsen hamerde. Elke kordate tik voelde als een cadeau voor zijn moeder, voor Akari, voor Sayo. Zijn lichaam leek te vlammen. Zijn gelaat vertoonde een palet van emoties: anticipatie, begeerte en vooral angst. Niet vanwege zijn berekeningen, hij wist dat die klopten, maar vanwege het enorme risico dat hij had genomen. Hij had Carney om carte blanche gevraagd – of eigenlijk, hij had het geëist – om het op zijn eigen manier te kunnen doen. En ondanks de luide protesten van Bill had Carney zijn toestemming gegeven. Waarna Malcolm risico op risico op risico had gestapeld. Alles had hij op deze cijfers gezet, elke cent die ASC bezat. Tweehonderdvijftig miljoen. Alles of niets. Alles en méér. In doodse stilte schaarden de anderen zich om hem heen.

Alles kwam aan op de laatste drie minuten. De klok tikte, vingers tikten op de toetsen. Getallen schoten over het scherm terwijl hij zijn positie in de onstuimige markt begon te sluiten. De technische aandelen tegen de hoogste koers verkopen en de Nikkei-futures tegen hun laagste koers terugkopen. Alles overboord. Wég, wég, wég! Totdat opeens de bel klonk. Zijn vingers verstijfden. *Close Close Close Close* verscheen er op zijn scherm.

Stilte.

Hij staarde naar het scherm. De cijfers leken niet tot hem door te dringen. Zijn ogen kregen er geen vat op. Maar opeens barstte achter hem een gejuich los. Hij werd op de schouders geslagen, hij voelde een paar armen om zijn middel en werd hoog in de lucht getild. Hij hoorde een champagnekurk ploppen en voelde de bubbels over zijn hoofd sissen.

Nadat ze hem eindelijk weer hadden laten zakken, strompelde hij terug naar het scherm. Hij bekeek de cijfers opnieuw en maakte de rekensom.

Om de een of andere reden drong de wereldwijde situatie het eerst tot hem door. Wall Street had bijna drie miljard dollar verdiend aan de herstructurering van de Nikkei. De wereldmarkten als geheel haalden meer dan vier miljard binnen. Handelaren in heel Tokyo boekten megawinsten, god mocht weten hoeveel. En Malcolm scoorde geheel op eigen houtje...

```
87.23   +0.96    99.013  -1.63    70.65  +0.12    85.12  +0.92    87.23
84.21   +0.45    74.01   +1.34    76.13  +1.02    74.23  +0.95    71.0
```

'Vijfhonderd miljoen dollar!' riep Akari en opnieuw steeg er een gejuich op.
Vijfhonderd miljoen dollar in contanten. Geen positie. Geen risico.
Knipperend met zijn ogen stapte hij weg van het scherm. Al zijn collega's bij ASC zouden binnenlopen, allemaal waren ze van het ene op het andere moment miljonair geworden. Maar bovendien konden Malcolm en Akari samen rekenen op een bonus van vijftien procent van de totaalopbrengst.
Vijfenzeventig miljoen die ze samen konden verdelen.
Malcolm was zevenentwintig jaar.
En hij had zijn exit point gevonden.

29

Tokyo

Het leek wel een scène uit een Hollywoodfilm. Zes Ferrari's, zes verschillende modellen in zes verschillende kleuren: een rode F50, een gele 355 Spider, een zwarte 550 Maranello, een zilverkleurige 355 F1, een metaalgrijze F355 Berlinetta en een ivoorwitte klassieke Testarossa. Allemaal met zwartgetinte ramen. Ze stonden in twee rijen van drie voor het stoplicht. De creditcardreçuutjes waren nog geen tien minuten oud, de benzinetanks zaten vol en de motoren ronkten terwijl ze wachtten op het groene licht. Malcolm stond vooraan, met Akari in de auto naast hem. Suter en Townsend waren nummer drie en vier, met daarachter ten slotte Glowfield en Heap: Carney's Boys, klaar voor een ritje door de stad. Voor Malcolm zou het de laatste rit met het team worden. Carney en Bill hadden hem opgewacht in het privékantoor van ASC. Daar had hij zijn ontslag ingediend. Carney had hem de hand geschud. Zwijgend. Woorden waren overbodig. Bill had hem stevig omhelsd. Even later had hij het kantoor verlaten en was naar de Ferrari-dealer gegaan waar de anderen zich al hadden verzameld. Hij wist niet precies wiens idee het was geweest, maar het had al snel de instemming van de anderen gekregen. Ze hadden de grootste klapper van hun leven gemaakt en dat zouden ze gaan vieren ook, helemaal in expat-stijl. Een stel foute Amerikanen, op de drempel van hun Amerikaanse droom.

Vanachter het omlaag gedraaide portierraampje links van hem, grijnsde hij naar Akari. Het stuur lag lekker in de hand. De hele auto zat als gegoten, zo voelde het. Een krachtige katachtige bolide die haarscherp luisterde. Terwijl hij Akari zo zag zitten, werd

87.23	+0.96	99.013	-1.63	70.65	+0.12	85.12	+0.92	87.23
84.21	+0.45	74.01	+1.34	76.13	+1.02	74.23	+0.95	71.0

zijn glimlach zelfs nog breder. Zijn Japanse vriend zat voorovergebogen over zijn eigen stuur, duidelijk overweldigd door de kracht van de auto. Hij zou lange tijd nodig hebben om aan de Ferrari te wennen.
 Hij zag Malcolm kijken en schudde zijn hoofd.
 'Ik weet even niet wat ik moet zeggen, Malcolm. Dit is gewoon krankzinnig.'
 Malcolm knikte. Hij had Akari inmiddels al verteld over diens aandeel in de bonus van vijfenzeventig miljoen. Akari was volkomen verbijsterd geweest, maar Malcolm had uitgelegd dat hij het echt had verdiend. Zonder Akari's hulp had hij het in Osaka nooit gered. Akari was de eerste die hem in Japan had verwelkomd en hij was bovendien zijn beste vriend.
 'Dus wat nu?' riep Akari boven het geronk uit.
 'Dat kan ik je pas over twintig minuten vertellen,' antwoordde Malcolm.
 'Je gaat bij haar langs,' raadde Akari. 'En daarna vertrek je, nietwaar? Terug naar de VS?'
 Malcolm zweeg. Hij kon slechts afwachten. Tegen Carney had hij gezegd dat hij zou aftaaien. Maar niet zonder Sayo. En ook al ging hij weg bij ASC, het betekende nog niet het einde van zijn carrière. Hij geloofde nog altijd dat er ook andere manieren waren dan enkel die van Carney. Zelfs in Azië, zelfs in Japan. Misschien had hij ongelijk, maar hij was te jong om nu al te stoppen met werken.
 Het licht sprong op groen, en hij zwaaide nog een laatste groet naar Akari. Daarna zette hij zijn voet op het gaspedaal en de Ferrari stoof weg.

Hij was drie straten van de Sakura Hostess Bar verwijderd toen hij voor het eerst de BMW in zijn achteruitkijkspiegeltje zag. Zwartgetinte ramen, blinkend in het licht van de namiddagzon. Even verloor hij bijna de macht over het stuur, maar hij maande zichzelf meteen tot kalmte. Dit sloeg nergens op. Dit waren overhaaste conclusies. In Tokyo barstte het immers van de BMW's. En na geel was zwart de favoriete kleur van de Japanners. Dit was toeval. Het kón alleen maar toeval zijn.

En anders was het opnieuw een waarschuwing. Net als zijn overhoopgehaalde appartement. En de yakuza met het hawaïhemd.

Rijdend door de smalle straten van Roppongi hield hij de auto in zijn spiegels in de gaten. Tot zijn schrik bleef de BMW achter hem rijden, met telkens een paar auto's ertussenin. Hij voelde het zweet in zijn hals en op zijn borst. Hij wees zichzelf erop dat het vrijdag laat in de middag was. Het was druk. Overal zag hij mensen. Hij was een Amerikaan in een Ferrari. Hij kon onmogelijk een doelwit zijn. Niet hier, niet nu.

Hij sloeg de smalle straat in waar de club gevestigd was en stopte snel langs het trottoir. Hij draaide zich even om in zijn stoel en tuurde in de achteruitkijkspiegel. Een minuut later zag hij de BMW. De donkere auto leek wat vaart te minderen nu hij de straat passeerde. Daarna was hij verdwenen.

Malcolm ademde zwaar en dwong zijn hart tot rust. Hij stapte uit en betrad de club.

Binnen was het rustig. Het zou nog uren duren voordat de deuren opengingen en de vrijdagavonddrukte kon worden verwelkomd. Maar de mama-san achter de receptiebalie leek hem al op te wachten. Ze maakte een buiging en ging hem voor door de dubbele deuren. Tot zijn verrassing zaten Sayo en haar vader aan een van de tafeltjes, wachtend op hem.

Terwijl hij zich naar het tafeltje begaf stonden vader en dochter op. Meneer Yamamoto liep naar hem toe en reikte hem de hand. Zijn oude gezicht stond ernstig en op het voorhoofd onder zijn vlassige grijze kruin verscheen een frons.

'U hebt een goede dag vandaag.'

Hij schudde de oude man de hand. Hij vroeg zich af hoe het kon, maar Yamamoto leek op de hoogte te zijn van wat er met de markten was gebeurd. Hij vermoedde dat Yamamoto niet verrast zou zijn om de Ferrari voor de deur te zien staan, maar hij vroeg zich af of de man ook af wist van de BMW die hem de laatste kilometers had gevolgd.

'Het was een geweldige dag,' reageerde Malcolm. 'Maar ik moet u nu iets vragen.'

Yamamoto knikte. Hij wist al wat er komen ging. Malcolm

87.23 +0.96   99.013 -1.63   70.65 +0.12   85.12 +0.92   87.23
84.21 +0.45   74.01 +1.34   76.13 +1.02   74.23 +0.95   71.0

keek Sayo aan. Hij zag de gloed in haar amandelogen en voelde de vreugde in zich opwellen. Hij hoefde maar naar haar gezicht te kijken om haar antwoord al te weten. Hij keek haar vader weer aan, maar voordat hij iets kon uitbrengen legde Yamamoto een gerimpelde hand op zijn schouder.

'U houdt van haar?' vroeg deze in gebrekkig Engels.

Malcolm knikte.

'Neem haar dan. En ga. U hebt hier geen problemen meer. U zult een mooi leven hebben, weg van hier.'

Hij boog zich naar Malcolm toe en omhelsde hem met beide armen. Malcolm keek omlaag naar de kleurrijke tatoeage die nog net zichtbaar over zijn nek kronkelde. Daarna deed Yamamoto een stap naar achteren en glimlachte. Malcolm had zich al die tijd in de man vergist.

'Ik wens u mooi gaijin-leven met mijn dochter.'

30

Bermuda, heden

Het was nog een kleine tweehonderd meter van het strand en we reden veel te hard. Ten slotte trapte Malcolm op de rem en gooide de huurauto in een gecontroleerde slip. Ik greep met beide handen mijn autogordel vast nu de auto naar links en naar rechts vloog en ten slotte naast een paar overmaatse palmbomen tot stilstand kwam. Met een grijns keek Malcolm me aan.

Ik liet mijn gordel los en keek door de voorruit. In de nabije verte kon ik de prachtige oceaanblauwe streep onderscheiden, met daarvoor het gloedvolle zand dat helemaal tot aan de voet van de twee palmbonen reikte. Maar ik realiseerde me dat hij niet het halve eiland was overgestoken voor dit uitzicht, want alles leek hier wel een paradijs. We waren gekomen omdat ik hier iemand kon ontmoeten, mijn laatste onderwerp en in veel opzichten degene om wie Malcolms Wall Street-verhaal helemaal draaide, maar die zelf niets met Wall Street te maken had.

Ik zag haar op hetzelfde moment als hij. Vanuit de richting van de zee wandelde ze onze kant op. Ze droeg een rokje met bloemopdruk en een bikinitopje. Haar lange zwarte haar golfde in de wind, gevangen in de adem van het eiland. Ze was inderdaad een schitterende vrouw en haar glimlach was warm, blij en zorgeloos. Het was de glimlach van een vrouw die diep vanbinnen rust en geluk had gevonden. Waarmee ook zij in zekere zin haar eigen Amerikaanse droom had verwezenlijkt.

Ik keek Malcolm aan.

'Je bent dus naar dit paradijs verhuisd en opnieuw begonnen. Met je eigen hedgefund waarmee je nog altijd op de Aziatische

| 87.23 | +0.96 | 99.013 | -1.63 | 70.65 | +0.12 | 85.12 | +0.92 | 87.23 |
| 84.21 | +0.45 | 74.01 | +1.34 | 76.13 | +1.02 | 74.23 | +0.95 | 71.0 |

markten speculeert, nog altijd op jacht naar dezelfde winsten.'
'Min of meer. Maar we spelen het spel nu anders. Het gaat niet langer alleen maar om de winst. Soms hakken we de knoop door omdat we weten dat het een goede beslissing is. Maar zo nu en dan houden we onze posities ook aan tot ná sluitingstijd.'
Hij grijnsde. Ik wist dat hij met 'we' Akari bedoelde, die voor hem was gaan werken. Ik vroeg me af hoelang het nog zou duren voordat de rest van Carney's Boys hem een open sollicitatiebrief zou sturen. Wie wilde er nu geen baan in het paradijs? Misschien dat ik ooit nog eens een boek over Malcolms Boys ga schrijven.
'Mis je het wel eens?' vroeg ik. 'Het leven in Tokyo?'
Malcolm zwaaide naar Sayo, die terugzwaaide.
'Ik heb Tokyo hier aan mijn zij.'
Ik moest het vragen. 'En Carney? Hoe is het hem vergaan?'
Hij haalde zijn schouders op. 'Het barst van de geruchten. Hij ging terug naar LA, verspilde al zijn geld aan drugs en vrouwen en belandde in de Betty Ford-kliniek. Of hij vertrok naar Thailand, kreeg daar iets met een prinses en veroorzaakte bijna een burgeroorlog. Of hij is terug bij de vampiers en spookt weer rond in de straten van Kabukichô. Ik weet het echt niet. Ik heb geprobeerd contact met hem op te nemen, maar hij heeft zelf niets meer van zich laten horen.'
Ik aanvaardde het antwoord, want er viel weinig tegen in te brengen. Zelf had ik ook wat geruchten opgevangen, maar ik wist niet wat ik daarvan moest geloven. Het enige wat ik zeker wist, was dat ASC niet langer bestond, Carney niet langer een tophandelaar in Tokyo was en zijn naam zogoed als vergeten was.
'Nog een laatste advies?' vroeg ik nu Sayo een metertje van ons vandaan tussen de twee palmbomen verscheen. 'Voor al die potentiële avonturiers die dit verhaal lezen?'
Hij tikte even met zijn vingers op het stuur en keek me aan.
'Nou, het hangt ervan af waar ze naar op zoek zijn. Als ze de Amerikaanse droom zoeken, mijn Amerikaanse droom, dan zijn er een paar regels om in acht te nemen.'
Hij grijnsde.
En eigenlijk leek hij altijd te grijnzen.
Volgens mij betrof het hier Regel Eén van Malcolm.

De acht regels van Carney

1. Stap nooit in als je weet dat je vóór het eind van de beursdag niet meer kunt uitstappen. Houd altijd je exit point in de gaten.
2. Ga nooit af op de nominale waarde. Want de nominale waarde is de grootste leugen van welke markt dan ook. Prijskaartjes hebben niets met de werkelijke waarde te maken. Waar het om gaat, is de échte, intrinsieke waarde te achterhalen – en de boel voor ver beneden de prijs binnen te halen.
3. Het ene moment denk je dat je met beide benen op de grond staat en dat je vorderingen maakt. En dan zakt de grond onder je voeten weg en tuimel je omlaag. Zorg dus dat je verdomme zo lang mogelijk in de lucht blijft.
4. Je loopt met een granaat een kamer in, en in het allergunstigste geval loop je weer naar buiten met die granaat nog steeds in je hand. In het allerergste geval ontploft de granaat en blaas je jezelf op. Moraal van dit verhaal: waag de gok niet als je niet kunt winnen.
5. Denk niet te veel door. Lijkt het op een eend en kwaakt het als een eend, dan ís het een eend.
6. Angst is de beste motivator. Motivatie is wat je nodig hebt om de winst te pakken.
7. De eerste sleutel tot de oplossing ligt in het probleem zelf.
8. Het doel heiligt de middelen. Maar uiteindelijk is er maar één einddoel: kunnen relaxen op het strand met een fles champagne bij de hand.

Dankwoord

Hierbij bedank ik vooral Mauro Dipreta, mijn geweldige redacteur bij William Morrow, die me hielp met het schrijven van mijn beste boek tot nu toe. Verder bedank ik Joelle Yudin, die me bij de les hield. Ook nu sta ik weer in het krijt bij David Vigliano en Mike Harriott, twee kanjers die heel simpel tot de beste literair agenten uit het vak behoren. Verder dank aan Kevin Spacey, Dana Brunetti en Ross Partridge van Triggerstreet voor het verbeteren van mijn werk en belangrijker nog, voor het bieden van een excuus om in de Sundance, de Sky Bar en de Playboy Mansion te kunnen vertoeven. Ook bedank ik het fabuleuze pr-team van William Morrow, dat helemaal begrijpt waar dit boek over gaat.

Dollars, macht en sushibars zou nooit geschreven kunnen zijn zonder de steun en expertise van de hoofdfiguur, de échte John Malcolm, en de hulp van zijn expat-collega's. Ook ben ik dank verschuldigd aan mijn helpers bij mijn onderzoek, Alex en Mario, die mij met gevaar voor eigen leven hielpen bij de zoektocht naar interessante informatiebronnen in de duistere steegjes van Kabukichô en Roppongi.

En zoals altijd dank ik mijn ouders en broers voor hun niet-aflatende steun. En tegen Tonya Chen zou ik willen zeggen: jij bent mijn Sayo.